Freunde der
*M*onacensia e.V.

D1718762

Freunde der Monacensia e.V.
Jahrbuch 2023

mitbegründet von Wolfram Göbel,

herausgegeben von Gabriele von Bassermann-Jordan,
Waldemar Fromm und Kristina Kargl

Allitera Verlag

Weitere Informationen über den Förderverein Freunde der Monacensia e. V.
unter www.monacensia.net

Die Drucklegung wurde ermöglicht dank der Unterstützung der

LESEN   WISSEN   KUNST

Allitera Verlag
Ein Verlag der Buch&media GmbH München
© 2023 Buch&media GmbH München
Umschlag nach einem Entwurf von Kay Fretwurst, Freienbrink
ISSN 1868–4955
Printed in Europe · ISBN 978-3-96233-440-6

Allitera Verlag
Merianstraße 24 · 80637 München
Fon 089 13 92 90 46 · Fax 089 13 92 90 65

Weitere Publikationen aus unserem Programm finden Sie auf www.allitera.de
Kontakt und Bestellungen unter info@allitera.de

Inhalt

Zu diesem Jahrbuch 9

Jahresbericht der Monacensia

ANKE BUETTNER: Archiv Rachel Salamander 13

SYLVIA SCHÜTZ: »*Frei leben!*« *Die Frauen der Boheme*
1890–1920. Eine Ausstellung der Monacensia im
Hildebrandhaus Juli 2022 bis Januar 2024 16

REBECCA FABER: Die neue Künstler*innenvilla. Von der
Zusammenarbeit mit Netzwerken und der ersten #SchreibResi . . 20

CHRISTINA LEMMEN: Ein Autor, zwei Nachlässe, drei Jahre –
unzählige Geschichten. Die Digitalisierung des literarischen
und fotografischen Nachlasses von Waldemar Bonsels 23

Gedenktage und Jubiläen 2023

KRISTINA KARGL: Leben für den modernen Tanz. Die
Freundschaft zwischen Mary Wigman und Hans
Brandenburg im Spiegel ihrer Briefe und seiner Erinnerungen.
Zum 50. Todestag von Mary Wigman 35

NICOLA BARDOLA: Wohin gerät man, wenn man außer sich gerät?
Die Briefe von Ingeborg Bachmann an Hermann Kesten (von
1954 bis 1960). Zum 50. Todestag von Ingeborg Bachmann 58

BIRGIT PARGNER: »Die Vision ist für mich die eigentliche
Kunstform.« Otto Falckenberg zum 150. Geburtstag 84

ALBRECHT BEDAL: »Vielleicht auch träumen«.
Kurze Biografie der in Vergessenheit geratenen Schriftstellerin
Sophie Hoechstetter (1873–1943) 113

MICHAEL BUDDEBERG: Emil Preetorius.
Ein Leben für die Kunst (1883–1973) 117

EMIL PREETORIUS: Epitaph für Karl Wolfskehl
zum 75. Todestag. 137

VERA BOTTERBUSCH: »Ich bewege mich in Sätzen auf mich zu«.
Zum 80. Geburtstag (2. Mai 2023) Erinnerungen an den
am 31. Oktober 2019 verstorbenen Münchner Schriftsteller
Klaus Konjetzky. Ein Essay 142

Literatur in Bayern

DETLEF GARZ: Constanze Hallgarten und ihr Manuskript
Im besetzten Paris 159

GABRIELE VON BASSERMANN-JORDAN: Franz Kafka als Autor
der Münchner Zweimonatsschrift *Hyperion* 197

CAROLINA HEBERLING, SABRINA KANTHAK, WALDEMAR FROMM:
Zur Entwicklung des Theaters in Bayern in der Zeit der
Weimarer Republik 214

Die Autorinnen und Autoren 240

Zu diesem Jahrbuch

Heuer erscheint das *Jahrbuch der Freunde der Monacensia* zum 15. Mal. Wir freuen uns sehr, dieses Jubiläum mit Ihnen zu begehen.

Wie üblich, so wird auch dieses Jahrbuch eingeleitet vom *Jahresbericht der Monacensia*. Anke Buettner berichtet über die bedeutende Schenkung des Archivs der Münchner Ehrenbürgerin Rachel Salamander, das in der Monacensia seinen Ort gefunden hat. Das Salamander-Archiv kann als Schlüsselbestand zur jüdischen Geistesgeschichte und zur Realität jüdischen Lebens in Deutschland gelten. Sylvia Schütz beschreibt die Ausstellung »Frei leben!«, die noch bis Januar 2024 in der Monacensia zu sehen sein wird. Über die erste #SchreibResi berichtet Rebecca Faber. Christina Lemmen beschreibt die Arbeit an der Digitalisierung des literarischen und fotografischen Nachlasses von Waldemar Bonsels. Das Material ist teils auf *monacensia-digital* zugänglich, teils im Lesesaal der Monacensia einsehbar. Finanziert wurde das Projekt von der Waldemar-Bonsels-Stiftung.

Die Rubrik *Gedenktage und Jubiläen 2023* eröffnet Kristina Kargl. Zu Mary Wigmans 50. Todestag rekonstruiert sie die Freundschaft zwischen der Tänzerin und Hans Brandenburg unter Verwendung der Briefe, die in der Monacensia verwahrt werden. Nicola Bardola ediert zum 50. Todestag Ingeborg Bachmanns ihre Briefe an Hermann Kesten, die in Kestens Nachlass in der Monacensia überliefert sind. Er schließt damit eine Lücke in der literaturgeschichtlichen Forschung, die die Freundschaft zwischen den beiden bisher kaum wahrgenommen hat. Den 150. Geburtstag Otto Falckenbergs würdigt Birgit Pargner mit einem ausführlichen Beitrag. Falckenberg wurde in der Spielzeit 1917/18 künstlerischer Leiter der Münchner Kammerspiele. Pargner schildert die Bandbreite von Falckenbergs Repertoire (von Shakespeare bis Strindberg), seine Arbeit mit den Schauspielerinnen und Schauspielern sowie die künstlerischen Schwierigkeiten, mit denen er sich im »Dritten Reich« konfrontiert sah. Albrecht Bedal gedenkt der heute weitgehend vergessenen Autorin Sophie Hoechstetter, die vor 150 Jahren in Pappenheim geboren wurde und vor 80 Jahren in Dachau starb. Michael Buddeberg erinnert an den vielseitigen Künstler Emil Preetorius, dessen Todestag sich 2023 zum 50. Mal jährt. Als Buchkünstler schuf Preetorius etwa das Exlibris für Thomas Mann, als Bühnenbildner gestaltete er in Bayreuth die Opern Richard Wagners, als Kunstkenner stellte er eine bis heute bemerkenswerte Sammlung von Ostasiatika zusammen. In seinem Nachruf auf Karl Wolfskehl, den wir zum 75. Todestag Wolfskehls drucken, kommt Preetorius selbst zu Wort. Zum Abschluss der Rubrik *Gedenktage* erinnert Vera Botterbusch an ihren verstorbenen Ehemann, den Autor Klaus Konjetzky, und stellt sein Werk in Grundzügen vor.

Die Rubrik *Literatur in Bayern* eröffnet Detlef Garz. Er ediert das in Harvard aufgefundene Manuskript der Münchner Autorin Constanze Hallgarten, in dem sie über ihren Aufenthalt im von deutschen Truppen besetzten Paris im Sommer 1940 berichtet, über ihre Sorgen um die Familie, über ihre Schwierigkeiten, an Geld und Lebensmittel zu kommen sowie über ihre endlich geglückte Ausreise in die USA. Gabriele von Bassermann-Jordan widmet sich der in der Forschung wenig bekannten Münchner Zweimonatsschrift *Hyperion*, in der der Prager Autor Franz Kafka im Jahr 1908 seine ersten Prosaminiaturen, *Betrachtung*, veröffentlichte. Den Abschluss des Jahrbuchs bildet ein Beitrag von Carolina Heberling, Sabrina Kanthak und Waldemar Fromm. Sie berichten über die Entwicklung des Theaters während der Weimarer Republik in Bayern. Vorgestellt werden das Theaterleben in der ›Provinz‹, die Bayerischen Staatstheater in München sowie die bayernweit stattfindenden Theaterskandale, etwa anlässlich der Aufführungen von Frank Wedekinds Drama *Schloß Wetterstein*.

Wir danken allen Autorinnen und Autoren für ihre Beiträge zu diesem Jahrbuch, für ihre Mühe und für ihre Geduld. Ein besonderer Dank geht an die Waldemar-Bonsels-Stiftung, München. Die Stiftung hat den Druck des Jahrbuchs 2023 mit einer äußerst großzügigen Spende ermöglicht.

Gabriele von Bassermann-Jordan,
Waldemar Fromm und Kristina Kargl

Jahresbericht 2023

Anke Buettner

Archiv Rachel Salamander

Die Münchner Ehrenbürgerin Rachel Salamander (geb. 1949) hat ihr Leben der Vergegenwärtigung jüdischer Kultur, insbesondere der Literatur, gewidmet. Als Publizistin und Gründerin der *Literaturhandlung* in München mit Filialen in mehreren anderen deutschen Städten sowie als Impulsgeberin zahlreicher wegweisender Initiativen und Projekte zur jüdischen Kultur und Geschichte stellt sich Rachel Salamander bis heute der Aufgabe, die jüdische Geisteswelt zu rekonstruieren. Zugleich richtet sie ihren Blick auf die Gegenwart und die neuesten Entwicklungen der »jungen jüdischen Literatur«. So hat sie über vier Jahrzehnte hinweg ein einzigartiges Archiv von höchstem kulturhistorischem Wert aufgebaut, das sie im Dezember 2022 dem Literaturarchiv der Monacensia im Hildebrandhaus und damit der Landeshauptstadt München als Schenkung übergeben hat.

© Michael Nagy_Presseamt München

Schlüsselbestand zur Geistesgeschichte und Realität jüdischen Lebens

Als Schlüsselbestand zur gesamten Geistesgeschichte der jüdischen Literatur, Kultur und Wissenschaft sowie zur Realität jüdischen Lebens in Deutschland umfasst das Salamander-Archiv zentrale Dokumente und Aufzeichnungen aus den letzten 40 Jahren, u. a. von Dan Diner, Saul Friedländer, David Grossman, Hans Jonas, Imre Kertész, Amos Oz, Marcel Reich-Ranicki und Grete Weil. Es zeigt die gesellschaftliche und künstlerische Bedeutung der literarischen Werke sowie die individuelle Bedeutung der Autor*innen für das Kultur- und Geistesleben in München und Deutschland von verschiedenen Standorten und aus unterschiedlichen zeitlichen Perspektiven. Es dokumentiert umfassend die Entwicklung der Literatur über das Judentum nach 1945, zeigt die sie begleitenden Diskussionen, ihre internationale Vernetzung und ihre seitherige Entwicklung auf und ermöglicht die interdisziplinäre wissenschaftliche Analyse zeitgeschichtlicher Debatten. Darüber hinaus enthält das Archiv wertvolle Materialien für die internationale Holocaust- und Biografieforschung sowie unschätzbare Informationen zur Geschichte des deutschen Buchhandels.

Geschichte des Hildebrandhauses

Mit Blick auf München liefert das Archiv Salamander zudem wichtige Informationen zur Geschichte der Künstlervilla Adolf von Hildebrands und zu den Lebenswegen und vielfältigen Netzwerken ihrer Bewohner*innen bis heute. Es hilft, neue Fragen zur »Arisierung«, zur Geschichte der *displaced persons* in München und Bogenhausen sowie zur Nachkriegszeit aufzuwerfen und Entwicklungslinien in die Gegenwart zu ziehen. Es ermöglicht auch, bisher unsichtbare Spuren und Netzwerke jüdischen Lebens, Wirkens und Schreibens fast 80 Jahre nach Kriegsende endlich wieder erkennbar und lokalisierbar zu machen.

Die Monacensia im Hildebrandhaus hat bereits mit der Übernahme damit begonnen, den wertvollen Bestand zu sichern, wissenschaftlich zu erschließen und nachhaltig der überregionalen Forschungsgemeinschaft zur Verfügung zu stellen. Mit Blick auf die jüdische Kulturgeschichte liegt ein besonderes Augenmerk auf der Wissensvermittlung für unterschiedliche Publika im analogen wie im digitalen Raum.

Neue Erkenntnisse aus Erschließung und Forschung fließen in die Neugestaltung der Dauerausstellung ein, deren Eröffnung für die zweite Jahreshälfte 2024 geplant ist. Im Jahr 2025 wird das Archiv Salamander selbst im Mittelpunkt einer eigenen, als Wanderausstellung konzipierten Sonderausstellung stehen.

Sylvia Schütz

»*Frei leben!*« *Die Frauen der Boheme 1890–1920*

Eine Ausstellung der Monacensia im Hildebrandhaus Juli 2022 bis Januar 2024

> »… *ich schreibe schon die Bedingungen für eine neue Welt*«
> *Emmy Hennings*

M it der Sonderausstellung »*Frei leben!*« *Die Frauen der Boheme 1890–1920* richtet die Monacensia im Hildebrandhaus den Blick auf die Frauen der Münchner Boheme um 1900 und stellt die Frage nach deren Bedeutung im Kontext von Literatur, Kultur, Politik und Gesellschaft: Über welche Themen schrieben die Frauen der Boheme? Mit welchen Lebensentwürfen und politischen Forderungen traten sie an die Öffentlichkeit? Welche Ideale und Überzeugungen vertraten sie? Wie sehr prägten sie die Boheme als Subkultur der Jahrhundertwende?

> »*Und doch ist dieses Künstler-Bohèmeleben das Beste
> von meinem ganzen bisherigen Leben gewesen.
> Es ist wenigstens frei, ganz frei …*«
> *Franziska zu Reventlow*

Um 1900 gab es in der bayerischen Hauptstadt eine lebendige literarische und künstlerische Subkultur – die Boheme. Hier trafen sich Intellektuelle und Kunstschaffende aus ganz Europa mit antibürgerlichen Einstellungen und Verhaltensweisen. Junge Frauen von überallher zogen nach München und wagten dort ein freies Leben als Künstlerinnen oder Schriftstellerinnen. Mit Franziska zu Reventlow (1871–1918), Margarete Beutler (1876–1949) und Emmy Hennings (1885–1948) nimmt die Ausstellung die bisher kaum gewürdigte Perspektive dieser Frauen ein. Auch treten zahlreiche weitere Künstlerinnen auf, die um 1900 in der

Subkultur der Boheme neue Ideen verwirklichten. Zu Wort kommen insbesondere Schriftstellerinnen, die mit ihrem Schreiben oder anderen Tätigkeiten im Literaturbetrieb – wie der Arbeit in Redaktionen oder als Übersetzerinnen – ihren Lebensunterhalt bestritten. Als Künstlerinnen forderten sie öffentliche Aufmerksamkeit ein und prägten die Subkultur der Boheme zwischen München, Berlin und Zürich.

»Ich bin in Berlin wie ein wildes Tier herumgezeigt worden, weil ich den Mut hatte, für die freie Mutterschaft in Wort, Schrift und – – – Tat einzutreten.«
Margarete Beutler

Der Wunsch nach einem freien und selbstbestimmten Leben war für die Frauen der Boheme zentral. Dafür nahmen sie hohe Risiken in Kauf: Sie stellten sich bewusst gegen bürgerliche Konventionen und Rollenerwartungen und nahmen oftmals den Bruch mit ihren Familien sowie prekäre Lebensumstände in Kauf. Das Aufbegehren gegen gesellschaftliche Schranken und bürgerliche Moral zeigt sich in ihren Lebensentwürfen und Texten. Freiere Formen des Zusammenlebens, Selbstbestimmung über den eigenen Körper und über ihre Sexualität sind ebenso zentrale Themen wie Unabhängigkeit, »freie Mutterschaft« und Prostitution. Sie sind Kapitel ihres Lebens genauso wie Motive ihrer Werke. In literarischen Texten und theoretischen Essays warfen die Frauen der Boheme Fragen auf, die bis heute aktuell sind.

Die Ausstellung zeigt zahlreiche biografische Dokumente, Manuskripte, Tagebücher, Briefe und Fotografien aus verschiedenen Archiven sowie aus Privatbesitz. Einen Kernbestand bildet der Nachlass von Franziska zu Reventlow, der sich in der Monacensia befindet. Erstmals gezeigt werden Dokumente von Margarete Beutler aus dem privaten Familienarchiv. Die wenigsten der Schriftstellerinnenbiografien bilden sich in vollständigen Nachlässen ab. Kritisch hinterfragt werden daher auch Leerstellen in Archiv und Forschung. Video- und Textbeiträge mit aktuellen literarischen Positionen von Jovana Reisinger, Florian Kreier, Mareike Fallwickl und Gün Tank fügen in der Ausstellung und im digitalen Magazin *mon_boheme* eine heutige Perspektive hinzu.

»Das Patriarchat muss brennen. Auch im Literaturbetrieb.«
Jovana Reisinger

Die Brücke von den Ausstellungsinhalten zu heutigen aktuellen Fragestellungen hat ihre Entsprechung im Ausstellungsdesign, das vom Münchner Büro Alba entwickelt wurde. Die Formensprache des Jugendstil trifft auf visuelle Stilmittel der Protestgrafik. Historische Fotoporträts der Frauen der Boheme wurden als gerasterte Großfotos in schwarz-weiß realisiert und entfalten eine überraschend zeitlose Wirkung.

Nachhaltige Vermittlung, Vernetzung und Wissensproduktion sind wesentliche Ziele der kuratorischen Strategie der Monacensia. Die Ausstellung ist eingebettet in das mehrjährige kooperative Forschungs- und Vermittlungsprojekt #FemaleHeritage, mit dem die Monacensia die Lücken im literarischen und kulturellen Gedächtnis der Stadt München auslotet, benennt und gemeinsam mit Expert*innen, Wissenschaftler*innen, GLAM-Institutionen und Literaturinteressierten zu schließen versucht. Eine enge Kooperation verbindet die Monacensia mit den Münchner Kammerspielen. Konzipiert und in der Regie von Annette Paulmann entstand als integrativer Bestandteil der Ausstellung zu jeder der drei Protagonistinnen ein kurzer Film, der auf der Basis ihrer Texte eine moderne Interpretation von Franziska zu Reventlow, Margarete Beutler und Emmy Hennings zeigt. Zeitgleich zur Eröffnung der Ausstellung *»Frei leben!« Die Frauen der Boheme* launchte die Monacensia das digitale Magazin *mon_boheme*, dessen Layout wiederum das Design der Ausstellung aufgreift. Hier können die Themen und Inhalte der Ausstellung ortsunabhängig in Texten, Videos und Essays nachvollzogen und vertieft werden. Während der gesamten Laufzeit der Ausstellung und darüber hinaus wird das digitale Magazin um Inhalte erweitert. Intensiv begleitet wird das digitale Magazin durch das Archiv der deutschen Frauenbewegung (AddF) in Kassel und durch das Literaturhaus Berlin.

Impressum

Projektleitung: Anke Buettner, Leiterin der Monacensia

Gesamtkonzeption: Sylvia Schütz, Kuratorin Monacensia, Kuratorin: Laura Mokrohs
Gestaltung & Realisation: Tina Strobel-Rother & Laura Moosburner, Büro Alba
Filme: Münchner Kammerspiele, Annette Paulmann
Heutige Stimmen: Tina Rausch
Digitale Vermittlung: Tanja Praske, Kultur-Museum-Talk
Archivberatung: Thomas Schütte, Monacensia
Bibliotheksberatung: Christine Hannig, MonacensiaLektorat: Sylvi Schlichter, Monacensia
Rechte: Jonas Menzel, Monacensia
Support Scans & Digitalisierung: Stephan Anders, MonacensiaAusstellungstechnik: Wolfgang Schredl, Monacensia
Für die Unterstützung der Ausstellung dankt die Monacensia der Edith-Haberland-Wagner-Stiftung, der Richard Stury Stiftung und dem Verein Freunde der Monacensia e. V.

Publikationen

Frauen der Boheme 1890–1920. Ausgewählte Beiträge zur Ausstellung »Frei leben!« Hg. von Gabriele von Bassermann-Jordan / Waldemar Fromm / Wolfram Göbel / Kristina Kargl. München 2022.
Anlässlich der Ausstellung »Frei leben!« *Die Frauen der Boheme 1890–1920* in der Monacensia im Hildebrandhaus versammelt der Band eine Auswahl an Beiträgen aus den bisherigen Jahrbüchern der Freunde der Monacensia, die sich mit Lebensentwürfen von Künstlerinnen und ihrem Schaffen in der Münchner Boheme beschäftigen. Ergänzt werden die Artikel durch drei neu verfasste Beiträge, darunter ein Beitrag zur Ausstellung von der Kuratorin Laura Mokrohs.

»Frei leben!« Frauen der Boheme 1890–1920. Hg. von Anke Buettner / Laura Mokrohs / Sylvia Schütz. Berlin 2022.
Im Buch finden sich Erzählungen, Gedichte, Essays und Briefe von Franziska zu Reventlow, Margarete Beutler, Emmy Hennings und anderen Frauen der Boheme, ergänzt durch heutige Perspektiven in neuen Texten von Volha Hapeyeva, Florian Kreier, Mira Mann, Jovana Reisinger und Bettina Wilpert.

Rebecca Faber

Die neue Künstler*innenvilla
Von der Zusammenarbeit mit Netzwerken und der ersten #SchreibResi

> *»Für mich ist die Monacensia der Ort, an dem das alte München, die Kunst, die Literatur, das Bürgertum, auf das 21. Jahrhundert, auf Fritz-Kola und Liegestühle trifft – ich hätte gerne mehr solcher Orte!«*
> *Dana von Suffrin*

Vor über 100 Jahren erbaute Aldolf von Hildebrand sein Haus am Isarhochufer als Künstlervilla und Atelier. Diesen Gedanken nimmt die Monacensia im Hildebrandhaus ernst und versteht sich als moderne Künstler*innenvilla. Die Künstler*innenvilla ist Treffpunkt, Produktionsort, Inspirationsquelle und Bühne. Gemeinsam mit Autor*innen sowie aktuellen Stimmen des Kulturlebens wird in der Monacensia ein Resonanzraum geschaffen, der die Wirkung von Literatur über München hinaus stärkt und das schöpferische Miteinander und die Begegnung in Haus und Garten in den Mittelpunkt stellt.

Dana von Suffrin, © Monacensia

In diesem Sinne startete im Jahr 2022 die erste #SchreibResi mit der Münchner Schriftstellerin und Historikerin Dana von Suffrin. Von Mai bis September arbeitete sie an ihrem Nachfolge-Roman nach ihrem Debüt *Otto* (Kiepenhauer & Witsch, 2019). Jeden Donnerstag hielt sie öffentliche Schreibsprechstunden ab und kuratierte ein einfallsreiches Veranstaltungsprogramm ganz nach ihrem Gusto. Zum Auftakt am 9. Juni hatte Dana von Suffrin Alex Hochuli, einen der Autoren des Buches *The End of the End of History* (*Das Ende vom Ende der Geschichte*, Promedia 2022), den Politikwissenschaftler Anton Jäger von der KU Leuven und Bernhard Pirkl (Moderation) eingeladen. Es entspann sich eine angeregte Diskussion um

Leander Steinkopf beim Bankerl, © Tanja Praske

Thesen aus dem Buch zur politischen Zeitdiagnose mit reger Beteiligung der etwa 50 Besucher*innen. Außerdem lud sie den Jugendbuchautor Sebastian Stuertz ein und die Literaturblogger*innen Katharina Herrmann und Marius Müller. Ein Highlight war das »Bankerl« am 18. August: Gäste durften in ungezwungener Atmosphäre in der Cafébar Mona der Autorin Jovana Reisinger, der Literaturwissenschaftlerin Barbara Vinken, dem Journalisten Alex Rühle und dem Autor Leander Steinkopf alle brennenden und auch persönlichen Fragen stellen. Die vier Gäste erzählten frei von ersten Küssen, von der Freude über Erfolg, von Reisepannen und Schreibblockaden. Das Besondere an allen Formaten war, dass die Grenze zwischen Zuhörenden und Sprechenden durchlässig wurde: Es kamen Austausch und Dialoge zustande – so auch bei den kreativen Schreibworkshops mit dem jungen israelischen Autor Eran Evron und der erfahrenen Münchner Autorin Sandra Hoffmann. Am 7. November gab es ein Wiedersehen mit Dana von Suffrin: Ihr neues Hörspiel *Blut* (Produktion von Bayern 2) feierte Premiere in der Monacensia vor einem Live-Publikum.

Das neue Programm der Monacensia bietet auch Kollektiven und Netzwerken die Möglichkeit, im Haus zu arbeiten, zu forschen, zu lesen und sich zu treffen. Regelmäßig hatte das Netzwerk Münchner Theatertexter*innen (NMT*) ihren *jour fixe* im Salon Hildebrand und hielt vom 8. bis 10. Oktober 2022 einen Workshop für Künstler*innen zum Thema »Writing in Eco Systems« ab. Die Frage, wie Menschen über Tiere, Pflanzen, Bakterien oder sogar Aliens schreiben können, ohne in einer anthropozentrischen Haltung zu verbleiben, stand hier im Mittelpunkt.

Des Weiteren tagte das Netzwerk »Comic in Bayern« am 4. und 5. November 2022 im Forum Atelier. Die ausgelassene Gruppe malte nicht nur mit Ketchup und Senf, sondern besprach sich zu allen Themen, die die Comic-Autor*innen beschäftigen. Wie klappt es endlich mit dem Zeitmanagement? Wie bringt man Familie und Kunst unter einen Hut? Welche neuen Softwares helfen z.B. bei Hintergründen und Colorierung?

Am 30. September 2022 bevölkerten gleich mehrere digitale Monumente die ehemalige Bildhauervilla. Das internationale Projekt #MakeUsVisible x denkFEmale feierte die Vernissage einer Ausstellung, die sich im Oktober über den ganzen Münchner Stadtraum erstreckte. Künstler*innen entwarfen und bauten digitale Statuen als *augmented reality*, zu Denkmälern in München, um Geschlechtervielfalt im öffentlichen Raum darzustellen – denn über 90% der Statuen stellen Männer dar. An diesem Spätsommerabend zogen die digitalen Kunstwerke in Form von QR-Codes überall in der Villa ein, mit einem Smartphone wurden sie sichtbar.

Im Jahr 2022 wurden insgesamt 18 Veranstaltungen mit über 1.423 Besucher*innen durchgeführt. Dazu gab es 87 Führungen mit 1.203 Besucher*innen. Nicht mitgerechnet sind hier Bibliotheks- und Archivnutzer*innen und Gäste der am 1. Mai 2022 neu eröffneten Cafébar Mona. Haus, Café und Garten waren ab dem Sommer – nach dem Ende der Corona-Maßnahmen – stets gut besucht. Das musikalische Programm der Cafébar Mona lockte etliche neue Besucher*innen an und in dem kreativen Café fühlen sich Künstler*innen aus allen Sparten zu Hause und nutzen es im Sinne der Monacensia als Ort, um Kunst zu schaffen.

Lange Nacht der Museen, © Silvia Klein

Christina Lemmen

Ein Autor, zwei Nachlässe, drei Jahre – unzählige Geschichten

Die Digitalisierung des literarischen und fotografischen Nachlasses von Waldemar Bonsels

Im Februar 2019 begann für mich die Reise in die Untiefen des Nachlasses von Biene Maja-Erfinder Waldemar Bonsels (1880–1952). Ziel der schließlich drei Jahre dauernden Unternehmung war es, diese Reise allen Interessierten möglich zu machen, ohne das eigene Heim(office) verlassen zu müssen. Das Zauberwort lautete Digitalisierung für *monacensia-digital*. Sie geschah als Kooperation der Monacensia im Hildebrandhaus und der Waldemar-Bonsels-Stiftung. Wie relevant die virtuelle Nutzung in den folgenden Jahren werden sollte, ließ sich zu diesem Zeitpunkt nur ahnen.

Ein solches Unterfangen verlangt mehr als eine literarisch-kulturanthropologische Ausbildung und Archiverfahrung. Es braucht auch ein gewisses Maß an neugierigem Fanatismus und detektivischem Spürsinn. Bernhard Viels Bonsels-Biografie *Der Honigsammler* zu Bonsels' Lebensweg, seinem Umfeld und dem zeithistorischen Kontext lieferte eine zusätzliche Ausgangsbasis. So ausgestattet stürzte ich mich ins Abenteuer.[1]

Dort warteten über 170 Bonsels-Manuskripte, 10.500 Briefe, zahlreiche Notizbücher und biografische Dokumente. Die ersten Manuskripte erschienen schon im März 2020 auf *monacensia-digital*, darunter die Romane *Die Biene Maja und ihre Abenteuer* und *Mortimer. Der*

---

[1] Zum Start des Projekts und der turbulenten Biografie von Waldemar Bonsels vgl. Christina Lemmen: *Das Erbe des Honigsammlers. Die Digitalisierung des literarischen Nachlasses von Waldemar Bonsels (1880–1952)*. In: *Jahrbuch der Freunde der Monacensia 2019*, S. 33–48.

Scherenschnitt zur *Biene Maja*, Zwickau 1946, Künstlerin: Martha Tenzler; Münchner Stadtbibliothek / Monacensia im Hildebrandhaus, Nachlass Waldemar Bonsels, WB D 57

Getriebene der dunklen Pflicht.[2] Briefe und biografische Dokumente folgten nach und nach. Nun kann nach Verfasser*in, Entstehungsort, Datum, Dokumententyp und Korrespondenzpartner*innen gesucht oder einfach gestöbert werden. Die entstandene Verknüpfung der Materialien lässt Zusammenhänge zutage treten, die im physischen Archiv verborgen blieben.

Rechtlich freie Dokumente und solche, bei denen die Urheberrechtsnachfolger*innen einer Veröffentlichung zustimmten, sind online nutzbar. Die übrigen Quellen lassen sich an einem PC im Lesesaal der Monacensia einsehen. Hochauflösende Scans stehen als kostenfreier Download für Forschung, Projektarbeit oder private Nutzung zur Verfügung.

Nun wäre ein solch aufwändiges Digitalisierungsprojekt in vieler Hinsicht wenig sinnvoll, wenn das Material nicht auch genutzt würde. Um zu zeigen, welche Quellen im Nachlass versteckt sind, erzählt u. a. die Reihe »Fundstücke« auf der Homepage der Waldemar-Bonsels-Stiftung die Geschichte ausgewählter Dokumente und Objekte.[3] Auf dem Blog der Münchner Stadtbibliothek erschien zum Forschungsprojekt #FemaleHeritage eine Porträtreihe zu Schriftstellerinnen, Tänzerinnen und Künstlerinnen aus Bonsels' Umfeld.[4] Je tiefer das Eintauchen in

[2]   Vgl. Münchner Stadtbibliothek / Monacensia im Hildebrandhaus WB M 47, WB M 102 (u. a.). Beide Romane sind m. E. bis heute lesenswert. *Die Biene Maja* vor allem aufgrund der Naturbeschreibungen und der kecken Protagonistin Maja; *Mortimer* lässt uns eintauchen in das nächtliche Berlin der frühen 1930er-Jahre und somit in eine Welt, die Bonsels selbst bewohnte.

[3]   Vgl. https://waldemar-bonsels-stiftung.de/fundstuecke-aus-dem-nachlass (letzter Zugriff: 26.9.2023).

[4]   Vgl. https://blog.muenchner-stadtbibliothek.de, Suche: Bonsels; zu #FemaleHeritage vgl. https://www.muenchner-stadtbibliothek.de/femaleheritage (letzter Zugriff: 26.9.2023).

den Nachlass, umso mehr Geschichten und Zusammenhänge offenbaren sich.

Tief eingetaucht war auch ich, als nach zwei Jahren das Ende der geplanten Projektlaufzeit erreicht war. Ich hatte mich intensiv mit Waldemar Bonsels, seinen Werken, vielen Wegbegleiter*innen und (politischen) Verstrickungen beschäftigt. Ein Kosmos, der die gesamte Hälfte des turbulenten 20. Jahrhunderts umspannt. Da ich an ein Auftauchen noch nicht denken wollte, schwamm ich weiter. Fast zufällig stieß ich auf eine Auflistung der an das

Waldemar Bonsels in seinem Arbeitszimmer, Ambach, um 1948, Fotografin: Barbara Lüdecke; Münchner Stadtbibliothek / Monacensia im Hildebrandhaus, Nachlass Waldemar Bonsels, WB F 438.2, © Münchner Stadtmuseum

Münchner Stadtmuseum gelieferten Objekte.[5] Darauf der Vermerk: »diverse Fotografien«. Meine Neugier waren geweckt und ich machte einen Termin mit der Fotografischen Sammlung des Münchner Stadtmuseums aus. Meine ohnehin schon hohen Erwartungen wurden noch übertroffen. Über 1.800 Fotografien gaben Einblicke in verschiedenste Aspekte von Waldemar Bonsels' Leben, seines Alltags, seiner Reisen und seines sozialen Umfelds.

Meine Begeisterung für die Bilder wurde geteilt und so ging das Kooperationsprojekt der Monacensia und der Waldemar-Bonsels-Stiftung im Februar 2021 in die zweite Runde. Mit umfangreicher Unterstützung des Münchner Stadtmuseums beim Transport wurden die Fotografien ins Literaturarchiv der Monacensia überführt. Hier fand nach fast 30 Jahren die Zusammenführung der Fotos mit den Manuskripten, Do-

---

[5] Der literarische Nachlass wurde 1994 nach dem Tod von Rose-Marie Bonsels im Literaturarchiv der Monacensia untergebracht, während Möbel, Kunstgegenstände sowie Grafiken und Fotos im Münchner Stadtmuseum eine neue Heimat fanden.

kumenten und Briefen derjenigen statt, die auf den Bildern abgelichtet sind. Während der vorausgegangenen zwei Jahre hatten sich Abläufe und Strukturen etabliert, die auch bei der Digitalisierung des Fotonachlasses zum Tragen kamen.

Das »Ägypten-Fotoalbum« wird gescannt, München 2021; Münchner Stadtbibliothek / Monacensia im Hildebrandhaus, Nachlass Waldemar Bonsels, WB F 266

Zunächst musste das Fotomaterial – oft im wahrsten Sinne des Wortes – genauer unter die Lupe genommen werden, um zu entscheiden welche Bilder für die Digitalisierung in Frage kamen. Bei der Katalogisierung der Fotos im Datenbanksystem der Monacensia erhielt jedes Foto(album) folgende Informationen: kurze Bildbeschreibung, abgebildete Personen, Fotograf*in, Datierung, Ortsangabe und Maße. Das in den Jahren zuvor erworbene Wissen zu Waldemar Bonsels und seinem Umfeld machte jetzt die Kontextualisierung der Bilder möglich. Mit Hilfe von historischen Postkarten, Bildvergleichen, Bildersuche, Google Maps und Street View konnten auch viele der unbekannten Personen und Orte identifiziert werden.

Vor der Veröffentlichung waren die Bildrechte zu klären, was sehr zeitintensiv war. »Lichtbildwerke«, Fotografien mit Werkcharakter, sind nach dem Tod der Urheber*in 70 Jahre lang geschützt. »Lichtbilder«, unter die private Aufnahmen meist fallen, können 50 Jahre nach ihrer Entstehung bzw. einer ersten Veröffentlichung frei genutzt werden.[6] Über 1.000 Aufnahmen sind frei auf *monacensia-digital* zugänglich. Die übrigen Digitalisate können im Lesesaal der Monacensia eingesehen werden.

Recherchen auf *monacensia-digital* bringen nun nicht mehr ausschließlich Dokumente und Briefe ans Licht. Nach wenigen Clicks blickt man in die Gesichter der Schreiber*innen. Fast 11.500 Einträge gibt es zum Bonsels-Nachlass insgesamt, mit hunderten »beteiligten Personen«.

Eindrücke vom Instagram-Takeover im November 2021

Für das Fotoprojekt wurde von Anfang an die digitale Vermittlung mitgedacht. Mindestens einmal im Monat gaben Posts Einblicke in

---

6   Vgl. Paul Klimpel: *Kleine Handreichung zum Umgang mit historischen Fotos bei Online-Projekten.* Berlin 2020, S. 3f.

den Digitalisierungsprozess, die Recherche nach Orten und Personen und stellten einzelne Akteur*innen vor.[7] Einen Höhepunkt bildete ein Instagram-Takeover, das im November 2021 eine Woche lang jeden Tag Beiträge und Stories brachte. Hiermit wurden fast 3.000 Accounts erreicht. Die Social Media-Aktivitäten bildeten ein Wechselspiel zwischen analogem und digitalem Raum sowie zwischen handelnden Institutionen und den Zuschauer*innen bzw. Leser*innen. Die Institutionen geben ihre Deutungshoheit über das Material ab. So schaffen sie die Möglichkeit für jede*n, sich selbst ein Bild zu machen, unmittelbar in den Dialog zu treten, Feedback zu geben oder Fragen zu stellen.

Das entspricht dem inkludierenden Ansatz der Monacensia: Hier spielen vor allem seit der Ausstellung *Erika Mann. Kabarettistin – Kriegsreporterin – Politische Rednerin* (2019) und dem Kulturerbe-Projekt #FemaleHeritage (seit 2020) die digitale Vermittlung und Vernetzung eine zentrale Rolle.

Auch die Waldemar-Bonsels-Stiftung beschreitet zunehmend den Weg vom analogem »Gedenken« an Waldemar Bonsels hin zu einem hybriden »Erinnern und Entdecken«. So kommt die Stiftung auf zeitgemäße Art ihrem Stiftungszweck nach, die Erinnerung an Werk und Person Waldemar Bonsels aufrechtzuerhalten und eine (kritische) Auseinandersetzung zu fördern. Die Digitalisierung soll natürlich nicht nur diesem Zweck dienen. Daher stellt sich die Frage nach der weiteren Nutzung der digitalen Quellen. Schaut man sich die Zugriffszahlen für 2022 an, können die Kooperationspartner*innen durchaus zufrieden sein: Über 170.000 einzelne Werkbesuche, von denen etwa 26.000 Zugriffe auf Bilder und Grafiken fielen, spiegeln ein Interesse an den Themen, die der Nachlass bereithält. Natürlich ist es schwierig, genau zu wissen, wer das Material als Quelle für welchen Zweck abgerufen hat. Auch darauf muss man sich als Institution einlassen.

Einige Projekte sind jedoch bekannt. Bilder des digitalen Nachlasses kamen bereits für das Kooperationsprojekt *Dance History Tour*,[8] eine Masterarbeit zum Thema »Frauen der Schwabinger Bohème« sowie für mehrere Fachartikel zum Einsatz. Eine zuvor unbekannte Aufnahme der Dadaistin Emmy Hennings ist Teil der Sonderausstellung

---

[7]   Die Beiträge sind nach wie vor abrufbar über die Instagram-App @monacensia_muc oder über instagram.com/monacensia_muc.

[8]   Vgl. https://www.youtube.com/watch?v=NTv7IbXYZ9A (letzter Zugriff: 26.9.2023).

»Frei leben!« *Die Frauen der Boheme 1890–1920* (Juli 2022 bis Januar 2024) in der Monacensia.

Nutzer*innen sollen, neben einer wissenschaftlichen Nutzung, auch zum Stöbern aus Neugier und Entdeckungsfreude angeregt werden. Welche kreativen, literarischen und vielleicht bisher noch nicht in Betracht gezogenen Ideen so entstehen, darf gespannt verfolgt werden. Für einen niedrigerschwelligen Zugang wäre eine tiefere Erschließung, etwa in Form von Texterkennung oder Transkripten von handschriftlichem Material, wünschenswert. Ich bin zuversichtlich, dass etwa KI-gesteuerte Programme in Zukunft einen schnellen (und preiswerteren) Fortschritt in diesem Bereich ermöglichen werden.

Die neben Waldemar Bonsels am stärksten im Nachlass vertretene Person ist Rose-Marie Bonsels, geb. Bachofen (1909–1993). Ihre Dokumente und Fotos werden als Kryptonachlass im Nachlass Waldemar Bonsels aufbewahrt.

Die junge Schweizerin studierte Tanz bei Mary Wigman in Dresden, als sie 1931 Waldemar Bonsels kennenlernte. Ihr Leben lässt sich allein anhand der Fotos von den ersten Krabbelversuchen über ihre Kindheit, erste Engagements als Tänzerin, die Beziehung mit Waldemar Bonsels bis kurz vor ihrem Tod 1993 rekonstruieren. Für die Waldemar-Bonsels-Stiftung war nicht zuletzt die Digitalisierung ein Anstoß, sich intensiver mit ihrer Gründerin zu beschäfti-

Rose-Marie Bonsels, geb. Bachofen, Dresden 1929, Fotografin: Genja Jonas; Münchner Stadtbibliothek / Monacensia im Hildebrandhaus, Nachlass Waldemar Bonsels, WB F 258

gen. Rose-Marie Bonsels gründete die Stiftung 1977 zum 25. Todestag ihres Mannes. Sie hat mit dafür gesorgt, dass wir den Nachlass noch heute nutzen können. Bisher wurden ihre Rolle und ihr Leben unabhängig von Waldemar Bonsels kaum wahrgenommen – ein Schicksal,

Waldemar Bonsels und Adolph Freiherr von Dungern (2. von links und Mitte) auf dem Weg nach Rio de Janeiro, 1924, Fotograf*in unbekannt; Münchner Stadtbibliothek / Monacensia im Hildebrandhaus, Nachlass Waldemar Bonsels, WB F 481

das sie mit vielen Frauen der Geschichte teilt. Um das zu ändern, wurde 2022 zum 45. Gründungsjahr der Stiftung weiter geforscht und eine kurze, mit Fotos illustrierte Biografie erstellt.[9]

Das fotografische Material aus dem Bonsels-Nachlass deckt eine zeitliche Spanne von 1880 bis 1990 ab. Es gibt – so ist hoffentlich deutlich geworden – viel zu entdecken: Porträts namhafter Fotograf*innen legen Zeugnis davon ab, wie sich Bonsels' weitgespanntes Netzwerk inszenierte. Unzählige Privataufnahmen geben Einblicke in Alltagssituationen: In welcher Kleidung badete man 1925 im Starnberger See?[10] Wen begleitete Bonsels nach Brasilien und wer ihn in die Türkei?[11] Mit

[9]   Vgl. https://waldemar-bonsels-stiftung.de/#waldemar-bonsels (letzter Zugriff: 26.9.2023).

[10] Vgl. Münchner Stadtbibliothek / Monacensia im Hildebrandhaus, WB F 299.1.

[11] Vgl. u. a. Münchner Stadtbibliothek / Monacensia im Hildebrandhaus, WB F 481, WB F 494.

wem feierte er seinem 50. Geburtstag?[12] Und mit wem besuchte er das Münchner Künstlerhaus am Lenbachplatz?[13]

In Kombination mit den Quellen aus dem literarischen Nachlass ist das Material nicht nur ein Fundus zu Waldemar Bonsels, sondern ein Dokument der Zeitgeschichte, das noch viele Geschichten in sich birgt und nach denen es sich zu tauchen lohnt.

Über drei Jahre und fast 80.000 Digitalisate später war es dann doch so weit: Für mich hieß es Auftauchen aus der Welt des Nachlasses. Es war Zeit, den Mitreisenden Lebewohl sagen.

Nun ja, wohl nur vorübergehend. Es spricht ja nichts dagegen, dass auch ich selbst zu den Forschenden und Interessierten gehöre, die das Material für ihre Recherchen nutzen können …[14]

---

[12]   Vgl. Münchner Stadtbibliothek/Monacensia im Hildebrandhaus, WB F 488.8.

[13]   Vgl. Waldemar Bonsels und Hans Brandenburg vor dem Künstlerhaus, Münchner Stadtbibliothek/Monacensia im Hildebrandhaus, HB F 44. – Zu Hans Brandenburg und Mary Wigman vgl. den Artikel von Kristina Kargl in diesem Jahrbuch.

[14]   Für weitergehende Informationen zu Projekt und Nachlass bin ich gerne erreichbar.

Gedenktage und Jubiläen 2023

Kristina Kargl

Leben für den modernen Tanz

Die Freundschaft zwischen Mary Wigman und Hans
Brandenburg im Spiegel ihrer Briefe und seiner Erinnerungen.
Zum 50. Todestag von Mary Wigman

Im Jahr 1914 begegneten Hans Brandenburg (1884–1968) und Mary
Wigman (1886–1973) einander zum ersten Mal. Beide hatten sich in
den Jahren zuvor bereits theoretisch und praktisch mit dem ›modernen
Tanz‹ beschäftigt, Hans Brandenburg als Schriftsteller, der in seinem
Buch *Der moderne Tanz* die Entstehung und Entwicklung des modernen Tanzes in München beschrieb, und Mary Wigman als Tänzerin
für rhythmische Gymnastik, die aus der Bildungsanstalt von Jaques-
Dalcroze in Hellerau bei Dresden kam und in München in Rudolf von
Labans Atelier *Tanz Ton Wort* einen Neuanfang wagte. Die beinahe
zwangsläufige Entwicklung dieser beiden Menschen aufeinander zu,
die ab dem Tag ihres Kennenlernens in einer fast lebenslangen Zusammenarbeit in der gemeinsamen Begeisterung für den modernen Aus-
druckstanz mündete, wird hier beschrieben und mit den Briefen Mary
Wigmans und den Erinnerungen Hans Brandenburgs belegt.

»Es war Schicksal«![1] Mit diesen eindeutigen Worten beschreibt der
Schriftsteller, Lyriker, Verleger, Laienprediger und Dozent Hans Brandenburg in seinen Jugenderinnerungen *München leuchtete*[2] die Dyna-
mik, die sich aus den ersten Begegnungen und der sich immer weiter
intensivierenden Beschäftigung mit der neuen Tanzbewegung für sein
eigenes Leben und Werk ergeben sollte.[3] Bis dahin hatte er diese Ansät-
ze der modernen Tanzkunst in München eher flüchtig beobachtet, klei-

---

[1]   Hans Brandenburg: *München leuchtete. Jugenderinnerungen*. München
      1953, S. 331.
[2]   Der Titel kopiert das berühmte Zitat aus Thomas Manns Novelle *Gladius
      Dei* (1902).
[3]   Da er unmittelbar danach den Tod Otto Julius Bierbaums erwähnt, der am
      1.2.1910 gestorben ist, war es vermutlich am Ende des Jahres 1909 oder am
      Anfang des Jahres 1910.

nere Artikel darüber veröffentlicht und einen Vortrag dazu gehalten, aber sich allenfalls am Rande mit diesem Thema beschäftigt.[4] In seiner schriftstellerischen Karriere stand er damals noch am Anfang und hatte mit seinem Roman *Cloe oder Die Liebenden* und zwei Gedichtbänden, die im Georg Müller Verlag erschienen waren, lediglich einen gewissen Achtungserfolg erzielt. Weniger seiner Fachkenntnis als seiner Überzeugungskraft war es daher wohl zuzuschreiben, dass der Verleger Georg Müller auf seine Anregung, ein Buch über den modernen Tanz zu schreiben, sofort einging.[5] Um auf diesen Vorschlag zu kommen, mussten ihn die immer intensiveren Erfahrungen mit der neuen Tanzkunst doch so fasziniert haben, dass er sich an diese selbstgestellte Aufgabe heranwagte. Er beschreibt es so:

[...] ich konnte einstweilen lediglich ein vergrößertes Augenmerk auf die langsam sich vermehrenden Tanzvorführungen richten und in der Stille mit der Sammlung von Bildaufnahmen beginnen, die, in Auswahl wiedergegeben, meinen noch ungeschriebenen, ja zum größten Teil noch unerlebten Text einmal veranschaulichen würden. Im übrigen ahnte ich nicht, wohin es mich trieb: daß ich einer Bewegung, die wahrhaft Bewegung war, Wegbereiter werden, daß ich sie mitbestimmen und daß sie wiederum mich als Dichter und meinen Kampf um Theater und Drama bestimmen sollte. Es war Schicksal.[6]

Im 1908 vom Schriftsteller und Theaterleiter Georg Fuchs auf der Theresienhöhe in München eröffneten Künstlertheater, das »schlechthin als Revolution und Reform des Theaters gedacht, angekündigt und begonnen worden war«[7] und in dem bald Max Reinhardts spektakuläre Monumentalinszenierungen wie Sophokles' *König Ödipus* gezeigt wurden, hatte auch der moderne Tanz seinen »ersten, schüchternen Einzug«[8] gehalten. Else Wiesenthal, Clotilde von Derp, Ellen Tels mit ihrer Gruppe, Alexander Sacharoff und Sent M'ahesa gastierten hier.[9]
1911 heiratete Brandenburg die begabte Illustratorin, Malerin und Grafikerin Dora Polster und gründete mit ihr einen Hausstand in der

---

4   Brandenburg: *München leuchtete*, S. 331.
5   Brandenburg: *München leuchtete*, S. 331.
6   Brandenburg: *München leuchtete*, S. 331.
7   Brandenburg: *München leuchtete*, S. 409.
8   Brandenburg: *München leuchtete*, S. 408f.
9   Brandenburg: *München leuchtete*, S. 408f.

Stadt Pasing bei München. Neben seiner Arbeit an einer Eichendorff-Biografie und dem Gedichtband *Italienische Elegien* begann er, sich mit dem Buch über den modernen Tanz zu beschäftigen. Von den Schwierigkeiten, die diese neue Aufgabe an ihn stellte, schreibt er in seinen Erinnerungen:

> [...] die Tanzdarbietungen wurden immer häufiger, aber je neuartiger, überraschender und lehrreicher, je anregender, aufregender und widerspruchsvoller meine Eindrücke waren, desto weniger gelang es mir, mit ihrer kritischen Darstellung zu beginnen, die Vorstudien abzuschließen oder auch nur einen Ausgangs- und Kristallisationspunkt zu finden.[10]

Es sollte noch eine Weile dauern, bis Brandenburg die Tänzerin Mary Wigman, für deren künstlerische Entwicklung er später eine entscheidende Rolle spielte, kennenlernte.

Die Anfänge von Marie Wiegmann

Ein Gastspiel der Schwestern Wiesenthal, denen Brandenburg ein wichtiges Kapitel in seinem entstehenden Buch widmen wird, sah auch Marie Wiegmann, die erst später den Künstlernamen Mary Wigman annahm, in ihrem Heimatort Hannover im Opernhaus. Sie war begeistert von der Interpretation des Walzers *An der schönen blauen Donau* durch Grete Wiesenthal, bei der die Klänge und der Takt der Musik »den ganzen Körper der Tänzerin völlig in ihre Bewegungen mit hineinziehen«.[11] Die Schwestern Wiesenthal, die sie begeistert anschließend zum Gespräch aufsuchte, erklärten ihr höflich, »dass sie zum Tanzen zu alt sei, damit müsse man schon als Kind beginnen«.[12] Die Enttäuschung war groß. Zuvor hatte sie bereits einen Schulungsabend nach der Methode von Émile Jaques-Dalcroze in Amsterdam gesehen, bei der sie die genau auf den Takt abgestimmten Bewegungen der Tänzerinnen und die Harmonie ihrer freien Formationen im

---

[10]   Brandenburg: *München leuchtete*, S. 392.
[11]   Hedwig Müller: *Mary Wigman. Leben und Werk der großen Tänzerin.* Berlin 1986, S. 19.
[12]   Müller 1986, S. 19.

Raum bewundert hatte.[13] Als sie 1910 erfuhr, dass Jaques-Dalcroze eine künstlerische Bildungsanstalt in Hellerau bei Dresden eröffnen würde, bei der das Alter keine Rolle spielte, war sie eine der ersten Bewerberinnen.[14]

Sie war bereits 23 Jahre alt, als sie sich von ihrem kleinbürgerlichen Elternhaus löste und sich ihre Sehnsucht nach Freiheit, Leidenschaft und Kunst erfüllte. Hier in Hellerau begann ihre Laufbahn als Tänzerin. Mit drei Kommilitoninnen bezog sie ein Haus in der Gartenstadt Hellerau, darunter die Holländerin Ada Bruhn, die spätere Frau von Ludwig Mies van der Rohe, und die Schweizerin Erna Hoffmann, die bereits mit dem Nervenarzt und Psychiater Hans Prinzhorn verlobt war,[15] der später die Bekanntschaft von Mary Wigman mit Hans Brandenburg herstellte. Im Jahr 1912 machte sie ihr Diplom als Lehrerin in Hellerau. Zuvor hatte sie bei einem Schulfest teilgenommen, für das Jacques-Dalcroze rhythmisch-gymnastische Darbietungen einstudiert hatte. Er wollte seine Idee eines »Gesamtkunstwerks, der Vorstellung von der Harmonie aller Einzelteile als Voraussetzung eines allumfassenden einheitlichen Ganzen« verwirklichen.[16] Zusammen mit dem Bühnenbild und der Lichtregie wollte er eine organische Ergänzung der Gruppenbewegungen schaffen. Von dieser Form des Tanzens als Stimmungskunst hatte sich Mary Wigman allerdings immer mehr entfernt. Ihr »liegt dieses Wehende, dieses leichtfließende Sanfte, das jugendstilhafte ›Antikisieren‹, wie es in Hellerau üblich war, nicht so nah. Sie fühlt sich mehr dem Direkten, Harten und Grellen verwandt, wie sie es in den Bildern der ›Brücke‹-Maler sieht.«[17] Auch umgekehrt entdeckten die Maler Emil Nolde und Ernst Ludwig Kirchner später Mary Wigman als Modell für ihre Bilder. Von Emil und Ada Nolde, die sich zu dieser Zeit ebenfalls in Hellerau aufhielten und ihre Zweifel erkannten, wurde sie auf den Tänzer und Choreographen Rudolf von Laban (1879–1958) in München aufmerksam gemacht, der ähnliche Ideen wie sie vertrat. Sie erfuhr, dass Laban am Monte Verità im Rah-

13 Müller 1986, S. 18f.
14 Müller 1986, S. 19.
15 Müller 1986, S. 25.
16 Müller 1986, S. 31.
17 Müller 1986, S. 32.

men der von Ida Hofmann und Henri Oedenkoven gegründeten *Schule für Kunst* Sommerkurse abhielt, für die sie sich anmeldete.[18]

Das Buch Der moderne Tanz

Im Jahr 1913 erschien Brandenburgs Buch *Der moderne Tanz*, dem 1917 und 1921 noch zwei erweiterte Auflagen folgten. Erst in der zweiten Auflage erwähnt er Mary Wigman, mit der er erst nach Erscheinen seines ersten Buches bekannt wurde.

Bereits 1910 hatte der Kunstschriftsteller Ernst Schur in Berlin ein Buch mit eben diesem Titel veröffentlicht, das Hans Brandenburg in der dritten Auflage seines Tanzbuches als »das verjährte kleine Werk« erwähnte, das »schlecht geschrieben, doch überall richtigen und ehrlichen Instinkt vereint«.[19] Warum er seinem Buch den identischen Titel gab, erklärte er nicht. Schur begann sein Buch mit Isadora Duncan und beschrieb weitere Tänzerinnen, die sich in diesem Metier betätigten, die alle unterschiedliche Stile, wie z.B. den Traumtanz, entwickelten. Er zählte die nachhaltigsten Eindrücke auf, die er von großartigen Tänzerinnen wie Ruth St. Denis, den Wiesenthal-Schwestern und Gertrude Barrison erhalten hatte[20] und beklagte den wuchernden Dilettantismus der Nachahmerinnen.[21] Er beendete sein Buch im Jahre 1908, als das Russische Ballett, »das zur rechten Zeit erschien«,[22] die Bühnen eroberte, und den Menschen die »Segnungen der Tradition wieder nahe brachte«,[23] und mit der Ballerina Anna Pawlowa das Publikum entzückte: »Das ist Tanz, sagt man sich, das ist das Wesentliche.«[24]

Hans Brandenburg hatte eine andere Auffassung. Für ihn begann die schicksalshafte Beschäftigung mit dem modernen Tanz erst in eben diesem Jahr 1908, als Schur die Recherchen für sein Buch bereits beendet hatte. Mit seiner Fotosammlung, die er ab diesem Zeitpunkt

---

[18] Müller 1986, S. 36f.
[19] Hans Brandenburg: *Der moderne Tanz*. 3. Auflage. München 1921, Vorwort, S. 14.
[20] Ernst Schur: *Der moderne Tanz*. München 1910, S. 2.
[21] Schur: *Der moderne Tanz*, S. 3.
[22] Schur: *Der moderne Tanz*, S. 111.
[23] Schur: *Der moderne Tanz*, S. 112.
[24] Schur: *Der moderne Tanz*, S. 115.

anlegte, konnte er später maßgeblich die Anfänge des modernen Tanzes dokumentieren. Bereits in seinem ersten Tanzbuch war die Zahl der Fotografien im Anhang mit 129 Stück enorm. Zusätzlich hatte seine Ehefrau Dora Polster-Brandenburg zusammen mit Hugo Böttiger und anderen 54 Zeichnungen der Tänzerinnen und Tänzer im Bewegungsablauf ihrer Tänze angefertigt.[25] Auch er begann sein Buch wie Schur mit der Tänzerin Isadora Duncan, die mit ihrem Auftritt 1904 im Künstlerhaus – nach vorheriger Überprüfung der künstlerischen Qualität ihres Tanzes durch Franz von Stuck persönlich[26] – den modernen Tanz nach München brachte. Im Anschluss fanden sich alle bekannteren Tänzerinnen und Tänzer, die bislang auch in München aufgetreten waren oder sogar ihre Karriere hier begonnen hatten, wie die Schwestern Wiesenthal, Ruth St. Denis, Sent M'ahesa, Clotilde von Derp, Alexander Sacharoff, Gertrud Leistikow und Ellen Tels. Auch Tanzschulen und -gruppen, wie die Elizabeth-Duncan-Schule, die Bildungsanstalt Jaques-Dalcroze, das Russische Ballett und die »Freie Schulgemeinde Wickersdorf und die Tanzkunst« sind hier aufgeführt.

Die Tänzerin Gertrud Leistikow, von deren unvergleichlichem Talent Brandenburg überzeugt war, und mit der ihn und seine Frau eine lebenslange Freundschaft verband, fand sich im Buch erst als vorletzte Tänzerin, was der Chronologie des Auftretens der verschiedenen Tänzerinnen und Tänzer in München geschuldet war. Die Zeichnungen im Buch allerdings, von denen die allermeisten von Dora Brandenburg-Polster stammen, zeigen fast ausschließlich Tanzstudien von Gertrud Leistikow. Auch Alexander Sacharoff wurde von ihr gezeichnet, allerdings finden sich auch im Beitrag über ihn Zeichnungen mit Gertrud Leistikows Tänzen und Bewegungsstudien. Offensichtlich gab es heftige Auseinandersetzungen mit dem Verleger Georg Müller über die Auswahl und die richtige Platzierung der Zeichnungen und Fotografien.[27] Für Hans Brandenburg hatten die Zeichnungen seiner Frau

---

[25] Hans Brandenburg: *Der moderne Tanz*. München 1913.
[26] Isadora Duncan: *Mein Leben – meine Zeit*. Wien 1981, S. 85f.
[27] Katja Schneider hat sich mit dem Verlagsbriefwechsel in ihrem Buch *Bilder in Büchern. Zu den drei Auflagen von Hans Brandenburgs »Der moderne Tanz«*. In: Isa Wortelkamp: *Tanz in Büchern*. De Gruyter/E-Books 2022, S. 169–188 intensiv beschäftigt. Den Briefwechsel von Hans Brandenburg mit Georg Müller kann man, wie die Briefe von Mary Wigman an Hans Brandenburg, in der Münchner Monacensia im Hildebrandhaus einsehen.

sogar einen höheren Stellenwert als die vielen Fotos im Anhang, da er meinte, mit ihnen die einzelnen Bewegungsabläufe besser erklären zu können. Er schreibt dazu:

> In Wirklichkeit aber eignen sich die guten modernen Tanzleistungen schlecht zu photographischen Aufnahmen, weil sie im Gegenteil schön im Ganzen ihrer Bewegungsform und oft in keinem ihrer Einzelaugenblicke sind.[28]

Das Tanzbuch wurde zwar sofort ein Erfolg, dennoch hätte Brandenburg das Buch am liebsten kurz darauf verleugnet, da er in Folge zu sehr auf einen ›Tanzschriftsteller‹ festgelegt wurde.[29] Später deklarierte er es »ausdrücklich zu einem Vorläufer, ja, fast zu einer Einleitung«[30] für eines seiner Hauptwerke, *Das neue Theater*.[31] Er sah in der Verbindung von Drama und Tanz ganz neue literarische Möglichkeiten. In der Zeitung *Münchner Neueste Nachrichten* veröffentlichte er einen Artikel über den »Darstellungsstil des monumentalen Dramas«, in dem er schreibt:

> Das heutige Wiedererwachen von Körperkultur, von Tanz und Gymnastik kann auch den Dichter lehren, den Menschen wieder als Träger einer sittlichen Übereinstimmung von Geist und Körper und einer künstlerischen Übereinstimmung zeitlich hörbarer und räumlich sichtbarer Ordnungen zu begreifen und zu benutzen.[32]

Hans Brandenburg und Mary Wigman: Beginn einer lebenslangen Freundschaft

In seiner Biografie *München leuchtete* erwähnt Brandenburg Mary Wigman zum ersten Mal, als er sie auf einem Ball mit früheren und gegenwärtigen Studierenden der Münchner Akademie tanzen sah. Die Aufführung *Hexensabbath* von Rudolf von Laban und seinen Schüle-

---

[28] Hans Brandenburg: *Der moderne Tanz*. 2. Auflage. München 1917; vgl. auch Schneider 2022, S. 170.
[29] Brandenburg: *München leuchtete*, S. 443.
[30] Hans Brandenburg: *Im Feuer unserer Liebe. Erlebtes Schicksal einer Stadt*. München 1956, S. 75.
[31] Hans Brandenburg: *Das neue Theater*. Leipzig 1926.
[32] Brandenburg: *München leuchtete*, S. 410.

rinnen und Schülern, darunter auch Mary Wigman, zeuge »von einer neuen Beherrschung des Raumes und der bewegten Gestalten, mit bloßer rhythmischer Geräuschmusik zu gespenstisch flackernder Glut«,[33] schreibt er danach. In einer Rezension der Veranstaltung bezeichnet Brandenburg diesen Abend später als den »Beginn einer Neugeburt des Theaters«.[34]

Nach der Veröffentlichung seines Tanzbuches meldeten sich zahlreiche, bisher nicht im Buch aufgenommene Tänzerinnen, die ihn zu ihren Vorstellungen einluden, um sich ihm bekannt zu machen. Darunter war auch Mary Wigmann. Brandenburg erzählt von ihrer ersten persönlichen Begegnung folgendermaßen:

Ein junges Mädchen suchte durch unseren gemeinsamen Bekannten Hans Prinzhorn Verbindung mit mir, um mich auf ihren Tanzlehrer aufmerksam zu machen. Sie war eine Zeitlang Schülerin von Jaques-Dalcroze in Hellerau gewesen, hatte dann aber erst in jenem neuen Lehrer den Mann gefunden, mit dem sie sich künstlerisch auf halbem Wege traf, mit dem sie wirklich zusammen arbeiten konnte. Sie war bescheiden, sie war denkend und schöngeistig, dabei von schwererem Schlag als andere Tänzerinnen, und sie zeigte mir in der Studentenbude ihrer kleinen Pension eigene literarische Versuche. Auf ihrem Tische lag mein kurz vorher erschienenes Tanzbuch, sichtlich durchgepflügt, mit Bleistiftstrichen auf den Seitenrändern.[35]

Sie lud ihn zu einer Vorstellung ein, die im von Klenze errichteten Saal des Palais Porzia in der heutigen Kardinal-Faulhaber-Straße stattfand,[36] und von der literarischen Gesellschaft *Museum* veranstaltet wurde. Hier wollte sie ihm in erster Linie ihren neuen Lehrer, den Österreicher Rudolf von Laban, vorstellen, der ihm von »Schwüngen, von Bewegungsfolgen, Raum, Raumrichtungen« erzählte und von einem »Raumgefühl, das sich wie ein sechster Sinn, auch Rücken gegen Rücken bewähren müsse«. Die nun gezeigten »Übungen waren von rhythmischer Geräuschmusik, von Gongs, Handtrommel, Blockflöte begleitet, was man noch nie erlebt hatte. Sie gingen aus freier Improvisation hervor und enthielten doch die Elemente und Gesetze einer kör-

---

33 Brandenburg: *München leuchtete*, S. 424f.
34 Brandenburg: *München leuchtete*, S. 425.
35 Brandenburg: *München leuchtete*, S. 443.
36 Früher: Promenadenstraße.

perlichen Harmonielehre. Daneben ward auch, gleichfalls improvisatorisch, gesprochen und gesungen«,[37] schreibt Brandenburg. Für ihn war dieses Erlebnis die Initialzündung für sein schon lange gärendes Projekt *Tanz Ton Wort*. Mary Wigman tanzte in dieser Veranstaltung in einem »langen Seidenkittel [...] ohne jede Begleitung« und es hatte »in seiner Polyphonie, fern von allem Darstellerischen und Gefühlsamen, etwas Absolutes und Fugenstrenges«.[38] Für Brandenburg war sofort klar, dass »dieser Rudolf von Laban und diese Mary Wigman die Zukunft der neuen Tanzkunst bestimmen würden«.[39] Er sagte »ihnen das auf der Stelle und daraus ergab sich gleich der Plan einer Zusammenarbeit«.[40]

Begegnungen in München und Dresden

Aus den in der Monacensia im Hildebrandhaus liegenden 26 Briefen und Karten von Mary Wigman an Hans Brandenburg aus den Jahren 1914 bis 1947[41] kann man ersehen, wie eng sich diese Freundschaft entwickelte, und an wie vielen entscheidenden Stellen ihres Lebens sich ihre Wege kreuzten. Die Gegenbriefe von Brandenburg an Wigman sind auch in anderen Archiven nicht aufzufinden. Die Briefe von Mary Wigman sind weder veröffentlicht noch sind sie in den bekannten Biografien über sie verwendet worden. Auch wird in keiner der nachfolgend zitierten Biografien die Bedeutung, die Hans Brandenburg für Mary Wigman persönlich und beruflich hatte, geschildert.

Über viele Jahrzehnte trafen sich beide immer wieder, entweder in Brandenburgs Wohnort München, wenn Wigman hier ihre Auftritte hatte, oder in Dresden, wo Wigmans Schule stand, und das Brandenburg seine zweite geistige Heimat nannte.[42] Immer wieder schildert Mary Wigman in ihren Briefen den gnadenlosen Stress, die harte

---

[37]   Brandenburg: *München leuchtete*, S. 444.
[38]   Brandenburg: *München leuchtete*, S. 444.
[39]   Brandenburg: *München leuchtete*, S. 444.
[40]   Brandenburg: *München leuchtete*, S. 444.
[41]   © für die Textpassagen von Mary Wigman: Mary Wigman Stiftung/Deutsches Tanzarchiv Köln mit herzlichem Dank für die Genehmigung und für die Unterstützung an Herrn Dr. Peter.
[42]   Vgl. Mary Wigman an Hans Brandenburg, 25.10.1933. In diesem Brief lädt sie ihn ein, bei ihr zu wohnen, falls er nicht bei Rudi Heidenberger, einem engen Freund Brandenburgs, wohnen könne. Münchner Stadtbiblio-

Arbeit, die ständige Erschöpfung, aber auch ihre immer gleichbleiben-
de Begeisterung für den modernen Tanz. Gleichzeitig erklärt sie immer
wieder ihre Dankbarkeit für die ständige Unterstützung durch Hans
Brandenburg in Artikeln und Rezensionen.

Im ersten Brief vom 10. Mai 1914 an Hans Brandenburg äußert Mary
Wigman bereits ihre Vorfreude auf den gemeinsamen Aufenthalt am
Lago Maggiore. Sie hofft, dass auch bei Brandenburg und seiner Frau
nichts dazwischen kommen werde. Zu dieser Zeit wohnte sie bei der
Familie Delius in Ried bei Benediktbeuern. Den Schriftsteller Rudolf
von Delius, der 1925 ein Buch über Mary Wigman veröffentlichte,[43]
hatte sie wie Brandenburg im Jahr 1914 kennengelernt. Ein Freund
hatte sie einander vorgestellt und Wigman hatte beide in ihr Atelier
in der Schwanthaler Straße eingeladen, wo sie ihnen bei Untermalung
durch ›ihre Musik‹ aus Trommeln, Rasseln und Flöten den *Hexentanz*
vortanzte. Delius schrieb später: »Ich wußte jetzt alles: sie war die
größte Tänzerin der Zeit.«[44] Auch durch seine Frau, die Engländerin
Margaret Rice, die mit ihrer Schwester Ethel in München rhythmische
Turn- und Tanzkurse anbot und auch Lehrerin von Clotilde von Derp
war, hatte er bereits Erfahrungen mit dem modernen Tanz gemacht.
Er schildert in seinem Buch ebenso wie Wigman in ihrem Brief ihren
Besuch in Benediktbeuern und beschreibt ihren Tanz im Frühlingslicht
zwischen den Apfelbäumen.[45] Für Mary Wigman benannte er ihr zu
damaliger Zeit wichtiges Ziel, den Tanz in der Gruppe, mit den Worten: »tänzerische Symphonie vieler Instrumente, das weite Orchester
der atmenden Körper«.[46]

Gemeinsame Arbeit auf dem Monte Verità

Die Einstudierung des Tanzdramas *Sieg des Opfers*, das Hans Brandenburg extra für die Tänzerinnen und Tänzer Labans auf dem Monte
Verità bei Ascona am Lago Maggiore geschrieben hatte, endete im

---

thek/Monacensia im Hildebrandhaus, Nachlass Hans Brandenburg, HB
B 317.
[43]   Rudolf von Delius: *Mary Wigman*. Dresden 1925.
[44]   Delius 1925, S. 6.
[45]   Delius 1925, S. 6.
[46]   Delius 1925, S. 22.

Eklat. Gertrud Leistikow und Mary Wigman verkörperten die beiden Hauptrollen. Gertrud Leistikow spielte eine verzweifelte Tochter an der Totenbahre ihrer Mutter und Wigman den Vater, der die Tochter in inzestuöser Absicht bedrängt.[47] Doch Mary Wigman war es unmöglich, die Rolle zu tanzen, und sie verweigerte die weitere Zusammenarbeit – so sehr sie Brandenburg auch verehrte.[48] Laban und Brandenburg zeigten Verständnis für ihre Vorbehalte und wollten die Rolle umbesetzen – doch da erfuhren sie vom Ausbruch des Ersten Weltkrieges, der die Hoffnungen zunichte machte. Alle jungen Männer, auch Brandenburg, mussten in ihre Heimat zurückkehren.

Brandenburg wurde eingezogen, diente zuerst als Schreiber im Pionierbataillon in München, dann an der Front in den Vogesen. Seine Kriegszeit schildert er zu Beginn des zweiten Teils seiner Biografie *Im Feuer unserer Liebe*.[49] Laban blieb mit wenigen Lehrern und Schülern zurück und begann, an seinem Buch *Die Welt des Tänzers* zu schreiben. Mary Wigman widmete sich in den folgenden Wochen ihren eigenen Tanzexperimenten.[50] Eine Rückkehr mit der Tanzschule nach München wurde ausgeschlossen, da dort alle Theater- und Vergnügungsstätten geschlossen worden waren. Laban befürchtete seine Einberufung und blieb deshalb in der Schweiz. In Zürich eröffnete er ein Atelier für seine Tanzschule, in der dann auch Mary Wigman arbeitete.[51] Am 5. Juni 1915 schreibt sie Hans Brandenburg aus Zürich:

> Unser Atelier würde Ihnen gefallen. Ein großer quadratischer Raum mit grossen Fenstern, hell und klar und durchaus tänzerisch in den Proportionen. Dann steht uns noch ein grosser Saal zur Verfügung, den wir aber nur selten benutzen bei grösseren Gruppenstunden. [...] Was macht die Kunst in München? Ist sie sehr patriotisch gefärbt? Wie geht es mit Ihrer eigenen Arbeit? Dem Werk über das Theater?[52]

---

[47] Müller 1986, S. 53.
[48] Diesen Sachverhalt erwähnt Brandenburg in seinen Erinnerungen *München leuchtete* allerdings nicht.
[49] Brandenburg: *Im Feuer unserer Liebe*, 1. Kapitel, S. 9–61.
[50] Müller 1986, S. 53.
[51] Müller 1986, S. 55.
[52] Mary Wigman an Hans Brandenburg, 5.6.1915. Münchner Stadtbibliothek/Monacensia im Hildebrandhaus, Nachlass Hans Brandenburg, HB B 317.

Laban und Wigman trafen viele Künstler vom Monte Verità, wie beispielsweise den Bildhauer Hans Arp und die Laban-Tänzerin Sophie
Taeuber, die ein Paar wurden, in Zürich wieder, und waren bald in die
entstehenden Dadakreise integriert. In der Galerie Dada fanden auch
Veranstaltungen der Labanschule statt, bei denen Mary Wigman ge-
legentlich auftrat.[53] Die Sommer verbrachte sie nach wie vor auf dem
Monte Verità. Im November 1917 veranstaltete sie in der Laban-Schu-
le einen Solo-Tanzabend, 1918 trat sie in Zürich und St. Gallen auf.[54]
Durch ihre eigenen Erfolge zunehmend selbständiger geworden, ent-
fremdete sie sich von Laban, zog aus seinem Atelier aus und mietete
sich in Zürich eine Wohnung. Dort unterrichtete sie zum ersten Mal
eigene Schülerinnen.[55] Nach einer schweren Tuberkulose-Erkrankung
konnte sie erst wieder 1919 mehrere Gastspiele in der Schweiz geben,
die ihr großen Erfolg bescherten.

Erste Deutschlandtournee

Bald plante sie eine Deutschlandtournee, bei der ihre Schülerin Berthe
Trümpy sie begleiten sollte. Im September 1919 traf sie in München ein,
aber nur wenige erinnerten sich noch an sie und Labans *Schule für Be-
wegungskunst*, darunter Hans Brandenburg und Rudolf von Delius.[56]
Im Oktober schreibt sie an Brandenburg aus Bremen:

> Aus norddeutschem Trübsinn heraus viele Grüsse! Hier streikt man
> und die Menschen sind halbtot. Eigentlich weiss ich nicht, warum
> ich ausgerechnet hier tanzen soll! In Berlin war es ein sehr sehr star-
> ker Erfolg und ich werde den Abend bald wiederholen, ebenso in
> München. Nur das Reisen ist schrecklich jetzt. Eine einzige Jagd.
> [...] Ich wollte Sie fragen ob Sie, wie Sie damals sagten, nach mei-
> nem Abend geschrieben haben und ob es erschienen ist. Ich würde
> mich so freuen, mal ein paar vernünftige Zeilen darüber zu lesen.
> Aus Berlin bekomme ich ganz begeisterte Briefe über den Abend,
> Prosa und Verse. Aber es freut mich doch, dass die Menschen trotz

---

53   Müller 1986, S. 55f.
54   Müller 1986, S. 63.
55   Müller 1986, S. 63.
56   Müller 1986, S. 67.

dem vielen Tanzdilettantismus, der allgemein üblich ist, noch unterscheiden können.[57]

Da Mary Wigman in diesem Brief Hans Brandenburg fragt, ob er über den Auftrittsabend in München geschrieben habe, war er offensichtlich anwesend. Wie negativ sie diese Abende in der späteren Rückschau sieht, kann man in der Biografie von Hedwig Müller nachlesen.[58] Der zufolge war die Tournee anfänglich keineswegs von Erfolg gekrönt. In München sei sie ausgepfiffen worden, die Tänze »Götzendienst«, »Tempeltanz« und »Ekstatische Tänze« seien Publikum und Presse zu obskur erschienen, einige hätten sogar gelacht.[59] Beifall sei nur von wenigen Freunden gekommen,[60] vermutlich auch von ihrem Bewunderer Hans Brandenburg. Warum sie nach diesen Erfahrungen den Abend in München wiederholen will, wie sie in ihrem Brief schreibt, erklärt sie nicht. Der hier ebenfalls genannte »sehr sehr große Erfolg«[61] sei sogar eine »Katastrophe«[62] geworden, erklärt sie ebenfalls später, denn sie habe ihre Tänze vor fast leerem Saal und mit schlechter Klavierbegleitung des dort engagierten Pianisten präsentieren müssen.[63] In Hannover sei immerhin die Familie dagewesen und die Presse der Heimatstadt habe gnädig geurteilt. Aber auch in Bremen habe man kaum Publikum gehabt, es sei eine »Grabesangelegenheit«[64] gewesen, und keine Hand

---

[57] Mary Wigman an Hans Brandenburg, 6.10.1919. Münchner Stadtbibliothek/Monacensia im Hildebrandhaus, Nachlass Hans Brandenburg, HB B 317.

[58] In der Biografie selbst wurden keine Quellenangaben gemacht, aber die Autorin hat lt. Mail vom 8. 9. 2023 an die Verf. an dieser Stelle aus dem Beitrag *Mary Wigman. Gespräche im November 1972 und im März 1973.* In: *Positionen zur Vergangenheit und Gegenwart des modernen Tanzes.* Hg. von Akademie der Künste der Deutschen Demokratischen Republik. Berlin 1982, S. 36–50 zitiert. Ich danke an dieser Stelle Hedwig Müller herzlich für ihre Unterstützung.

[59] Müller 1986, S. 67.

[60] Müller 1986, S. 67.

[61] Mary Wigman an Hans Brandenburg, 6.10.1919. Münchner Stadtbibliothek/Monacensia im Hildebrandhaus, Nachlass Hans Brandenburg, HB B 317.

[62] Müller 1986, S. 67.

[63] Müller 1986, S. 67f.

[64] Müller 1986, S. 69.

habe sich zum Applaus gerührt.[65] Erst in Hamburg sei ihr dann der Erfolg zuteil geworden.[66]

Warum sie in ihrem Brief von diesem sehr großen Erfolg gerade in Berlin berichtet, wird ebenfalls nicht ganz klar. Vermutlich kann man sich diesen Widerspruch damit erklären, dass nach ihrem dortigen Auftritt zwei junge Männer auf Wigman zukamen, der Maler Lasar Segall und der Lehrer und Kunstförderer Will Grohmann aus Dresden, die sehr begeistert von ihr waren und sie nach Dresden einluden, wo sie ihr ein großes Publikum versprachen.[67] Tatsächlich hatte sie hier ihren größten Erfolg. Immer wieder trat sie auf, im Anschluss kamen Mädchen zu ihr, die unterrichtet werden wollten. Da ihr Visum in der Schweiz nicht mehr verlängert wurde, überlegte sie, sich in Deutschland niederzulassen. Der neue Direktor der Oper Dresden machte ihr nach ihren erfolgreichen Auftritten ein großartiges Angebot: Sie sollte den Posten der Tanzmeisterin übernehmen! Sehr erfreut unterzeichnete sie den Vertrag, der vom Kultusminister noch gegengezeichnet werden musste. An Hans Brandenburg schreibt sie in einem undatierten Brief:

> Ich weiss nicht ob Laban Ihnen davon schrieb dass mich die Dresdner Oper als Ballettmeisterin, oder vielmehr Tanzmeisterin wie der neue Titel heisst, haben wollte. Ich hatte lange gekämpft, weil ich mir keine Illusionen über die wahnsinnigen Schwierigkeiten eines vollkommenen neuen Aufbaus mache und weiss, was meiner an Kämpfen und sonstigen Widerständen wartet. Trotzdem habe ich mich dazu entschlossen und den Ruf nach meinem Solotanzabend, der vorige Woche in der Oper stattfand, und sich zu einem Triumph gestaltete, angenommen.
> Mich reizt daran nicht so sehr die Schule, die damit verbunden ist und von uns geleitet werden soll, sondern in der Hauptsache die Aufführung neuer Gruppentanzwerke, die die Oper veranstaltet. Nur dazu muss natürlich das Menschenmaterial vorgebildet werden.[68]

Ihre Benennung war durchaus provokant, denn wie sollte sie hier die

---

[65] Müller 1986, S. 69.
[66] Müller 1986, S. 70.
[67] Müller 1986, S. 69.
[68] Mary Wigman an Hans Brandenburg, undatiert. Münchner Stadtbibliothek / Monacensia im Hildebrandhaus, Nachlass Hans Brandenburg, HB B 317.

grundsätzlichen Probleme, die sich immer wieder durch die Ansprüche des klassischen Balletts und die Anforderungen des modernen Tanzes ergaben, lösen? Sie schildert dieses schon länger gärende Dilemma Hans Brandenburg in einem undatierten Brief:

> Das Ballett soll ruhig dort erhalten bleiben, wo es noch eine sinnvolle Aufgabe zu erfüllen hat! Wogegen man sich aber zur Wehr setzen muss, ist: Der Versuch den Tänzern sogenannte »moderne« Schulung des Theaters zu verpassen. Und ferner, bei den Theater-Zulassungs-Prüfungen die jungen Leute ungleich zu prüfen, nämlich von den modernen Tänzern neben ihrer eigenen Schulung Ballettschulung zu verlangen, von den Ballettschülern aber nicht auch »modernen Ausdruckstanz« zu fordern.[69]

Sie fuhr nach Brokdorf in Schleswig-Holstein, um ein Repertoire zu erarbeiten und mit ihren Schülerinnen zu proben, denn an der Oper sollte es in Zukunft natürlich auch eine Abteilung für freien Tanz geben.[70] Berthe Trümpy, die Mary Wigman auch in praktischen Dingen unterstützte, kaufte in der Zwischenzeit in Dresden ein Haus, das sie auf Wigmans Namen eintragen ließ. Doch offensichtlich gab es bei dem geplanten Engagement bald Probleme. Aus Brokdorf schreibt Wigman am 7. Juli 1920 an Hans Brandenburg von ihren Ängsten und Hoffnungen:

> Seit ich fort bin aus Dresden hat dort eine wilde Hetzarbeit gegen mich begonnen, die bis ins Ministerium geht, so dass es möglich ist, dass sich mein Opernengagement noch in der letzten Stunde zerschlägt. Es wäre mir nicht mal schmerzlich! Seit kurzem bin ich Besitzerin eines sehr schönen Hauses in Dresden, in dem sich sehr gut ein paar Tanzräume einrichten lassen, und dort würde ich dann selber eine Hochschule für Tanz aufmachen mit dem Ziel der Gruppenaufführungen. Das ist für mich nach wie vor das Ziel und die Zukunft, sei es in welcher Form immer.[71]

---

[69] Mary Wigman an Hans Brandenburg, undatiert. Münchner Stadtbibliothek/Monacensia im Hildebrandhaus, Nachlass Hans Brandenburg, HB B 317.

[70] Müller 1986, S. 74.

[71] Mary Wigman an Hans Brandenburg, 7.7.1920. Münchner Stadtbibliothek/Monacensia im Hildebrandhaus, Nachlass Hans Brandenburg, HB B 317.

Mary Wigman, 1921, Foto: Hanns Holdt

Fotobildkarte vom Achensee (Tirol) von 1921 an Hans Brandenburg. Münchner Stadtbibliothek / Monacensia im Hildebrandhaus, Nachlass Hans Brandenburg, HB B 317,
Vorder- und Rückseite

1921 erschien die dritte Auflage des Buches von Hans Brandenburg *Der
moderne Tanz* in nochmals erweiterter Form. Hierin werden weitere
Tanzschulen erwähnt, Rudolf von Laban erscheint in einem eigenen
Kapitel und neue Tänzerinnen wie Jutta von Colande und Laura Österreich werden in einem gemeinsamen Kapitel vorgestellt. Mary Wigman
muss sich an vorletzter Stelle ein Kapitel mit Edith von Schrenk teilen,
in dem sie auf dreieinhalb Seiten abgehandelt wird. Laban hat immerhin 23 Seiten erhalten, Gertrud Leistikow ganze 17. Wigman wird hier
»Meisterschülerin Labans« genannt, für die der »Tanz ohne Musik
von vornherein angeborene Notwendigkeit, wie für den absoluten
Musiker die Musik ohne Worte« sei. Sie sei ein »sichtbar gewordener

Naturlaut«.[72] Das Kapitel über sie und Laban ist mit Zeichnungen zu Tanzpositionen von Dora Brandenburg-Polster ausgestattet, allerdings stellen diese wieder ausschließlich Gertrud Leistikow dar. Über das Ergebnis konnte Mary Wigman nicht glücklich sein. Trotzdem schreibt sie Brandenburg am 28. Januar 1922 aus Dresden:

> Dank auch für das Tanzbuch! Noch dazu so ein schönes Exemplar. Die gewünschte Besprechung wird allerdings noch länger auf sich warten lassen, denn ich muss doch ein wenig Zeit und Ruhe zum Lesen haben. Jetzt dreht sich das Karussell meines Daseins zu schnell um zum Nachdenken zu kommen.[73]

Sie setzte sich auch für sein Drama ein – vielleicht die Überarbeitung des Tanzdramas vom Monte Verità, *Der Sieg des Opfers*, das nie veröffentlicht wurde und ebenfalls in der Monacensia liegt. Sie schreibt im selben Brief:

> Die »Sieben Tänze des Lebens« sind gelungen! Vielleicht kommen sie auch bald in München heraus. Und Ihr Drama geht diese Tage mit ein paar Zeilen nach Frankfurt ab. Man hatte es mir nämlich nicht nachgesandt. Das andere Exemplar gebe ich noch hier einem Regisseur. Vielleicht macht man etwas![74]

Tatsächlich kam sie im nächsten Jahr nach München, doch ihr Begleiter traf Hans Brandenburg nicht an, um ihm Karten für die Veranstaltung zu bringen. Am 13. Juli 1923 schreibt sie ihm nach Böbing bei Peissenberg, wohin sich Brandenburg im Sommer zurückzog:

> Mir selber hat es unendlich leid getan, dass Sie meine letzten grossen Gruppenarbeiten in München nicht gesehen haben. [...] Ich selber habe mich sehr über die Wirkung meiner Gruppenabende gefreut. Es

---

[72] Brandenburg: *Der moderne Tanz*. 3. Auflage (1921), S. 200.
[73] Mary Wigman an Hans Brandenburg, 22.1.1922. Münchner Stadtbibliothek/Monacensia im Hildebrandhaus, Nachlass Hans Brandenburg, HB B 317.
[74] Mary Wigman an Hans Brandenburg, 22.1.1922. Münchner Stadtbibliothek/Monacensia im Hildebrandhaus, Nachlass Hans Brandenburg, HB B 317.

war überall derselbe starke Eindruck, die die Sachen hinterliessen. Nun bin ich aber vorläufig am Ende meiner Kräfte ...[75]

Auch 1924 schreibt sie Brandenburg von einem kurzen Soloauftritt in München im Schauspielhaus, für das sie ihm zwar Karten reserviert hatte, ihn aber wegen der »Hetzjagd« der Tournee nicht sehen konnte.[76] Erst im Jahr 1927 meldete sie sich wieder bei Brandenburg, erwähnt aber die Neueröffnung ihrer Schule in der Bautzener Straße mit keinem Wort. Sie war fast ununterbrochen auf Tournee, trat im März auch wieder in München auf.[77]

Zwischen Laban und seinen Tänzerinnen und Tänzern und Mary Wigman und ihrer Truppe hatten sich immer größere Spannungen ergeben. Strittig waren die Gründung einer ›Hochschule des Tanzes‹, der Posten des Ballettmeisters an der Berliner Oper und die ideologische Ausrichtung des modernen Tanzes überhaupt. Es war Laban, der den Opernposten schließlich erhielt, was Wigman ärgerte.

Der für 1929 geplante Tänzerkongress in München wurde auf 1930 verschoben, was die Verschiebung der großen Inszenierung des Bühnengesamtkunstwerks *Totenmal* des Autors Albert Talhoff nach sich zog, das Mary Wigman choreografierte und in dem sie als Solotänzerin und mit ihrer Tanzgruppe auftrat. Kurz vor Beginn des Tänzerkongresses und der Aufführung schreibt Mary Wigman an Hans Brandenburg einen offiziellen Brief, der weder in der Biografie von Hedwig Müller noch in der von Gabriele Fritsch-Vivié erwähnt wird.[78]

Zu meinem außerordentlichen Bedauern sehe ich mich gezwungen, aus dem künstlerischen Arbeitsausschuss für den Tänzerkongress

[75] Mary Wigman an Hans Brandenburg, 13.7.1923. Münchner Stadtbibliothek / Monacensia im Hildebrandhaus, Nachlass Hans Brandenburg, HB B 317.

[76] Mary Wigman an Hans Brandenburg, 23.10.1924. Münchner Stadtbibliothek / Monacensia im Hildebrandhaus, Nachlass Hans Brandenburg, HB B 317.

[77] Mary Wigman an Hans Brandenburg, 19.2.1927. Münchner Stadtbibliothek / Monacensia im Hildebrandhaus, Nachlass Hans Brandenburg, HB B 317.

[78] Gabriele Fritsch-Vivié: *Mary Wigman*. Reinbek bei Hamburg 1999.

1930 auszuscheiden und bitte Sie als den Vorsitzenden dieses Ausschusses davon Kenntnis zu nehmen.[79]

Was der Grund für diesen Brief war und ob er zu Konsequenzen führte, ist nicht bekannt. Allerdings gab es rund um diesen dritten Tänzerkongress wegen der chaotischen Inszenierung von Talhoff viel Ärger, da dieser nicht rechtzeitig fertig wurde und so beim Kongress nur eine Werkprobe gezeigt werden konnte.[80]

Die enge Verbindung von Talhoff und Brandenburg bei diesem Stück wird nirgends erwähnt. Brandenburg schildert in seinen Erinnerungen, wie er sich in jenen Jahren mit Talhoff, den er auf Schloss Elmau kennengelernt hatte, »beinahe auf Gedeih und Verderb«[81] verbündet hatte. Er selbst hatte ihn auf dem zweiten Tänzerkongress 1928 in Essen Mary Wigman vorgestellt und war nun in die Aufführung des *Totenmals*, das seiner Idee vom Theater entsprach, von Anfang an eingebunden. In dem Artikel *Was ist das Totenmal* erklärt er die zu erfüllende Aufgabe so:

Gegenüber dem Kino, dem Rundfunk und der Sportarena wird sich nur ein Theater behaupten können, das nicht mehr von Wort, Ton, Einzelspiel und Ausstattung allein ausgeht, sondern von einem elementaren tänzerisch-chorischen Raumerlebnis, das unseren veränderten optischen und akustischen Bedürfnissen und Techniken Rechnung trägt, aber das den Raum durch das Geistige [...] überwindet.[82]

Welche Bedeutung dieses Stück hatte, führt Brandenburg in seinen Erinnerungen folgendermaßen aus:

Der Inhalt des Totenmals ergreift den eigentlichen chorischen Inhalt unserer Zeit, das seelische Kollektiverlebnis des Weltkrieges in einer Trauer- und Gedenkfeier, die ihren schwebenden und bewegten Klang-Raum-Lichtdom verbrüdernd über Angehörige aller Völker wölben soll.[83]

---

[79] Mary Wigman an Hans Brandenburg, 6.6.1930. Münchner Stadtbibliothek/Monacensia im Hildebrandhaus, Nachlass Hans Brandenburg, HB B 317.

[80] Brandenburg: *Im Feuer unserer Liebe*, S. 230.

[81] Brandenburg: *Im Feuer unserer Liebe*, S. 201.

[82] Brandenburg: *Im Feuer unserer Liebe*, S. 225.

[83] Brandenburg: *Im Feuer unserer Liebe*, S. 225.

Nach der kurz darauf erfolgten Uraufführung waren die Pressestimmen durchaus geteilt, schwankten zwischen »Erschütterung und Beschimpfung«.[84] Gerade die Tänzerinnen wurden als »bauchtanzende, hysterische Weiber«[85] geschmäht, die Musik als »monotoner Lärm von Dampfsirenen, Ventilatoren und Preßlufthämmern«[86] geschildert. Insgesamt wurde die Aufführung als »ein dilettantisches Machwerk [und ein] Vergehen an der Tanzkunst«[87] bezeichnet. Bei Kongressende entluden sich die aufgestauten Spannungen in heftigen Streitereien, was dazu führte, dass in den nächsten Jahren keine derartige Veranstaltung mehr stattfand.

Die Zeit des Nationalsozialismus

Von Mary Wigman, die im Anschluss auf eine – zumindest am Anfang – sehr erfolgreiche USA-Tournee ging, existieren bis 1933 keine Briefe mehr an Hans Brandenburg. Trotzdem müssen sie sich in dieser Zeit getroffen haben, denn ab 1933 verwendet Mary Wigman in ihren Briefen die vertraute Du-Form. Bei der Rückkehr nach Dresden wurden auch in ihrer Schule die politischen Veränderungen spürbar. Im April 1933 erfolgte hier eine Hausdurchsuchung wegen des Verdachts »kommunistischer Umtriebe«, verschiedene Mitarbeiterinnen und Mitarbeiter wurden zum Gestapoverhör vorgeladen.[88] Die Zusammenarbeit mit sozialdemokratischen Arbeitervereinen, die Förderung durch sozialdemokratische Regierungsstellen, jüdische Tanzschülerinnen, häufige Auslandsreisen und einiges mehr waren die Begründungen.[89] Dieses Thema war offensichtlich auch 1934 noch nicht beendet, denn Mary Wigman berichtet am 19. April 1934 an Hans Brandenburg von Unannehmlichkeiten und stellt ihm die Frage:

> Im Zusammenhang mit dem Aufsatz, den Du seinerzeit für die Blätter des Stadttheaters hier geschrieben hast, soll Direktor Heger Dir gegenüber geäussert haben: Mary W. sei Kommunistin. Ich bitte

---

84   Brandenburg: *Im Feuer unserer Liebe*, S. 225.
85   Brandenburg: *Im Feuer unserer Liebe*, S. 229.
86   Brandenburg: *Im Feuer unserer Liebe*, S. 229.
87   Müller 1986, S. 169.
88   Müller 1986, S. 222.
89   Müller 1986, S. 222.

Dich mir zu sagen, ob dieser Ausspruch gefallen ist. Du darfst Dich wohl ruhig dazu äussern, denn du sitzt ja schliesslich in Bayern. Es will niemals gelingen diesen Dingen auf den Grund zu gehen, immer bleiben es Gerüchte auf die man sich nicht stützen kann. [...] Ich würde mich den Teufel um diesen Kleinkram scheren, wenn es sich nicht doch als eine Schädigung auswirken würde.[90]

Trotzdem arrangierte sich Mary Wigman mit den Nationalsozialisten, fügte sich in die Anordnungen und neuen Beschränkungen der Partei und hoffte, dass ihre Arbeit weitergehen könne. Sie trat in Verbänden und Behörden für ihren Tanz ein und konnte schließlich mit einer Förderung des Propagandaministeriums eine neue Tanzgruppe zusammenstellen, in der allerdings das Frauenbild der Nazis erkennbar war.[91] In ihrer neuen Choreografie gab es keine dämonischen Tänze mehr, stattdessen wurden die Frauengruppen oft in rein symmetrischer Gliederung arrangiert.[92] Mit ihren »Frauentänzen«, die sehr erfolgreich wurden, ging sie auf Deutschlandtournee.[93] Sie bittet Hans Brandenburg in einem Brief vom 25. Oktober 1935, ihr seinen »prachtvollen« Aufsatz *Die neue Tanzkunst – ein Werk der deutschen Frau* zu überlassen, da die Veranstalter der Abende ihrer neuen Tournee, Theater und NS-Kulturgemeinden, sie um einen Beitrag zur Vorbereitung ihres Gastspiels gebeten hätten.[94]

Auch Hans Brandenburg hatte sich den neuen politischen Gegebenheiten angepasst, wie man dem Titel des Aufsatzes entnehmen kann. Anfangs hatte sich Brandenburg noch klar gegen Hitler geäußert, war nach der Lektüre von *Mein Kampf* »belehrt«.[95] Er wurde 1935 – angeblich ohne gefragt worden zu sein – in das städtische Kulturamt berufen. Er schrieb nach wie vor »Essays, Rezensionen, Schilderungen, dazu

---

[90] Mary Wigman an Hans Brandenburg, 19.4.1934. Münchner Stadtbibliothek/Monacensia im Hildebrandhaus, Nachlass Hans Brandenburg, HB B 317.

[91] Müller 1986, S. 225ff.

[92] Müller 1986, S. 229.

[93] Müller 1986, S. 229.

[94] Mary Wigman an Hans Brandenburg, 25.10.1935. Münchner Stadtbibliothek/Monacensia im Hildebrandhaus, Nachlass Hans Brandenburg, HB B 317. In einem späteren undatierten Brief dankt sie ihm für die Überlassung des Artikels.

[95] Hansjörg Lobentanzer: *Hans Brandenburg (1885–1968). Ein Dichter seiner Zeit. Leben, Werke, Würdigung*. Diss. München 1996. 1997, S. 13.

kommen seine vielen Vorträge und Vorlesungen«.[96] Er wurde nicht eingezogen, hielt aber »Lesungen in Kasernen und Lazaretten, in Bunkern und an der Front«,[97] und konnte beim Rundfunk in der Sendereihe *Von deutscher Frömmigkeit* über religiöse bzw. lebensphilosophische Themen sprechen,[98] so Hansjörg Lobentanzer in seiner Dissertation. Er war Mitglied und zeitweise Vorsitzender der Literaturgesellschaft *Die Argonauten* und verkehrte in nationalkonservativen bis nationalsozialistischen Kreisen, wie dem *Bamberger Dichterkreis*, dem er als Gründungsmitglied angehörte. Obwohl Brandenburg kein Parteimitglied war und sich als unpolitisch bezeichnete, kann man ihn einen Mitläufer nennen.

Dasselbe gilt phasenweise auch für Mary Wigman. Sie wirkte sogar bei der Eröffnungsveranstaltung der Olympischen Spiele 1936 mit. Im *Olympischen Festspiel* konnte sie zeigen, dass der »ernsthafte künstlerische Tanz in Deutschland durch *sie* vertreten« wurde.[99] Doch bereits 1937, als sie zu lange gezögert hatte, bei den Festlichkeiten in München zum *Tag der deutschen Kunst* mitzuwirken, begann ihr Stern zu sinken. Die Zusammenarbeit der Nazis mit Mary Wigman endete hier.[100] Auch in der Schule gab es immer mehr Probleme. Viele ihrer Mitarbeiterinnen und Mitarbeiter, Schülerinnen und Schüler waren bereits emigriert, die Finanzierung war ungesichert, es kam zu ideologischen und politischen Streitereien. Immer wieder wurden ihre Auftritte kurzfristig abgesagt. In einem Vortrag 1941 in Leipzig, den ein Mitarbeiter des außenpolitischen Amtes Rosenberg hielt, wurde der zeitgenössische Tanz diffamiert. Er wäre nichts als »asiatische Überfremdung. Man habe ohne Musik getanzt, was Barbarei, Zersetzung, Entartung sei«.[101] Mary Wigman und ihr moderner Tanz galten fortan als ›entartet‹. Ihre Schule übergab sie einem linientreuen Mitarbeiterpaar, das diese in eine städtische Tanzakademie umwandeln wollte.[102] Am 27. April 1942 stand sie in Leipzig, wo sie in Zukunft als Choreografin arbeiten würde, zum letzten Mal als Solotänzerin auf der Bühne.[103]

---

96 Lobentanzer 1997, S. 13.
97 Lobentanzer 1997, S. 13.
98 Lobentanzer 1997, S. 13.
99 Müller 1986, S. 239.
100 Müller 1986, S. 246.
101 Müller 1986, S. 255.
102 Müller 1986, S. 257.
103 Müller 1986, S. 259.

Neubeginn in der Nachkriegszeit

Bis Kriegsende sind keine Briefe von Mary Wigman an Hans Brandenburg in der Monacensia überliefert. Vermutlich war auch keine Korrespondenz mehr möglich. Erst aus dem Jahr 1946 existiert wieder ein Brief von Mary Wigman, in dem sie sich freut, dass Hans Brandenburg und seine Familie den Krieg überlebt haben. Über sich selbst schreibt sie:

> Arm wie eine Kirchenmaus geworden, habe ich mich wieder mal auf die eigenen Beine gestellt und eine winzige kleine Wigman Schule aufgebaut. Ich muss sehr tüchtig arbeiten, um leben zu können, und tue diese Arbeit von Herzen gern, bin dankbar dafür, dass ich sie leisten kann und dass sie notwendig ist.[104]

Sie schildert in diesem Brief auch einen erschütternden Besuch im zerstörten Dresden, das zu einem Grab geworden sei, und fügt ihrem Brief ein selbst geschriebenes Gedicht bei.

Am 16. Dezember 1947 schreibt Mary Wigman den letzten in der Monacensia erhaltenen Brief an Hans Brandenburg, in dem sie ihm für seinen Gedichtband dankt.[105] Als ihre neugegründete Schule in Leipzig verstaatlicht werden sollte, konnte sie die sowjetische Besatzungszone legal verlassen und mit Unterstützung des Berliner Senats eine neue Schule in West-Berlin gründen.[106] Am 18. September 1973 starb Mary Wigman nach einem Sturz, als sie gerade dabei war, eine Reise auf den Monte Verità anzutreten. Hans Brandenburg war bereits fünf Jahre zuvor verstorben. Ob sie sich in ihren letzten Jahren noch einmal getroffen haben, ist nicht bekannt.

---

[104] Mary Wigman an Hans Brandenburg, 29.4.1946. Münchner Stadtbibliothek/Monacensia im Hildebrandhaus, Nachlass Hans Brandenburg, HB B 317.

[105] Es handelt sich vermutlich um den Gedichtband *Gipfelrast*.

[106] Fritsch-Vivié 1999, S. 118.

Nicola Bardola

Wohin gerät man, wenn man außer sich gerät?

Die Briefe von Ingeborg Bachmann an Hermann Kesten (von 1954 bis 1960). Zum 50. Todestag von Ingeborg Bachmann

Die Freundschaft zwischen Ingeborg Bachmann und Hermann Kesten ist kaum dokumentiert: Ina Hartwig erwähnt Kesten in ihrer fragmentarischen, aber sehr lesenswerten Biografie *Wer war Ingeborg Bachmann* (2017) mit keinem Wort. Dasselbe gilt für Ingeborg Gleichaufs Buch *Ingeborg Bachmann und Max Frisch. Eine Liebe zwischen Intimität und Öffentlichkeit* (2015). Selbstredend fehlt Hermann Kesten auch in Margarethe von Trottas Film *Ingeborg Bachmann – Reise in die Wüste* (2023). Umgekehrt fehlt Ingeborg Bachmann komplett im von Walter Fähnders und Hendrik Weber herausgegebenen Band *Dichter – Literat – Emigrant. Über Hermann Kesten* (2005). Die Aufzählung ließe sich fortsetzen. Zudem überrascht nicht nur die Abwesenheit Kestens in fast allen Werken über Ingeborg Bachmann, auch die Fokussierung der Forschung auf Liebe und Leidenschaft der Ingeborg Bachmann verblüfft, ist doch das Gefühl der Freundschaft ein Wesentliches für sie. Dokumentiert ist es u. a. in den Briefwechseln mit Ilse Aichinger oder Hans Werner Henze. Selten kommt es dort aber so herzlich, so originell und unbefangen zum Ausdruck wie in ihren Briefen und Postkarten an Hermann Kesten, die in Kestens Nachlass in der Monacensia im Hildebrandhaus verwahrt werden und bis heute fast allesamt unveröffentlicht sind. Die dort überlieferte Korrespondenz dauerte von 1954 bis 1960, seitens Kesten bis 1962.

Es ist, als hätte es diese Freundschaft zwischen den Rom-Kennern Ingeborg Bachmann und Hermann Kesten nie gegeben. Übersehen hat die Literaturgeschichte damit eine enge Beziehung, die viele neue Einblicke in das Leben Ingeborg Bachmanns erlauben. Allein Sigrid Weigel erwähnt jeweils kurz angebunden einige wenige Aspekte der Briefe in ihrem Buch *Ingeborg Bachmann. Hinterlassenschaften unter Wahrung des Briefgeheimnisses* (1999) sowie – noch knapper – Albert M. Debrunner in seiner Biografie »*Zu Hause im 20. Jahrhundert*«. *Hermann Kesten* (2017). Schließlich streift das Buch *Ingeborg Bachmann/Max Frisch: »Wir haben es nicht gut gemacht.«* *Der Briefwechsel* (2022) ganz oberflächlich Hermann Kesten im Zusammenhang mit Ingeborg Bachmann. Offenbar hat niemand von den Autorinnen und Autoren bzw. Herausgeberinnen und Herausgebern dieser zuletzt genannten Bücher selbst den Briefwechsel eingesehen.

Einschränkend gilt es deshalb festzuhalten: Über den Briefwechsel zwischen Ingeborg Bachmann und Max Frisch heißt es gemeinhin, die Texte seien auch selbst große Literatur. Das trifft auf diesen Briefwechsel zwischen Bachmann und Kesten nicht zu. Nun sind aber die so aufrichtigen und witzigen Briefe Ingeborg Bachmanns der literarischen Welt bislang unbekannt, obwohl sie seit Jahrzehnten im Archiv der Monacensia schlummern und immer wieder auch Literarisches thematisieren. Das tun sie mit einer Leichtigkeit und Ironie, wie man sie in Ingeborg Bachmanns Werk nur selten findet.

Ingeborg Bachmann schreibt im Juli 1954 aus Rom an Hermann Kesten (und gleichzeitig in allen Briefen fast immer auch an seine Frau Toni): »Die Tage vergehen so, wie sie halt vergehen, neuerdings etwas dramatischer, weil ich krank zu sein scheine, ich glaube, es ist die Schilddrüse, die sich aufregt. Ich bin sehr betrübt, denn die anderen Lyriker haben es doch mit Selbstmord oder Rauschgift oder Lunge, aber man kann nicht alles haben.« (Nr. 1) Hier ist der Autorentod noch ein Epistelscherz. Oder schwingt Sarkasmus mit? Keine 20 Jahre später stirbt Ingeborg Bachmann unter tragischen Umständen, die heute noch die Frage aufwerfen, bis zu welchem Grad suizidale Absichten beim – und nach dem – selbstverschuldeten Unfall eine Rolle spielten.

Im selben Brief, den Bachmann fast genau einen Monat vor Erscheinen der Zeitschrift *Der Spiegel* (am 18. August 1954 mit einer Fotografie von ihr auf dem Titelblatt) schreibt, geht es auch um den geplanten Autokauf des Ehepaars Kesten. Bachmann: »[...] es spricht natürlich viel für ein Auto, aber Radfahren ist wirklich romantisch und man sieht bekanntlich mehr von der Landschaft.« Nach einigen Abschweifungen kehrt Bachmann in diesem durchaus heiteren Brief zum Thema Gedichteschreiben und zu ihrem Unwohlsein zurück: »Dass Sie jetzt von der faulen in die tätige Periode wechseln, könnte mich auch wachrütteln, vielleicht schreibe ich heute noch das Gedicht, das Sie nicht geschrieben haben, aber leider Gottes hab ich die Ausrede, dass ich mich schonen soll; ich hab zwar keine Ahnung, was das ist, bringe es aber sofort mit Nichtschreibendürfen in Zusammenhang.«

Mehrfach in ihren Briefen an Kesten schildert Ingeborg Bachmann das Schreiben einerseits als Glück, aber auch als Last. Augenzwinkernd kommentiert sie später auch Veröffentlichtes von Kesten: Der hatte 1955 den Roman *Ein Sohn des Glücks* mit vielen eindrücklichen Rom-Szenen und einigen italienischen Ausdrücken veröffentlicht. Darin wird das Wort »Schokolade« auf Italienisch geschrieben. Kesten bietet Bachmann an, ihr das Buch zu schicken (sie weilt wieder in Klagenfurt) und erwähnt dabei den Fehler. Darauf antwortet Ingeborg Bachmann: »Gioccolata ist natürlich für einen triestiner Römer sehr arg, aber die windischen Römer können auch einem ›G‹ etwas abgewinnen; hätte nicht ganz gut die Tochter der Gioconda so heißen können? Aber sul serio: ich freue mich sehr auf das Buch und möchte es so gern haben!« (Nr. 3)

Nachdem Ingeborg Bachmann das Buch erhalten und auf Kestens Wunsch hin kritisch gelesen hat, schreibt sie an den um ein Vierteljahrhundert älteren Verfasser des hochgelobten Romans: »Ich habe, obwohl ich ein recht unguter Leser sein kann, nichts gefunden, was mich gestört hätte, ausser einem Satz auf der vorletzten Seite; es heisst dort ›Wenn ich mich verliebe, gerate ich freilich ausser mir.‹ Ich meine, es müsste ›ausser mich‹ stehen.« (Nr. 4) Diese kleine grammatikalische Anmerkung Bachmanns lässt Kesten fast aus der Haut fahren, aber natürlich bewahrt er dabei seinen freundschaftlichen Humor. Umgehend antwortet Hermann Kesten sprachspielerisch im Mai 1956: »Ich gerate außer mir, wenn ich denke, ich sollte außer mich geraten, insbesondere wenn ich mich verliebe. Ich will aber, wenn ich wieder im Institut für germanische Studien bin, nachwälzen, wohin oder wo man gerät, wenn man ausser sich gerät.«[1] (Hermann Kesten hat mit 53 Jahren an der Università degli Studi di Roma, Facoltà di Lettere e Filosofia zu studieren begonnen, Englisch bei Mario Praz und Deutsch bei Bonaventura Tecchi.) Ingeborg Bachmann antwortet im nächsten Brief ernst und selbstkritisch: »Und wie es mit dem ›ausser sich geraten‹ ist, wüsste ich nur furchtbar gern, schon

---

[1]   Hermann Kesten an Ingeborg Bachmann, 22.5.1956. Münchner Stadtbibliothek / Monacensia im Hildebrandhaus, Nachlass Hermann Kesten.

aus purem Egoismus; ich hatte auch schon den Verdacht, dass meine Version ein Austriazismus sein könnte oder ein Kärntnerismus; manchmal schleppt man so etwas ja ein ganzes Leben mit.« (Nr. 5)

»Der Kaffee ist schlecht in München«

Ingeborg Bachmann gesteht Kesten gegenüber, der ihr Vater sein könnte und der gerne fördernd und väterlich ihr gegenüber auftritt, sprachliche Unsicherheiten ein, die sie andernorts zu verbergen weiß. In der Intimität der Korrespondenz berichtet Ingeborg Bachmann auch von den Schwierigkeiten bei der Titelsuche für ihr letztes und bekanntestes Hörspiel. Am 3. September 1957 schreibt sie von Rom aus: »Ich war fleissig in den letzten Tagen, und das Hörspiel wird endlich fertig, von dem ich seit drei Jahren rede. Titel habe ich noch immer keinen, und am Ende wird es zu meiner Verzweiflung doch Manhattan-Ballade heissen, obwohl wir doch alle sehr dagegen waren.« (Nr. 7) Gemeinhin heißt es, *Der gute Gott von Manhattan,* diese kapitalismuskritische Schilderung einer ekstatischen Liebe, sei 1957 entstanden. Hier wird deutlich, dass Ingeborg Bachmann bereits 1954 mit dem Werk begonnen hatte, das Max Frisch so sehr begeisterte, als er sie noch nicht kannte.

Was in Ingeborg Bachmanns Briefen an Hermann Kesten besonders gut zum Ausdruck kommt, ist die Stadt Rom als Sehnsuchtsort. Immer wieder lobt sie Rom und gleichzeitig kritisiert sie die Städte, in denen sie sich gerade beim Briefeschreiben befindet. Bachmanns Rom-Lob von Klagenfurt aus lautet im Dezember 1955: »Meine Gedanken gehen sooft hinunter, und wenn Sie einen windischen Geist in der Wintersonne vor dem Doney sitzen sehen, dann ists die Hälfte von mir, die noch immer in Rom ist.« (Nr. 3) Im Juni 1956 schreibt sie von Neapel aus: »Sehr lustig waren Ihre Schilderungen des römischen Lebens und der incontri; ich bekomme doch immer wieder grosse Sehnsucht nach Rom; Sie ahnen nicht, wie verschieden Neapel ist, es wimmelt überhaupt nicht von Fremden und Freunden – von Fremden vielleicht doch hier und da, von Freunden aber bestimmt nicht. Und der liebe Kaschnitz-Besuch war der einzige in der ganzen Zeit. Wollen Sie sich nicht mit Toni in einen feinen flinken rapido setzen und einer einsamen Windischen einen Besuch abstatten?« (Nr. 5)

Im September 1956 kritisiert Ingeborg Bachmann – wiederum von

Klagenfurt aus – die Stadt Venedig: »Dann fuhr ich weg nach Venedig, eigentlich mit der Absicht, mich dort niederzulassen für eine Weile, aber schon nach drei Tagen konnte ichs nicht mehr aushalten, denn man hört dort kein Italienisch mehr, nur deutsche Dialekte, ab und zu auch ein bisschen Französisch, und obendrein gibt es nicht ein Zimmer bis Ende September. So ists zu Kärnten gekommen, und ich bin froh darüber, denn es gibt hier weniger Österreicher als in Venedig.« (Nr. 6)

Noch schlechter als Venedig schneidet München ab: »Vergessen Sie mich nicht und zählen Sie mich weiter zu den Römern, denn zu den Münchnern möchte ich, ohne den Deutschen zu nahe treten zu wollen, nie gezählt werden.« (Nr. 7) Von Herbst 1957 wohnt Ingeborg Bachmann ein knappes Jahr lang in München, seit 15. Oktober 1957 in der Pension Biederstein in der Biedersteinerstraße am Englischen Garten. Von dort aus schreibt die 31-Jährige den Kestens: »seit gestern wohne ich in einer Pension am Stadtrand, und vorher war ich immer unterwegs und im Umzug, denn hier tobt das Oktoberfest und Horden von Biertrinkern überschwemmten die Hotels«, und einige Zeilen später: »Hier einen Besuch zu machen, würde ich empfehlen, nur das Bleiben nicht. Ich finde fast alles und fast jedes deprimierend […].« (Nr. 8) Gut zwei Wochen danach wird sie noch deutlicher: »Der Kaffee ist schlecht in München, der Herbst ausnahmsweise ganz schön, aber für verwöhnte römische Augen ist er auch kein Trost. Es gibt viele Verkehrsunfälle, obwohl die Leute hier auch die Theorie lernen müssen, dafür aber keine hübschen Herzoginnen und überhaupt wenig hübsche Menschen, und ich bin eher traurig und nur nicht gelangweilt, weil ich vor lauter Terminängsten krank bin.« (Nr. 9)

»Ich möchte nie wieder Professor sein«

In München arbeitet Ingeborg Bachmann als Dramaturgin für den Bayerischen Rundfunk und eng mit dem Lektor des Piper Verlags Reinhard Baumgart zusammen, trifft sich in den Schwabinger Kaffeehäusern mit Literatinnen und Literaten und freundet sich mit dem Schweizer Autor Kuno Raeber an, der in Schwabing in der Nachbarschaft wohnt. Der erinnert sich: »Im Mai 1958 war ich bei Ingeborg Bachmann in ihrer Münchner Wohnung, als ihr Hörspiel *Der gute Gott von Manhattan* gesendet wurde. An jenem Maiabend saßen wir, Gastgeberin und Gäste, still um das Radio. Die Gegenwart der Dichterin versank hinter dem Gedicht von der Vergeblichkeit, von der Unmöglichkeit der Liebe.«[2]

Als Ingeborg Bachmann im Juli 1958 erstmals Max Frisch trifft, sagt sie zu Raeber, das sei Liebe auf den ersten Blick, sie werde zum frühestmöglichen Zeitpunkt nach Zürich ziehen. Am 7. März 1959 schreibt sie aus Max Frischs Haus in Uetikon den Kestens und spart nun auch nicht mit Kritik an Zürich: »Ich komme vielleicht wirklich bald nach Rom; zuerst sollte es der 1. Mai sein, aber ich kann nicht fahren, eh das Geschichtenbuch fertig ist, und es will und will nicht fertig werden. Ich habe nicht gewusst, dass es so schwer ist, so viele Sätze zu schreiben, und meine Bewunderung für die Prosaisten steigt seither ins Ungemessene. Bitte schicken Sie mir die ›Dichter im Café‹ in das caféhauslose Uetikon. Dort werde ich ab nächster Woche wohnen, am Ufer des lieblichen Sees, der schauderhaft verschlammt und von Fabriken umstellt ist. Aber mir soll es recht sein, solang noch einige Wege nach Rom führen.« (Nr. 11)

Ingeborg Bachmanns Weg führt wirklich wieder nach Rom. Sie hält es in Uetikon nicht mehr aus. Der kranke Max Frisch bleibt in der Schweiz in Kur. Am 10. Juli 1959 schreibt sie ihm aus Rom, sie vermisse ihn und überhaupt Gesellschaft. Sie sehne sich wieder ein wenig nach Uetikon zurück, schließe aber eine Rückkehr aus: »Ich vermisse meine Bücher und die Ordnung, ich habe nichts zu lesen, alle Bibliotheken sind über den Sommer geschlossen. Grass, den ich erwartete, kommt leider nicht. Enzensbergers sind auf eine Insel gefahren, Kestens nach Frankreich, Marie Luise fährt auch gleich nach Frankfurt und hatte kaum Zeit, weil sie den Nachlass ihres Mannes ordnen musste. Hocke ist auf einer Reise. Tu vois les choses. Der römische Sommer. Man langweilt sich auf die angenehmste Art zu Tode.«[3] Mal ironisch, mal ernsthaft spielt der Tod in der Beziehung zwischen Bachmann und Frisch eine große Rolle. Der Schweizer Autor verfasst im März 1960 sein Testament: »1. Ich setze meine drei Kinder (Ursula, Peter, Charlotte) auf Pflichtteil. 2. Der verfügbare Teil meiner Hinterlassenschaft soll Fräulein Dr. phil. Ingeborg Bachmann, zurzeit wohnhaft Kirchgasse

---

2 Andrea Mühlberger: *Besser tot in Rom als halbtot in München*. Sendung im Bayerischen Rundfunk, 10.8.2014.

3 Ingeborg Bachmann / Max Frisch: »*Wir haben es nicht gut gemacht.*« *Der Briefwechsel*. Hg. von Hans Höller / Renate Langer u. a. Frankfurt a. M. / München 2022, S. 136.

33, Zürich, zufallen. Dies bezieht sich sowohl auf Vermögenswerte wie auf die künftigen Einkünfte aus meinen Werken.«[4]

Das gemeinsame Arbeiten in Uetikon war unmöglich geworden. Ingeborg Bachmann wohnt nun im Zentrum der Stadt, in der Kirchgasse 33 (wo Gottfried Keller einst als Staatsschreiber gelebt hatte). Am 29. Dezember 1959 schreibt sie den Kestens und lädt sie an die Limmat ein. Sie bietet ihnen an, sie mit dem »Wägeli« (ein Geschenk von Max Frisch, ein VW Käfer) abzuholen. Rasch lässt Ingeborg Bachmann wie die italienischen, jetzt auch schweizerdeutsche Begriffe in ihren Wortschatz einfließen. In diesem Brief wird Bachmanns Kritik am männerdominierten Literaturbetrieb deutlich: »Aber ich habe natürlich nicht geschrieben, überhaupt seit Monaten meine Freunde arg vernachlässigt, denn es gibt zuviel Arbeit, ich möchte nie wieder Professor sein, besonders keiner, der ohne donna di servizio zwischen Haushalten und Universitätsproblemen zerrissen wird und dann daneben noch schreiben möchte. In diesem Beruf ist es wirklich besonders günstig ein Mann zu sein.« (Nr. 14)

»Aus dem Dunkel, selber verdunkelt«

Die Freundschaft Ingeborg Bachmanns zu den Kestens hält bis 1962, also bis zu einer von vielen Literaturstreitigkeiten Kestens, diesmal gegen Edgar Lohner, der 1962 im Aufsatz *Tradition und Gegenwart deutscher Literaturkritik* schreibt: »Doch Kestens Hass und Ressentiment richten sich [...] gegen Tucholsky und Brecht, gegen Paul Hühnerfeld und Ingeborg Bachmann und gegen einen der begabtesten Schriftsteller der Gegenwart, Uwe Johnson, der sich als erster und einziger bisher wehrte und Kesten einen Lügner nannte.«[5] Im September 1962 schreibt Kesten aus New York an Bachmann in Rom, zitiert aus obiger Passage und fährt fort: »Das ist nur eine der sinnlosen Lügen und Erfindungen dieses Professor Lohner. Ich schreibe Ihnen 1) um Ihnen ausdrücklich zu sagen, dass ich in meinem Leben kein Wort gegen Sie oder Ihre Werke gesagt oder veröffentlicht habe. Ich habe im Gegenteil [...] Aber das alles wissen Sie ja wohl schon seit zehn Jahren [...] Ich schreibe Ihnen darüber 2) weil

---

4   Bachmann/Frisch: *Briefwechsel*, S. 173.
5   Bachmann/Frisch: *Briefwechsel*, S. 838f.

ich gesehen habe, wie unerschrocken Sie ähnliche Angriffe gegen Celan öffentlich abgewehrt haben. Nun will ich Sie keinesfalls dazu verführen, für mich öffentlich einzutreten. Ich habe zeitlebens mich selber zu verteidigen gewusst. Dagegen hielte ich es für notwendig, dass Sie eine Berichtigung an die Zeitschrift *Sprache im technischen Zeitalter* […] Wenn Ihnen der Artikel von Lohner zu dreckig sein sollte, was ich durchaus verstünde, und damit auch der Ort, wo er erschienen ist, suspekt, was ich gleichfalls verstünde, so könnten Sie ja sicher, wenn Sie es nur wollen, eine knappe Berichtigung von wenigen Zeilen überall unterbringen, z. B. in der *Zeit*, Hamburg.«[6] Kesten bekommt die erwartete Hilfe jedoch nicht. Stattdessen schreibt Ingeborg Bachmann im März 1963 an den Herausgeber der Zeitschrift *Sprache im technischen Zeitalter*, Walter Höllerer: »Das hätte ich schon gern getan, weil er mich nicht verfolgt, aber ich konnte dann das Heft nicht bekommen und wusste zuerst nicht, wie ich berichtigen soll, wenn ich den Aufsatz gar nicht gelesen habe, und dann, nachher war ich unentwegt krank und hatte andre Sorgen.«[7] Wer den Briefwechsel mit Frisch aus jener Zeit kennt, weiß um die Unmöglichkeit, sich nun mit literarischen Fehden zu beschäftigen. Zudem ist der so entstandene Konflikt mit Kesten schwer aufzulösen. Jedoch legen Kestens Äußerungen nach Bachmanns Tod nahe, dass der Kontakt zwischen den beiden deswegen nicht abgebrochen ist, allerdings sind entsprechende Briefe nicht erhalten.

Wie ist die tiefe Verbundenheit zwischen Bachmann und Kesten entstanden, die in ihren Briefen zum Ausdruck kommt? Ingeborg Bachmann liest 1952 in der Gruppe 47 und bekommt im folgenden Jahr deren Preis für ihre Gedichte. Sie beschließt, ihren Lebensunterhalt als freie Autorin zu bestreiten. 1953 schreibt die *Abendzeitung*: »Durch Hans Werner Richter kam sie zur ›Gruppe 47‹, auf deren letzter Tagung sie mit ihren schönen Gedichten über die Werke von Walter Jens siegte. Das Tempo, mit dem sich nun die westdeutschen Sender auf Ingeborg Bachmann stürzten, war für sie so atemberaubend wie die damit verbundenen materiellen Schätze. Der NWDR bezahlt ihren Italienaufenthalt, damit sie in Ruhe ein Hörspiel schreiben kann. Frankfurt und München erteilten Aufträge für Nachtstudiosendungen.«[8]

---

6   Hermann Kesten an Ingeborg Bachmann, 19.5.1962. Münchner Stadtbibliothek/Monacensia im Hildebrandhaus, Nachlass Hermann Kesten.
7   Bachmann/Frisch: *Briefwechsel*, S. 839.
8   Mühlberger 2014.

Ingeborg Bachmann und Hermann Kesten lernen einander bei Bachmanns erstem Romaufenthalt 1953 im Umfeld Gustav René Hockes kennen. In Rom tagt im selben Jahr die Gruppe 47: Hans Werner Richter diskutiert in Cafés unter vier Augen mit Kesten, um ihn in der Gruppe zu halten und um die Wogen zu glätten, die entstanden sind, nachdem Kesten nicht nur Gottfried Benn scharf angegriffen, sondern auch einen Rundumschlag gegen junge Schriftstellerinnen und Schriftsteller veröffentlicht hat. Kesten warf der jungen Generation vor, Autoren wie Ernst Jünger und Gottfried Benn höher zu schätzen als die Exilanten. Dafür wurde Kesten u. a. von Heinrich Böll und Wolfgang Hildesheimer kritisiert. Da allseits die Stellungnahmen radikal waren, findet in Rom schließlich der endgültige Bruch zwischen Kesten und der Gruppe 47 statt. Doch darunter leidet nicht im Geringsten die junge Freundschaft zwischen der sich in Aufbruchstimmung befindlichen Ingeborg Bachmann, Hermann Kesten und seiner Frau Toni, obwohl Ingeborg Bachmann im selben Jahr für ihre Lyrik ausgerechnet den Preis der Gruppe 47 bekommen hat. Zum vertrauten Kreis in Rom gehören auch Marianne und Fritz Löw-Beer, die schon seit 1952 in Rom leben, und Marie Luise Kaschnitz. Sie gehören alle zu den so genannten »neuen Rom-Deutschen« (die »Deutschrömer« waren Anfang des 19. Jahrhunderts Künstler – v. a. Maler aus Deutschland).

Als von Bonaventura Tecchi Ende 1953 eine Lesung von Hermann Kesten in der Villa Sciarra (Sitz des von Tecchi geleiteten Istituto di Studi Germanici) plant (Honorar 100.000 Lire), fragt Hocke, ob vielleicht eine Poetin aus Klagenfurt, die in einem ungeheizten Zimmer in der Via Ripetta lebe, mit Hermann Kesten lesen könne. Die Doppellesung findet dann tatsächlich Ende Januar 1954 statt. Marie Luise Kaschnitz, eine weitere Rom-Deutsche, schreibt: »Danach las Ingeborg Bachmann Gedichte, furchtbar gehemmt und leise, niemand verstand ein Wort. Das war sehr schade, weil die Gedichte schöne sind.«[9]

Sechs Jahre später erfährt die Freundschaft zwischen Bachmann und Kesten einen Höhepunkt. Ein Brief von ihr wird auf ihren und Kestens Wunsch hin vollständig veröffentlicht in *Hermann Kesten – Ein Buch der Freunde – Zum 60. Geburtstag am 28. Januar 1960*. Verfasst hat ihn Ingeborg Bachmann Ende 1959. Überliefert ist jedoch eine unda-

---

9   Albert M. Debrunner: »*Zu Hause im 20. Jahrhundert*«. *Hermann Kesten – Biographie*. Wädenswil bei Zürich 2017, S. 253.

tierte, zur Veröffentlichung frei gegebene Fassung. »Lieber Hermann Kesten, unsere junge Freundschaft ist nun auch schon sieben Jahre alt und sie ist in Rom gediehen, wo uns die Fremde nicht schwierig war und wo ich Sie lieber zuhause weiss als in einer anderen Fremde. Ich denke, mehr noch als an die lauten, heissen Mittage im Sommer, an die Winterabende, wenn Rom nicht mehr voll von Menschen und Freuden war, wenn die Via Veneto wieder eine Strasse war wie andere auch und man von draussen in das Café Doney kam, aus dem Dunkel, selber verdunkelt, – wenn man sich einsam fühlte, fror und auf ein warmes Wort hoffte. Bei Ihnen und Ihrer Frau habe ich es gefunden.« (Nr. 13)

Im Nachlass von Hermann Kesten in der Monacensia im Hildebrandhaus befinden sich von Ingeborg Bachmann insgesamt 16 Briefe und zwei Postkarten sowie 13 Briefe von Hermann Kesten (keine Postkarten). Nachfolgend werden 15 Briefe Ingeborg Bachmanns in chronologischer Reihenfolge ediert, mit den nicht datierten Briefen an den vermutlich passenden Stellen.

Zur Edition

Die Briefe befinden sich im Nachlass Hermann Kesten in der Monacensia im Hildebrandhaus. Sie sind maschinenschriftlich, mit einzelnen handschriftlichen Korrekturen, Ergänzungen und Grüßen, überliefert. Rechtschreibung und Interpunktion wurden übernommen, Hervorhebungen einheitlich kursiviert.

Die Briefe Ingeborg Bachmanns an Hermann Kesten

Nr. 1

Piazza della Quercia 1
Roma den 6. Juli 1954

Die Überschrift lasse ich weg, weil es mir zu kompliziert ist, irgend etwas mit »Sehr liebe« oder »Meine Lieben ...« (Es steht nämlich in keinem Ratgeber, wie mitteljunge Mädchen Ehepaare apostrophieren, die sie sehr gerne haben!)

Ich habe mich so gefreut über den Brief, und via Süddeutsche habe ich ja ein wenig teilgenommen an Ihrer Reise! Aber das Wichtigste für mich steht doch in dem Brief – dass Sie mich noch nicht vergessen haben und wieder in Italien sind. Rom ist sehr warm und regenlos, und zugetragen hat sich seit Ihrer Abreise überhaupt nichts mehr. Nur die Stammhalter, Marie Luise Kaschnitz und Dr. Hocke sehe ich hin und wieder, aber selbst bei diesen beiden hat man das Gefühl, dass sie nur halb da sind und den grösseren Teil der Zeit in abgedunkelten Zimmern dösen. Alle tun es, und ich tu es auch. Vier Tage war ich in Venedig bei den vielen Surrealisten und anderen schöneren Bildern, von Courbet bis Klee; das war das Schönste, sogar in einer Gondel bin ich gefahren, zum ersten Mal.

Die Tage vergehen so, wie sie halt vergehen, neuerdings etwas dramatischer, weil ich krank zu sein scheine, ich glaube, es ist die Schilddrüse, die sich aufregt. Ich bin sehr betrübt, denn die anderen Lyriker haben es doch mit Selbstmord oder Rauschgift oder Lunge, aber man kann nicht alles haben. Trotzdem habe ich noch mit letzter Kraft den Autokurs vorbereitet, und morgen fange ich endgültig an.

Zum Kapitel Arbeit, dem traurigsten: es wird wieder einmal ein Manuskript über die mediokre Logistik umgeschrieben.

In Ihren Autokaufstreit möchte ich mich ja lieber nicht einmischen (denn Schuld ist dann immer der Dritte), es spricht natürlich viel für ein Auto, aber Radfahren ist wirklich romantisch und man sieht bekanntlich mehr von der Landschaft. Schneller und bequemer ist Auto, und so könnt ich noch dialektisch weiterarbeiten, wenn ich nicht fürchten müsste, dass Sie beide das selbst oft und erschöpfend tun und schon auf eine Synthese hinarbeiten. Vielleicht auf das Autorad; die Technik ist ja zu allem imstand.

Dass Sie jetzt von der faulen in die tätige Periode wechseln, könnte mich auch wachrütteln, vielleicht schreibe ich heute noch das Gedicht, das Sie nicht geschrieben haben, aber leider Gottes hab ich die Ausrede, dass ich mich schonen soll; ich hab zwar keine Ahnung, was das ist, bringe es aber sofort mit Nichtschreibendürfen in Zusammenhang.

Ich möchte furchtbar gern nach Fiumetto, nur weiss ich im Augenblick nicht, wie ich es anstellen soll. Mitte des Monats kommt wahrscheinlich wirklich das Bruderkind, und dann sollen wir miteinander nachhause, am 1. August, und ich könnte dann nur in den ersten Septembertagen auf der Rückreise nach Rom aussteigen. Aber werden Sie dann nicht dort sein? Es wär wunderschön!

So herzliche und innige Grüsse von Ihrer Ingeborg

Henselstraße 26
Klagenfurt/Österreich den 30. Oktober 1955

Liebe Stadt-Halter,

Gestern hat es im Windischen und auch hier zum ersten Mal geschneit; ich würde sagen, wir sind schon mitten im Winter, wenn ich nicht wüsste, dass es noch viel, viel ärger werden wird.

Von mir gibt es noch wenig zu erzählen. Versuchen will ich es trotzdem: die erste Station war Klagenfurt, die zweite Wien – aber nach ein paar Tagen wurde ich recht krank, und fuhr rasch heim, weil ich lieber hier als in einem Wiener Krankenhaus mit liebloser Behandlung friere. Manchmal kann ich für ein paar Stunden an die Schreibmaschine unter Gestöhn, dann gehts wieder gar nicht. Und so vergeht die Zeit, und die Arbeit liegt darnieder. (Weiss Gott, ob die Geschichte fertig wird ... Oder ist Weihnachten noch nicht der endgültige Termin?)

Aber schreiben Sie bitte vor allem, wie es Ihnen geht und wie alles geht! Gehen Sie ins Doney oder ins Gelbstühlige? Oder sind Sie häuslich geworden durch die neue Wohnung? Ich bin sehr begierig zu hören, dass sich *nichts* geändert hat!

Man sagt, dass französische Freunde, die einander treffen, nicht zuerst fragen »wie geht's dir?«, sondern »comment va ton roman?«. Ich mache es doch lieber umgekehrt und frage erst jetzt, wenngleich nicht weniger neugierig, ob etwas Neues entsteht und was? Der Bernini?

In der derzeitigen Verfassung kann ich mein Gedichte-Buch überhaupt nicht fertig machen; ich muss es wohl bis zum nächsten Herbst verschieben. Wie gut, dass Ihnen das nicht mehr passieren kann! Und das Glück soll dem Sohn »desselben« auch weiterhin treu bleiben. Und dem Autor! Und der Gattin des Autors! Nach so vielen Frage- und Rufzeichen darf ich hoffentlich mit einem Zeichen aus Rom rechnen. Grüßen Sie bitte Mimi und Fritz Loev-Beer herzlich von mir! Wenn ich jetzt Ihre Adresse nicht finde, schreibe ich aber noch selbst ein paar Zeilen.

Es war eine so schöne Zeit in Rom, und ich vergesse auch nicht das Geringste!

Vergessen auch Sie nicht
Ihre Ingeborg

Nr. 3

Henselstraße 26
Klagenfurt/Österreich den 23. Dezember 1955

Liebe Toni, lieber Hermann Kesten,

Ihr Brief war so lieb und tröstlich! Er ist noch in die bösere Zeit hineingekommen, aber ich schreibe Ihnen schon aus der guten, denn ich bin fast gesund und war sogar in der vergangenen Woche ein paar Tage in Baden-Baden, allerdings nicht zur Kur, sondern an dem dortigen »Funke«, bei der Musik, weil ich einen Operntext machen soll für Henze und das ganze sogar gespielt werden soll in ferner Zukunft, in Donaueschingen.

Wien war wirklich nicht sehr lustig und fast ohne Charme, aber für Ex-Wiener ist es leichter, das Hübsche zu sehen und an den anderen Dingen vorbeizusehen.

Ich war sehr begierig, alles von Ihnen und alles über Rom zu hören; traurig ist, dass ich Ihr Buch nicht bekommen habe, und es wäre sehr lieb, wenn Sie trotz dem säumigen und wenig permanenten Desch noch ein P. S. nach München wagen täten! Gioccolata ist natürlich für einen triestiner Römer sehr arg, aber die windischen Römer können auch cinem »G« etwas abgewinnen; hätte nicht ganz gut die Tochter der Gioconda so heißen können? Aber sul serio: ich freue mich sehr auf das Buch und möchte es so gern haben!

Meine Leda, fürchte ich, ist verholzt wie die Daphne, die Sie bedauert haben. Wenn man nur etwas mehr Zeit hätte! (Sie haben es mir doch erst von zwei oder eineinhalb Jahren gesagt!) Aber ich sehe Ihr Heine-Nachtstudio schon angekündigt im Bayerischen Rundfunkprogramm und kriege neuen Ehrgeiz.

Woran schreiben Sie? Und wo? Meine Gedanken gehen sooft hinunter, und wenn Sie einen windischen Geist in der Wintersonne vor dem Doney sitzen sehen, dann ists die Hälfte von mir, die noch immer in Rom ist.

Von hier gibt es so wenig zu sagen, dass ich fürchte Sie zu langweilen. Nur der christliche Haushalt steht wegen Weihnachten auf dem

Kopf und meine Mutter erklärt seit Tagen, sie werde nicht rechtzeitig fertig, aber wir wissen nicht recht, womit. Draußen ist es so düster, der Schnee ist wieder weg.

Doch etwas Neues: ich werde im Frühling nach Griechenland gehen und für lang; die Idee ist mir beim Liegen und Lesen gekommen, und ich freue mich bald sehr, bald zaghaft darauf. Vorher muss ich noch einmal ins deutsche Nebelland und wahrscheinlich auch nach Ischia wegen der Oper und ich weiss nur garnicht, ob ich Sie da oder dort sehen werde!

Was haben Sie vor? Kommen Sie nicht nach München zum Fasching? Dort könnten wir doch einen Walzer probieren.

Suchen Sie noch Geschichten? Bei Piper sind einige Thomas Manns herausgekommen, »Das Eisenbahnunglück« sind alle überschrieben, sehr gefallen hat mir die Geschichte »Beim Propheten«. Wenn Sie sie wollen, schicke ich sie Ihnen rasch!

Ich wünsche Ihnen viele schöne Feiertage und viele schöne Arbeitstage und dass das neue Jahr ein heiteres wird, viel Geld auch, weil man es so gut brauchen kann, und mir wünsche ich einen Brief von Ihnen beiden!

Es umarmt Sie von Herzen
Ihre Ingeborg

Nr. 4

<ohne Datum>

Via Bernardo Cavallino 1
Napoli   Sonntag, Mai

Liebe Toni, lieber Hermann Kesten,

ich habe die Arbeit sehr gern geschwänzt, um mit dem Sohn des Glücks durch Rom und Paris zu spazieren und zu abenteuern! Natürlich bin ich einige Male rot geworden, weil die Damen sich ja an der Grenze des Möglichen benehmen, doch einem so bezaubernden leicht-sinnigen Mann (im Sinn von leichtem Sinn) kann man wahrscheinlich wirklich nicht widerstehen. Aber Sie verstehen schon, dass ich hinter dem Übermut auch den Mut gesehen habe – und so beglückwünsche ich Sie zu dem Buch und wünsch ihm, dass es unter die Menschen kommt und nicht nur unter die Käufer.

Trägt Amoroso die Namensgleichheit mit Würde? Sicher hat er Ihnen nur die cioccolata zu verzeihen.

Ich habe, obwohl ich ein recht unguter Leser sein kann, nichts gefunden, was mich gestört hätte, ausser einem Satz auf der vorletzten Seite; es heisst dort »Wenn ich mich verliebe, gerate ich freilich ausser mir.« Ich meine, es müsste »ausser mich« stehen.

Die Geschichte der Clelia ist am schönsten, und das andere Schönste sind die seltsamen Kinder.

Ich wünsch Ihnen, dass Sie gut arbeiten können in diesem Frühling mit seinen ritardanti (seit Tagen ist Neapel bewölkt, es gewittert und windet), und wenn Sie in Deutschland gemeinsame Freunde treffen, grüssen Sie bitte von mir!

Ich bin recht vergrämt vor Arbeit und Terminsorgen, aber wenn dieser Mai vorüber ist, wird es besser werden!

Viel Liebes Ihnen beiden!
Von Ihrer Ingeborg
<handschriftlich>: (Herzliche Grüße an Mimi und Fritz Low-Bear, falsch geschrieben, aber gut gemeint!)

Nr. 5

Via Bernardo Cavallino 1
Napoli
Tel: 72875 (falls Sie überraschend kommen!) <handschriftlich>
13. Juni 1956

Lieber Hermann Kesten,

ich habe mich sehr gefreut über Ihren reizenden Brief! Die Karte aus Amalfi war nur ein Zwischengruss – und Dank. Ich hoffe aber, ich hab mich nicht zu ungeschickt ausgedrückt, denn mit »Fehlern« meinte ich nur etwas, worüber man mit Recht diskutieren und streiten kann, nicht die schönen höheren »Fehler« oder wie man sie nennen will und die vielleicht das Lebendigste sind, weil man doch in einer Sprache schreibt, die nie still steht und festliegt und nicht Esperanto. Ich wollte ganz einfach gesagt haben, dass es ein sehr schönes Deutsch ist. Siamo d'accordo?!

Und wie es mit dem »ausser sich geraten« ist, wüsste ich nur furchtbar gern, schon aus purem Egoismus; ich hatte auch schon den Verdacht, dass meine Version ein Austriazismus sein könnte oder ein Kärntnerismus; manchmal schleppt man so etwas ja ein ganzes Leben mit. Es geht also keineswegs ums Rechtbehalten.

Sehr lustig waren Ihre Schilderungen des römischen Lebens und der incontri; ich bekomme doch immer wieder grosse Sehnsucht nach Rom; Sie ahnen nicht, wie verschieden Neapel ist, es wimmelt überhaupt nicht von Fremden und Freunden – von Fremden vielleicht doch hier und da, von Freunden aber bestimmt nicht. Und der liebe Kaschnitz-Besuch war der einzige in der ganzen Zeit. Wollen Sie sich nicht mit Toni in einen feinen flinken rapido setzen und einer einsamen Windischen einen Besuch abstatten?

Vielleicht komme ich aber im Lauf der nächsten vier Wochen doch nach Rom, wenigstens auf einer Durchreise, denn es könnte sein, dass ich ein bisschen verreisen muss. Wenn ich nicht muss, möchte ich gern zum Vergnügen kommen.

Jetzt sehe ich aber gerade in Ihrem Brief, dass Sie wahrscheinlich am 15. wegfahren. Für wie lange?!?!

Meine Pläne werden immer bescheidener, weil vieles so unsicher ist, ich weiss nicht recht, wie es weitergehen wird; mit grosser Mühe habe ich nun schon einen dritten Libretto-Entwurf aus dem Ärmel geschüttelt, die beiden ersten Entwürfe taugten nicht; aber diesmal habe ich ein bisschen Hoffnung, und vielleicht entsteht doch etwas Annehmbares, eh der Sommer um ist. Ich möchte bis zum 15. August in Neapel bleiben; dann muss ich auf jeden Fall wegfahren, weil das Haus hinter mir niedergerissen wird. Aber wohin – wenn überall nach einiger Zeit die Häuser niedergerissen werden?

Grüssen Sie bitte Mimi und Fritz Löw-Beer (endlich richtig!) herzlich von mir. Herr Henze dankt für Ihren Gruss und empfiehlt sich Ihnen beiden. Er ist seit drei Wochen in einen Gipspanzer verpackt, weil er einen ziemlich schweren Autounfall hatte und muss noch einmal drei Wochen drin stecken bleiben – dadurch hat sich die Arbeit so sehr verzögert; und im Augenblick können wir überhaupt nicht weiterarbeiten, weil der Arzt auch das Schreiben mit der heilen linken Hand verboten hat. So wird also das Leben im Moment weniger der Literatur als der Krankenpflege geweiht. – Vielleicht kaufen wir uns doch besser kein Auto von unserem nächsten gemeinsamen Gedicht!

Viele schöne Sommertage, gute Arbeit und viel Liebes wünsche ich

Toni und Ihnen – und ich werde mich sehr freuen über ein Brieferl (oder wenigstens eine Karte mit einem Lebenszeichen) vom nächsten Ort!

Ihre Ingeborg

Nr. 6

Henselstraße 26
Klagenfurt / Österreich den 8. September 56

Lieber Hermann Kesten,

heut hat sich folgender Dialog zwischen meinem Bruder und mir abgespielt.

Er: »Bitte, stör mich jetzt doch nicht!« Ich: »Was ist denn das für ein Buch?« Er: »Der Rosse hat es mir geborgt (der Rosse ist aus seiner Klasse), er hat es vom Baronig und der hat es vom ... also wir lesen das jetzt alle, es ist wunderbar.« Ich, streng: »Von wem das Buch ist, will ich wissen, und wie es heisst.« Er: »Die Kinder von Gernika« ... – Da habe ich ihn natürlich nicht weiter stören können, sondern beschlossen, lieber dem Autor zu schreiben und mich endlich für den lieben Taormina-Brief zu bedanken.

Sie sind jetzt wohl gerade zurück mit einer noch brauneren Toni, und wenn alles gut geht und ich die römische Adresse richtig entziffert habe, (denn die Adresse ist nicht zu entziffern!), dann wird dieser Brief Sie auch erreichen.

Meine letzte Zeit war nicht ganz so bunt wie die Ihre; ich bin Anfang August von Neapel weggefahren und mit Henze noch ein paar Tage in Ischia gewesen, das hiermit unser »erstes Italien« war, und dort wars auch so schön heiss, das Land verbrannt, wie ichs am liebsten habe. Viele Leute setzen es sich in den Kopf zu ertrinken; die Strömungen waren in diesem Jahr aber auch besonders arg, und alle wurden gerettet, meistens von Ernst Schnabel, der über ein Gummiboot und Geistesgegenwart verfügte. Dann fuhr ich weg nach Venedig, eigentlich mit der Absicht, mich dort niederzulassen für eine Weile, aber schon nach drei Tagen konnte ichs nicht mehr aushalten, denn man hört dort kein Italienisch mehr, nur deutsche Dialekte, ab und zu auch ein bisschen Französisch, und obendrein gibt es nicht ein Zimmer bis Ende September. So ists zu Kärnten gekommen, und ich bin froh darüber, denn es gibt hier weniger Österreicher als in Venedig. Und die Familie ist lieb, und ich kann gut arbeiten.

Das Gedicht, das Sie in der Zeit gefunden haben, ist neu. Alle Gedichte sind jetzt fertig und gedruckt und man muss ihnen bloss noch ein Kleid anziehen. Sie bekommen den Band bald.

Das Neue ist, dass ich nach Paris übersiedle in drei Wochen, und damit das Übersiedeln komplizierter wird, fahre ich über Berlin, um mir die Premiere von Henzes neuer Oper anzusehen und als Daumenhalter zu fungieren. Die Idee, nach Paris zu gehen, dass ich selbst sogar noch ein bisschen verwirrt darüber bin, aber der Entschluss hat mir gut getan nach einigen Wochen voll Unentschlossenheit und Planlosigkeit. Jetzt freue ich mich, und es macht mir Lust auf neue Arbeit und neue Gedanken. Rom will ich trotzdem nicht untreu werden; vielleicht bin ich im Frühling schon wieder dort. Es will uns wohl alle nicht mehr loslassen.

Sie sind doch sonst oft nach Paris gefahren. Haben Sie nicht Lust, im Herbst oder im Winter zu kommen. Gibt es dort keine Dichtertreffen? Einen Kongress? Wir können ja auch zu dritt eine Tagung abhalten, in einem hübschen Café, Toni leitet die Diskussion oder wir lesen einfach mit verteilten Rollen.

Es ist jetzt zwei Uhr früh, und die Augen wollen nicht mehr recht; dran ist auch ein Ausflug schuld, den wir heute auf den Magdalensberg gemacht haben zu den römisch-keltischen Ausgrabungen. Der römische Teil ist recht dürftig, der keltische interessant, und von einem wunderschönen griechischen Jüngling gabs nur eine Kopie, das Original haben Sie vielleicht in Wien im Kunsthistorischen Museum gesehen, dem ich leider nie begegnet bin, weil ich ja nur sieben Jahre dort gelebt habe. So rächt sich die damalige Philosophie-Manie noch heute.

Sonst bin ich sehr fleißig beim Lesen von Tasso und Ariost und Dante natürlich und vielem Schönem, und das auf den römischen Straßen aufgelesene Italienisch verwandelt sich in ein erleseneres. Jeder Tag wird mir zu kurz.

Natürlich haben Sie kein Wort gesagt von Ihrer Arbeit, und ich sollte mich nicht mehr trauen zu fragen. Aber Sie wissen, wie gern ich drüber ein bisschen erfahren würde!

Ich umarme Toni und Sie herzlich!
Ihre Ingeborg
Klagenfurt ist *immer* richtig als Adresse – und im Oktober schreibe

ich aus Paris, ob ich auf dem Montparnasse oder dem Montmartre bin.

Via Vecchiarelli 38
Roma
(ab 10. Sept.: München, hauptpostlagernd) Den 3. September 1957

Lieber Hermann Kesten,

auf dem Umweg über Berlin habe ich gestern Ihren lieben Brief bekommen – denn die ganze neapolitanische Post ging nach Berlin, wo der Maestro zur Zeit weilt, und ich bin zu spät von Neapel damals nach Rom gekommen. Sie waren schon weg. Verzeihen Sie, dass ich's Ihnen nicht eher sagte!, aber alles war etwas konfus, und ich bin womöglich noch konfuser im Augenblick, weil ich ja in einer Woche nach München gehe, noch Kisten kaufen und packen, noch ein grossmächtiges Manuskript fertig schreiben, noch dies und jenes tun muss.

Dass es so weit kommen musste ... Aber ich bin diesmal nicht so traurig über das Fortgehen, nur sehr besorgt wegen München und der Zwangsarbeit, der Haushaltsgründung und der vielen Menschen dort. Ich fürchte, ich werd eines Tages durchbrennen oder die deutsche Television ruinieren. Nach Durchbrennen ist mir am meisten zumute.

Die Hitzewelle war sehr schön, es ist überhaupt immer schön, und Sie geniessen jetzt sicher auch eine kleine mit Toni und Mimi und Fritz, die ich alle sehr sehr grüßen lasse!!! Schreiben Sie? Ich war fleissig in den letzten Tagen, und das Hörspiel wird endlich fertig, von dem ich seit drei Jahren rede. Titel habe ich noch immer keinen, und am Ende wird es zu meiner Verzweiflung doch Manhattan-Ballade heissen, obwohl wir doch alle sehr dagegen waren. In der Oper war ich nicht, leider. Die römischen Neuigkeiten sind nicht sehr zahlreich. Hockes haben ein neues Haus weit draussen mit Garten und Schildkröten, es wurde mit Drinks und ein paar verbliebenen Römern eingeweiht. Dr. Moras war hier. Der Schweizer Lyriker Hilty war hier, auch auf der Suche nach Ihnen. Sonst niemand.

Dem Dr. Honig schreibe ich jetzt sofort! Vielen Dank, und ich schreibe dazu, dass Sie ganz unschuldig sind.

Wann kommen Sie nach München?! Vergessen Sie mich nicht und zählen Sie mich weiter zu den Römern, denn zu den Münchnern möchte ich, ohne den Deutschen zu nahe treten zu wollen, nie gezählt werden.

Ich umarme Sie und Toni! Ihre Ingeborg

Nr. 8

Pension Biederstein
Biedersteinerstrasse 21 a
München 23 den 16. Oktober 1957

Liebe Toni, lieber Hermann Kesten,

seit gestern wohne ich in einer Pension am Stadtrand, und vorher war ich immer unterwegs und im Umzug, denn hier tobt das Oktoberfest und Horden von Biertrinkern überschwemmten die Hotels. Auch in der Pension ists nicht allzu hübsch, aber ich habe mittlerweile eine Wohnung gefunden, die mir sehr gefällt und in die ich am 15. November einziehen kann. Ab 15. XI. ist die Adresse also: Franz Josephstrasse 9 a, Mü 13.

Wann kommen Sie nach München?!? Hier einen Besuch zu machen, würde ich empfehlen, nur das Bleiben nicht. Ich finde fast alles und fast jedes deprimierend – aber kommen Sie, es wäre eine Freude, und wenn ich mich nicht irre, hatten Sie ja den Plan, noch Ende Oktober zu kommen. Dann können wir einander mehr fragen und mehr erzählen!

Grüsse an Mimi und Fritz L. und an unsere Professoren! Es umarmt Sie Ihre Ingeborg

Pension Biederstein
Biedersteinerstrasse 21 A
München 23 den 26. Oktober 1957

Lieber Hermann Kesten,

wie schade! Ich habe in Ihrem Hotel angerufen, gleich nachdem ich zurück war, und Sie waren schon weg! Haben Sie mich gewählt in Darmstadt? Was müssen korrespondierende Mitglieder tun? Korrespondieren? Ich mache den Anfang mit Ihnen.

Die Neuigkeiten sind: ich habe eine Wohnung gefunden (oder habe ich das schon geschrieben?) ab 20. November wohne ich also, in der Franz Josephstrasse 9 a, München 13. Dann: die Arbeit hat schon angefangen und ist leider wirklich Arbeit, Schlimmeres lässt sich von ihr nicht sagen. – Der Kaffee ist schlecht in München, der Herbst ausnahmsweise ganz schön, aber für verwöhnte römische Augen ist er auch kein Trost. Es gibt viele Verkehrsunfälle, obwohl die Leute hier auch die Theorie lernen müssen, dafür aber keine hübschen Herzoginnen und überhaupt wenig hübsche Menschen, und ich bin eher traurig und nur nicht gelangweilt, weil ich vor lauter Terminängsten krank bin. Wann kommen Sie wieder? Und mit Toni?

Ich umarme Sie beide herzlich!

Ihre Ingeborg

13. Mai 1958 <handschriftlich>

Lieber Hermann Kesten,

wir (Ihre Toni und Ihre Ingeborg) ziehen in einen Schwabinger Espresso, schwätzend und vergnügt. *Ich* werde Sie Montag, d. 19. anrufen, denn ich komme erst im Lauf dieses Tages von einer Reise zurück und abends bin ich jedenfalls ganz sicher in Ihrer Vorlesung!! Ich freue mich sehr auf das Wiedersehen – (und am Nachmittag, falls Sie unterwegs sind und nicht im Hotel, wäre es lieb, wenn Sie versuchten, mich anzurufen (33 7519) –

Ihre Ingeborg

Haus zum Langenbaum
Seestrasse
UETIKON bei Zürich
Tel: 92 92 13 den 7. März 1959

Lieber Hermann Kesten,

sehr schönen Dank für den lieben Brief! Und Dank für den Antrag beim deutschen Pen-Club. Sollten Erich Kästner und die anderen Herren mich daraufhin zum Mitglied wählen, so wäre das natürlich sehr schön. Ich wollte Sie nur noch fragen, ob die Formulierung, für den Fall einer Wahl, so sein könnte, dass darin zum Ausdruck kommt, dass ich selbst mich nicht darum beworben habe (und das entspricht ja dem Sachverhalt), sondern der deutsche Pen-Club diese Wahl vornahm, weil der österreichische mich abgelehnt hat.

Ich möchte darum bitten, damit in Österreich nicht die irrige Meinung entstehen kann, ich hätte mich von Österreich abgewendet; das würde man ja nur allzu gern glauben, um sich nie mehr etwas vorwerfen zu müssen.

Ich komme vielleicht wirklich bald nach Rom; zuerst sollte es der 1. Mai sein, aber ich kann nicht fahren, eh das Geschichtenbuch fertig ist, und es will und will nicht fertig werden. Ich habe nicht gewusst, dass es so schwer ist, so viele Sätze zu schreiben, und meine Bewunderung für die Prosaisten steigt seither ins Ungemessene. Bitte schicken Sie mir die »Dichter im Café« in das caféhauslose Uetikon. Dort werde ich ab nächster Woche wohnen, am Ufer des lieblichen Sees, der schauderhaft verschlammt und von Fabriken umstellt ist. Aber mir soll es recht sein, solang noch einige Wege nach Rom führen.

Woran arbeiten Sie? Sind Sie im Rosati? Kommen und gehen viele Dichter? Ich freue mich schon wild auf die ganze Herrlichkeit, auf den guten Kaffee, ein Gespräch beim guten Kaffee mit Ihnen und Ihrer lieben Toni, und ich schicke Ihnen beiden hoffentlich die letzten oder vorletzten Grüsse von hier vor dem Guten-Tag-Sagen.

Ihre Ingeborg

P.S. Wenn Sie zufällig etwas von einer halbmöblierten oder möblierten Wohnung hören sollten (mindestens 4 Zimmer und höchstens 5), die nach dem 15. Mai (es kann auch Juni, Juli etc sein) frei wird – würden Sie michs wissen lassen? Nur wenn es keine Mühe macht und der Zufall es will ...

Nr. 12

Uetikon am See/Zürich
Haus zum Langenbaum den 25. Mai 1959

Lieber Hermann Kesten,

längst wollte ich Ihnen danken für die »Dichter im Café«, die mich sehr erfreut haben, nicht nur weil eine gewisse Ingaborg darin figuriert, sondern weil das Buch so viel Welt herzaubert in das kleine Uetikon, in dem ich jetzt wohne, und weil unsre wahren Geliebten kommen und gehen am Nebentisch, alle so nah sind und doch die Distanz wahren, die der Toten, die nicht sterben müssen, weil wir sie immer wieder lebendig machen durch Begeisterung und Bewunderung.

Ich habe seit langem eine schlechte Zeit und tauge drum auch schlecht zum Briefeschreiben, denn Max Frisch ist schon seit Wochen krank und seit ein paar Tagen im Krankenhaus, weil es noch schlimmer geworden ist – gefährlich ist es nicht, aber langwierig, trostlos, und man kann nichts Nützliches tun.

Drum gibt es momentan auch keine Reisepläne mehr, obwohl mich die Ärzte gern auf die Reise schicken möchten, auch der Patient möchte es, aber ich muss noch überlegen.

Ich lese gerade den »Henri IV« von Heinrich Mann, den mir Ihr schöner Aufsatz so aufgedrängt hat, und ich bereue es nicht. Sie sehen: so setzt vieles sich fort, auch wenn man sich nicht mehr abends um zehn trifft auf der Via Veneto, nur wäre mir die leibhaftige Fortsetzung doch oft lieber.

Speriamo! Viele Grüsse der lieben Toni. Grüsse für Mimi und Fritz L.!

Herzlichst
Ihre
Ingeborg

Lieber Hermann Kesten,

unsere junge Freundschaft ist nun auch schon sieben Jahre alt und sie ist in Rom gediehen, wo uns die Fremde nicht schwierig war und wo ich Sie lieber zuhause weiss als in einer anderen Fremde.

Ich denke, mehr noch als an die lauten, heissen Mittage im Sommer, an die Winterabende, wenn Rom nicht mehr voll von Menschen und Freuden war, wenn die Via Veneto wieder eine Strasse war wie andere auch und man von draussen in das Café Doney kam, aus dem Dunkel, selber verdunkelt, – wenn man sich einsam fühlte, fror und auf ein warmes Wort hoffte. Bei Ihnen und Ihrer Frau habe ich es gefunden. Nie waren Sie gleichgültig. Nie ohne Anteilnahme. Über so vieles haben wir gesprochen, über das Neue vom Tage und die ältesten Dinge, die dann auch neu an dem Tag waren. Oft sind unsere Gespräche ernst gewesen, und oft haben wir viel gelacht. Sie sind sehr herzlich und kritisch; es macht Freude, mit Ihnen zu sprechen. Sie können duldsam und sehr zornig sein, und Sie haben Ihre Gründe. Sie nennen sich einen Moralisten, und Sie sind einer. Das meiste erwirken Sie, ohne zu belehren, im Umgang. Sie sind schließlich schuld daran, dass ich doch heimlich in die Vatikanischen Sammlungen gegangen bin, dass ich mich mit Diderot und Voltaire befreundet habe und im Augenblick die Bücher von Heinrich Mann lese.

Als wir uns zum letzten Mal sahen, im Sommer, fragten Sie mich, wie mir der Titel »Der Geist der Unruhe« für Ihren Essayband gefalle. Ich glaube, dass Sie damit das Schlüsselwort für sich und alle Ihre Bücher gefunden haben.

Dieser Geist der Unruhe, von dem Sie erfüllt sind und den Sie am Leben erhalten, wie er Sie am Leben erhält, soll nie von Ihnen gehen. Das wünsche ich Ihnen vor allem!

Ihre Ingeborg Bachmann

Kirchgasse 33 / Zürich den 29. Dezember 1959

Lieber Hermann Kesten,

aus Gründen, die ich Ihnen freilich nicht verraten darf, auch wenn Sie davon wüssten, kommt es mir vor, als hätte ich Ihnen in der letzten Zeit mehrere Briefe geschrieben und so wundre ich mich manchmal, dass keine Antwort kommt. Aber ich habe natürlich nicht geschrieben, überhaupt seit Monaten meine Freunde arg vernachlässigt, denn es gibt zuviel Arbeit, ich möchte nie wieder Professor sein, besonders keiner, der ohne donna di servizio zwischen Haushalten und Universitätsproblemen zerrissen wird und dann daneben noch schreiben möchte. In diesem Beruf ist es wirklich besonders günstig ein Mann zu sein. – Wenn das Semester vorbei ist, mache ich kein neues mehr, und wir ziehen dann wahrscheinlich fort, in die Mailänder Gegend, aber es kann auch eine ganz andere werden; ich ginge jedenfalls gern wieder nach Italien. Ich lese immer Ihre Rom-Berichte in »Das Schönste«, das uns kostenlos ins Haus flattert. Aber ich wüsste gern, an welcher grösseren Arbeit Sie sind. Ist der »Geist der Unruhe« schon erschienen? Werden Sie mir das Buch schicken?

Wie ist das Wetter? Kann man flanieren auf der Via Veneto? Hier geht man besser nicht aus dem Haus, es regnet wieder seit Tagen, windet, föhnt; hier und da kommen Durchreisende zu Besuch, wie in Rom, aber seltener oder eiliger, weil sie nicht ferienhalber reisen, sondern in Geschäften. Aber Sie reisen nie durch, und ich käme Sie und Toni doch gerne abholen mit dem Wägeli, das Sie kennen und das mich jetzt auch schon besser kennt!

Ihnen beiden viel Gutes, Schönes im neuen Jahr – und dass es uns wieder zusammenführt wie die vergangenen Jahre!

Ihre Ingeborg

Kirchgasse 33, Zürich
22.1.1960

Lieber Hermann Kesten,

Ihr Brief hat mich sehr erfreut! Das ist schön, dass Sie kommen und dass Sie kommen, wenn ich auch in Zürich bin, denn meistens weiss ich gar nicht mehr, wo ich bin, vor lauter Hin und Her; die Zugsfahrt ist fast noch das Schönste, weil Ruhigste.
Die Indischen Zeiten sind: Dienstag bis Sonntag von 10 h bis 17 h
Montag von 14 h bis (hab ich vergessen, vermutlich auch bis 17 h)
Montag bis Freitag abends 20 h bis 22 h
Für Sie ist aber wohl das Wichtigste, dass Samstag und Sonntag die Ausstellung immerzu geöffnet ist.
Das Kunsthaus liegt so, dass Sie es von meinem Fenster aus auf der anderen Strassenseite sehen können, und ist so weit entfernt wie das Doney vom Rosati. Es wird uns also nicht schwerfallen, zueinanderzukommen.
Im Kunsthaus-Restaurant habe ich gerade Ihre ersten Notizen in der »Kultur« gelesen, und vielleicht freut Sie mehr als eine blosse Zustimmung, dass ich das Gleiche über Pound und Benn Studenten in einer Vorlesung gesagt habe und auch einiges über das, was Sie den ›60 jährigen Modernismus‹ nennen.
Aber Sie kommen ja bald und wir können dann über dies alles und anderes reden!
Soll ich Hotelzimmer bestellen? Wenn Sie die Ankunftszeit schreiben oder telegrafieren, komme ich Sie abholen an der Bahn. Wenn Sie es vergessen – meine Telefonnummer ist: 34 29 87 (oder 74 02 13, wenn die erste keine Antwort gibt!)

Viele Grüße an Toni und auf Wiedersehen!
Ihre Ingeborg

Birgit Pargner

»Die Vision ist für mich die eigentliche Kunstform.«

Otto Falckenberg zum 150. Geburtstag

Auf Umwegen zur Bühne

Von den großen Regisseuren in der ersten Hälfte des 20. Jahrhunderts ragt der Name Otto Falckenbergs als ›Magier‹, ›Zauberer‹, ›Prospero‹ oder ›Regiepoet‹ hervor.

Einerseits hat er selbst immer wieder betont, »daß die Geschichte der Kammerspiele ihrerseits mit meiner Lebensgeschichte untrennbar verbunden ist«,[1] andererseits aber auch erzählt, dass »sein Weg zur Bühne [...] ein Umweg in allerlei merkwürdigen Windungen und über die sonderbarsten, mehr inneren als äußeren Hindernisse«[2] war.

Am 5. Oktober 1873 kam Otto Carl Hermann Falckenberg in Koblenz als einziges Kind des angesehenen Hofmusikalienhändlers Otto Ludwig Falckenberg und seiner Frau Auguste, geb. Nedelmann, zur Welt. Während sein hochmusikalischer Vater nicht nur ein hervorra-

Otto Falckenberg, um 1927. Deutsches Theatermuseum / Archiv, Nachlass Ruth Hellberg, Foto: unbekannt.

---

[1]   Wolfgang Petzet: *Otto Falckenberg. Mein Leben – Mein Theater.* München 1944, S. 285.

[2]   Petzet 1944, S. 14.

gender Cellist und Geiger, sondern auch ein begeisterter Theatergänger war, erblickte Ottos herzkranke Mutter, eine literarisch gebildete, aber übersteigert frömmelnde Frau, im Theater eine Gefahr. Ihrem einzigen Sohn, der von sich selbst sagte, dass er »als Kind zart war« wie seine Mutter,[3] galt ihr ganzer mütterlicher Beschützerinstinkt, zumal sie von ihren drei Kindern bereits zwei verloren hatte. Am 5. April 1882 schrieb sie, ihren baldigen Tod ahnend, einen testamentarischen Brief an ihren Ehemann, in welchem sie ihn inständig bat, er möge den Sohn zu einem rechtschaffenen und gottesfürchtigen Menschen erziehen. Deshalb solle er bloß »niemals zur Bühne gehe[n], wovor ich oft Angst habe«.[4] In diesem Zwiespalt wuchs Otto Falckenberg als Kind auf: Während ihm die Mutter mit Hingabe die Märchen aus aller Welt vorlas, aber das Theater als gotteslästerlich verurteilte, erzählte ihm der Vater begeistert vom Theater oder deklamierte sogar aus Theaterstücken.

Dem hinterlassenen ›Theaterverbot‹ fühlten sich Vater und Sohn zunächst verpflichtet. Otto, um dessen Erziehung sich bis zum Ende seiner Schulzeit in der Hauptsache die weibliche Koblenzer Verwandtschaft kümmerte, war zwar ein miserabler Schüler, literarisch aber höchst interessiert. Sein Deutschlehrer hatte zudem das schriftstellerische Talent seines Schülers erkannt und ihn stets zum Schreiben ermuntert.[5] So verfasste er schon als Schüler Gedichte, Novellen und Theaterstücke, wobei die Mutter an der Literaturbegeisterung des Sohnes sicherlich Anteil hatte. Der Schüler schuf sich mit dem Schreiben von Theaterstücken zumindest eine indirekte Möglichkeit, mit dem Theater in Verbindung zu sein. Auch las er in der letzten Koblenzer Zeit die Werke der Naturalisten, etwa von Arno Holz, Max Kretzer, Hermann Conradi und Michael Georg Conrad. Höchst interessiert verfolgte er in der Presse auch die skandalumtoste Eröffnung der Freien Bühne in Berlin, einem Theaterverein, der als Wegbereiter des Naturalismus auf der deutschen Bühne gilt und durch seine Aufführungen als geschlossene

---

[3]   Petzet 1944, S. 29.

[4]   Dieser Brief sowie der Brief, den sie am selben Tag an ihren Sohn schrieb, befinden sich im Nachlass von Otto Falckenberg im Archiv des Deutschen Theatermuseums in München. Vgl. die Schilderung von Falckenbergs Kindheit und Jugend in Birgit Pargner: *Otto Falckenberg. Regiepoet der Münchner Kammerspiele*. Leipzig 2005, S. 17–24.

[5]   Tatsächlich hat Falckenberg bei Wettbewerben einige Preise gewonnen und gab bereits 1893 in dem Dresdner Verlag Pierson sechs novellistische Skizzen unter dem Titel *Modellstudien* heraus.

Gesellschaft in der Lage war, die Zensur zu umgehen. Am Eröffnungs-abend, am 20. Oktober 1889, spielte man im Lessingtheater Gerhart Hauptmanns Drama *Vor Sonnenaufgang* und im fernen Koblenz fie-berte der 16-jährige Falckenberg mit: »[…] im Geiste war ich bei der für die ganze Richtung entscheidenden Theaterschlacht, die am 20. Okto-ber 1889 bei der Aufführung durch die Freie Bühne im Lessingtheater geschlagen wurde. Ich fühlte mich selbst mit ganzem Herzen als junger Schriftsteller«; denn »gerade jene Nüchternheit [hatte] für uns Junge damals etwas geheimnisvoll Faszinierendes und unhemmbar Anzie-hendes«.[6]

Doch zunächst trat er nach seiner Schulzeit ab Ostern 1891 als Lehr-ling in die Hofmusikalienhandlung seines Vaters ein, obwohl er sich zu einem kaufmännischen Beruf nicht berufen fühlte. Nach erfolglo-sen Bemühungen, ihm kaufmännisches Denken beizubringen, schickte ihn der Vater zur kaufmännischen Weiterbildung 1893 nach Berlin in die Musikalienhandlung Schlesinger, mit deren Inhaber er befreundet war. In Berlin trat der junge Mann in seiner Freizeit eine Entdeckungs-reise durch die Theater der Stadt an: Am Deutschen Theater sah er die großen Schauspieler und Schauspielerinnen der Theaterdirektoren Adolf L'Arronge und Otto Brahm, der 1894 L'Arronges Nachfolge übernommen hatte. Hier sah er auch Josef Kainz, den »Dämon der Schauspielkunst«, der »sämtliche überkommenen Traditionen des Hof-theaterklassizismus in alle Winde blies. Sein Genius allein war Maß-stab und beherrschte die Szene kraft eigenen Gesetzes.«[7] Bei Kainz erlebte er das, was er später selbst als Regisseur und Schauspielpäda-goge umsetzte: das künstlerische Wagnis und den Mut eines hochta-lentierten Künstlers zu eigenem Ausdruck.

Falckenberg wohnte im September 1894, als die Ära Brahm im Deutschen Theater mit Hauptmanns Sozialdrama *Die Weber* eröffnet wurde, der Aufführung bei, in der er u.a. Josef Kainz in der Rolle des »roten Bäckers« sah, am 5. Januar 1896 erlebte er »wutschnau-bend und begeisterungstobend den Mißerfolg von Hauptmanns *Flo-rian Geyer*«.[8] Falckenberg besuchte alle Theater Berlins, so auch das Königliche Hoftheater am Gendarmenmarkt, um sich dort alle Klassi-kerinszenierungen anzusehen. Dort machte der Schauspieler Adalbert

---

6   Petzet 1944, S. 46.
7   Petzet 1944, S. 51f.
8   Petzet 1944, S. 53.

Matkowsky, der Antipode von Josef Kainz, besonderen Eindruck auf ihn als ein Schauspieler »von unbändiger, berserkerhafter, indessen nie völlig geformter Kraft und Fülle«.[9] Falckenberg schloss auch das Boulevardtheater in seine Besuche mit ein, wo er sich mit viel Vergnügen Richard Alexander in seinen Rollen als Pariser Lebemann und Guido Thielscher in der Titelrolle von *Charleys Tante* ansah.[10]

Nachdem der Vater bereit war, den großen Bildungshunger des Sohnes, der, kaum in Berlin angekommen, seinen ersten Novellenband unter dem Titel *Modellstudien* herausgegeben hatte, weiter zu unterstützen, und nachdem dieser ihm endlich gestand, dass er viel lieber Schriftsteller als Kaufmann werden und in Berlin eine Weile studieren wolle, gab der Vater ihm dazu seinen Segen.[11] So schrieb sich Falckenberg zum Wintersemester 1894/95 zum Studium der Philosophie und der Literatur- und Kunstgeschichte ein und setzte seine schriftstellerischen Arbeiten fort. Schon zu Beginn seiner Berliner Zeit war er dem *Klub Berliner Schriftsteller* beigetreten, dem auch Otto Erich Hartleben angehörte. Von hier aus erhoffte er sich, persönlichen Zugang in den Kosmos der jungen Berliner Theaterbewegung, insbesondere der 1892 gegründeten Neuen Freien Volksbühne zu finden, die sich ebenfalls vorrangig in den Dienst der zeitgenössischen Dramatik gestellt hatte. Doch letztlich blieb Falckenberg außen vor:

> Zu den Kreisen um die Neue Freie Volksbühne war ich auch persönlich in Beziehung getreten. Freilich war diese zunächst etwas oberflächlicher Art; denn von dem tollen Wirbel der sich befehdenden und unterstützenden, immer sich wandelnden, zerfließenden und wieder bildenden Cliquen [...] – von diesem ganzen Wirbel wurde ich nie so richtig erfaßt und in seine Tiefe gezogen, vielmehr bei meinen Bemühungen, mich ihm hinzugeben, immer wieder an den Rand des Kraters geschleudert.[12]

Deshalb und weil er vom puren Naturalismus allmählich genug hatte, kehrte er Berlin den Rücken.

---

[9]   Petzet 1944, S. 52.
[10] Vgl. Petzet 1944, S. 52f.
[11] Vgl. Petzet 1944, S. 53f.
[12] Petzet 1944, S. 54.

Otto Falckenbergs Anfänge in München

Als Falckenberg im Mai 1896 endgültig in die bayerische Hauptstadt übersiedelte, war er gefangen von ihrem südländischen Flair und wusste, »daß dies die Stadt sei, wo ich mein Leben verbringen würde«.[13] Zunächst setzte er sein schriftstellerisches Arbeiten fort, gab noch im selben Jahr seinen ersten Gedichtband *Stimmungen* heraus, unternahm 1897 seine erste große Italienreise und nahm nach seiner Rückkehr im Jahr 1898 Kontakt mit dem 1892 gegründeten Akademisch Dramatischen Verein (A.D.V.) auf, der sich in seiner literarischen Zielsetzung an der Freien Bühne in Berlin orientierte und ebenfalls ›Vorkämpfer der neuen Richtung‹ sein wollte. Wie die Freie Bühne in Berlin verfügte auch der A.D.V. über keine eigene Bühne, sondern bespielte die Theater und Theatersäle in der Stadt und ihrer näheren Umgebung, im Gegensatz zur Freien Bühne aber oft unter Mitwirkung professioneller Schauspieler und Schauspielerinnen vom Münchner Hofschauspiel. Im Gegensatz zu Berlin war Falckenberg hier als Autor, Schauspieler und Regisseur endlich selbst mitten im Geschehen, weshalb er seine Mitarbeit beim A.D.V. rückblickend als »eine erste Vorbereitung auf meine eigentliche Lebensarbeit« bezeichnete; außerdem fand er hier »all jene menschlichen und freundschaftlichen Beziehungen, die für mein weiteres Leben besonders bedeutungsvoll werden sollten«.[14] So stand er im Laufe der Zeit in direktem Kontakt mit vielen Schriftstellern, Malern und Theaterkünstlern der Schwabinger Boheme. Schon seit 1899, als er sich im A.D.V. – der nach seiner Schließung[15] ab 1904 als Neuer Verein weiterexistierte – widmete er sich als experimentierfreudiger Regisseur dem Inszenieren von modernen Stücken. Als am 7. Januar 1899 im Münchner Schauspielhaus an der Maximilianstraße sein von einer Dreiecksbeziehung handelndes Drama

---

[13] Petzet 1944, S. 63.

[14] Petzet 1944, S. 90f. Er lernte Leo Greiner und Wilhelm von Scholz kennen, mit denen ihn eine enge Freundschaft und ein reger geistiger Austausch verband. Auch mit Thomas Mann, Max Halbe, Frank Wedekind, Franziska zu Reventlow, Michael Georg Conrad, Hanns von Gumppenberg, Rolf Hoerschelmann, Artur Kutscher, Josef Ruederer, Bernhard Rehse und Max Unold stand er in regelmäßiger Verbindung.

[15] Im Dezember 1903 schloss das empörte Universitätsrektorat den A.D.V. wegen »Unsittlichkeit«. Die Aufführung einiger Szenen aus Arthur Schnitzlers von ungezügelter Sexualität handelndem Stück *Der Reigen* hatte bei Publikum und Presse einen Skandal ausgelöst.

Erlösung in der Inszenierung des künstlerischen Leiters Georg Stollberg durchfiel,[16] ließ er sich nicht entmutigen, weiterhin Stücke zu schreiben. Seine Aufmerksamkeit galt jedoch nicht nur der zeitgenössischen Dramatik von Hamsun, Shaw und Dülberg, sondern auch den Werken von Macchiavelli, Hans Sachs, Ernst Niebergall, Molière, Cervantes und Kleist. Schon hier ging es ihm darum, bisher noch unentdeckte, liegengebliebene oder wenig gespielte Stücke zu entdecken und auf die Bühne zu bringen, so etwa 1904 Kleists Fragment *Robert Guiscard, Herzog der Normänner*. Schon zur Zeit seiner Regiearbeiten im A.D.V. bzw. im Neuen Verein lobte die Presse Falckenbergs großes Talent, den tiefen Sinn einer Dichtung genau zu erfassen und mit geringsten Mitteln höchst wirkungsvoll aufzuführen.

1901 war Falckenberg auch einer der Mitbegründer des ersten literarischen Münchner Kabaretts der *Elf Scharfrichter*, die im Hintergebäude der Kneipe Zum goldenen Hirschen in der Türkenstraße 28 ihr Unwesen trieben. In den drei Jahren seiner Mitgliedschaft verfasste Otto Falckenberg für das ›Brettl‹ Sketche, Parodien und Lieder, die er als Scharfrichter Peter Luft – neben Dichtungen von anderen Autoren – auch selbst vortrug. Doch schon 1902 empfand er die Arbeit im Kabarett als zu viel, da es ihm die Zeit zum Schreiben und die nötige Konzentration raubte.[17] Als dem schriftstellernden Regisseur 1906 nach Ernst von Possarts Pensionierung die Intendanz des königlichen Hofschauspiels angeboten wurde, lehnte er ab, denn die hierarchische und intrigante Struktur des Hoftheaters interessierten ihn nicht. Außerdem verstand er sich in der Hauptsache immer noch als freier Schriftsteller. Doch 1908 mag sein großer Erfolg, den er mit der von ihm selbst inszenierten Uraufführung seines Schauspiels *Doktor Eisenbart* am Nationaltheater in Mannheim erzielte – Hermann Zilcher vertonte das Stück bald danach als Oper – ausgelöst haben, dass sein berufliches Selbstverständnis als Schriftsteller ins Wanken geriet und er Konsequenzen daraus zog: 1909 unterzog er sich einer Psychoanalyse, 1910 trennte er sich von seiner ersten Ehefrau Wanda,[18]

---

[16] Das handschriftliche Originalmanuskript befindet sich im Nachlass Otto Falckenberg, Archiv, Deutsches Theatermuseum München.

[17] Vgl. Otto Falckenberg: *Tagebuch*, Eintrag vom 21.4.1902. Nachlass Otto Falckenberg, Archiv, Deutsches Theatermuseum München.

[18] Wanda Falckenberg, geb. Kick, zog mit der gemeinsamen Tochter Regine, genannt »Gine«, nach Berlin.

einer ehemaligen Blumenverkäuferin, die er 1903 geheiratet und mit der er die 1907 geborene Tochter Regina hatte. Auch vom Landleben in Emmering im Landkreis Fürstenfeldbruck, wo er 1905 nach dem Tod des Vaters vom geerbten Vermögen ein Haus gebaut hatte, sagte er sich los und zog wieder nach München. 1911 gab er seinen Beruf als Schrift-steller schließlich auf, informierte seinen Verleger Albert Langen von seiner »ganz besonderen Lebenswende« und meinte, »vielleicht wird die kommende Landschaft meines Lebens ganz das Theater sein, mei-ne Liebe und Sehnsucht von Jugend auf«.[19] Als er sich 1912 bis Ende des Jahres 1913 für längere Zeit auf Bildungsreisen durch Italien und Frankreich begab, waren diese auch Reisen zu sich selbst.[20]

Kriegsjahr 1914 – Falckenberg kommt an

Falckenberg war bereits 41 Jahre alt, als am 12. Dezember 1914 an den Münchner Kammerspielen die Premiere seiner Neuinszenierung des *Deutschen Weihnachtsspiels* zu sehen war, das er im Alten Saal des Münchner Rathauses bereits 1906 mit beachtlichem Erfolg aufgeführt hatte.[21] Das kleine Theater, das ebenfalls 1906 zunächst als »Univer-sum«, danach bis 1912 als »Lustspielhaus« geführt wurde, wo man Revuetheater und Einakterprogramme spielte, war im Januar 1911 von seinem ersten Direktor Eugen Robert[22] unter dem Namen *Der große Wurstel* nach Arthur Schnitzlers gleichnamiger Burleske eröffnet wor-den. Doch schon nach der ersten Spielzeit taufte Robert, der in Berlin versucht hatte, das von ihm neu gegründete Hebbel-Theater nach dem Vorbild der Kammerspiele Max Reinhardts zu führen, das Theater in »Münchener Kammerspiele« um. Mit großem Elan brachte er als einzi-ger Regisseur des Hauses in kürzesten Abständen Stücke und Einakter heraus, etwa von Friedrich Freksa, Heinrich Mann, George Bernard

---

[19] Petzet 1944, S. 182.
[20] Die Tagebücher zu diesen Reisen befinden sich im Nachlass Otto Falcken-berg, Archiv, Deutsches Theatermuseum München.
[21] Die Uraufführung fand am 28.12.1906 statt.
[22] Der ungarische Journalist, Rechtsanwalt und Theaterunternehmer Eugen Robert (eigentlich Jenö Kovázs) war 1908 der Gründer und der erste Direk-tor des Hebbel-Theaters in Berlin, wo er wegen finanzieller Schwierigkeiten aber bereits nach einem Jahr wieder ausschied.

Shaw, Alfred Polgar, Anton Tschechow, Leonid Andrejew, Carl Sternheim, Franz Molnar, August Strindberg und mit Vorliebe von Frank
Wedekind (mit Wedekind selbst als Gastdarsteller). Als Robert wegen
angeblicher finanzieller Unkorrektheiten von den neuen Eigentümern
der Kammerspiele, der GmbH Industrie-Werke Nord, während der laufenden Spielzeit 1912/13 entlassen worden war, führte der Schauspieler
Erich Ziegel, 1913 von Robert selbst engagiert, die laufende Spielzeit
als Regisseur zu Ende. Ab September 1913 war er dann als neuer künstlerischer Direktor installiert, doch erstmals stellte die Theater GmbH
mit Benno Bing, einem Vertreter der Gesellschaft, dem künstlerischen
Direktor auch einen kaufmännischen Direktor zur Seite.

Als sich Falckenberg 1914 in den Münchner Kammerspielen Erich
Ziegels Inszenierung von Strindbergs Stück *Die Kronbraut* ansah, war
er von der Gabe des Regisseurs, auf der »lächerlich kleinen« Bühne
eine »magische Welt« zu erzeugen,[23] hingerissen. Ziegel steckte mitten
in der Umsetzung seiner Idee, das dramatische Lebenswerk Strindbergs
für die deutsche Bühne zu gewinnen. Was Falckenberg überraschte,
war vor allem »der Ernst, der Fanatismus, mit dem hier gespielt wurde,
[die Schauspieler] erzeugten eine Wirkung, die an Faszination grenz-
te«.[24] Auch die Einfachheit in der Gestaltung der Bühne, die dennoch
von magischer Wirkung war, beeindruckte ihn. Während Strindberg
für sein Stück ein großes Bühnenbild mit nordischer Gebirgsland-
schaft um eine Sennerei in Dalarne vorsah, mit einer Hütte im Vordergrund und einem vom Felsen herabstürzenden Wasserfall in der Mitte,
beschränkte sich der Bühnenbildner Paul Erkens auf eine nichtplasti-
sche Ausstattung: »Kein Versatzstück war plastisch, alles gemalt, und
der Wasserfall der Kammerspiele war ganz einfach ein Bündel von sil-
bernen Schnüren, die aus einem Loche herauskamen und über eine als
Felsen gemalte Pappwand herabhingen [...].«[25] Niemand empfand das
als lächerlich, weil alles in die symbolischen Vorgänge mit einbezogen
worden war. Und als dann in der Szene alles in »ein bläulich kaltes
Licht getaucht« wurde und »das Mühlrad sich plötzlich geräuschlos,
mit rasender Geschwindigkeit in der umgekehrten Richtung drehte«,

---

[23] Petzet 1944, S. 288.
[24] Petzet 1944, S. 287.
[25] Petzet 1944, S. 287f.

stand sie vor ihm: »die andere, die magische Welt« und Falckenberg wusste plötzlich: »In diesem Theater ist dein Platz.«[26]

Falckenbergs Überwindung des Naturalismus

Nachdem Falckenberg von Ziegel nach der Aufführung des *Deutschen Weihnachtsspiels* zu weiteren Inszenierungen eingeladen wurde, beschlossen sie, gemeinsam einen Strindberg-Zyklus zu erarbeiten, wobei Falckenberg sich auf das bisher unentdeckte Spätwerk des schwedischen Autors konzentrierte. Nachdem er 1915 mit gutem Erfolg schon Strindbergs 1899 verfasstes Drama *Rausch* in Szene gesetzt hatte, gestand ihm Ziegel kurz danach die Inszenierung des Kammerspiels *Gespenstersonate* zu, obwohl dieses Stück nach Strindbergs eigener Uraufführung am Intima Teatern in Stockholm am 21. Januar 1908 durchgefallen und seither nicht mehr gespielt worden war. Falckenbergs Inszenierung der *Gespenstersonate* dagegen, für die ihm Hermann Zilcher die atmosphärische Bühnenmusik schrieb, ging mit sensationellem Erfolg über die Bühne und wurde in den nächsten Spielzeiten über einhundertmal gespielt. Sie machte Falckenbergs Namen über Nacht berühmt, in den Kammerspielen stieg er zum Oberregisseur und Chefdramaturgen auf. Außerdem retteten die Einnahmen das Theater vor dem drohenden Bankrott.

Max Reinhardt, der nach Falckenbergs großem Erfolg mit der *Gespenstersonate* das Stück im Jahr 1916 an seinen Kammerspielen in Berlin ebenfalls inszenierte, hatte den Namen ›Kammerspiele‹ direkt von Strindberg übernommen, der ihn 1888 im Vorwort zu *Fräulein Julie* und in seinem Essay *Über modernes Drama und Theater* (1889) selbst für seine späteren Stücke als Gattungsbegriff wählte, nicht aber als Namen seines Theaters. »Intim« nannte er sein Theater, »intim« wegen der räumlichen Nähe zwischen den Darstellenden und Zuschauenden, der Intimität der seelischen Vorgänge in den Figuren, der Konzentration auf das gesprochene Wort und die Aussage sowie auch der Einfachheit in der Bühnenausstattung. Während Max Reinhardt rückblickend die Kammerspiel-Idee mit ihrer kleinen Bühne und dem reduzierten Publikum als Irrtum zu erkennen meinte, da die Qualität des Publikums mit seiner Quantität steigen würde,[27] war sie für Falcken-

---

[26]   Petzet 1944, S. 287f.
[27]   Vgl. Gusti Adler: *Max Reinhardt, sein Leben.* Salzburg 1964, S. 43.

berg die seiner Auffassung von Theater und seiner eigenen Wesensart zutiefst entsprechende Form. Max Reinhardt ist nach Falckenbergs Meinung zudem im Naturalismus steckengeblieben, während er selbst vom Naturalismus aus »wieder zur dahinter wirksamen, ursprünglichen dichterischen Idee, ins Surreale, Metaphysische« gelangen wollte.[28] Dass Reinhardt das Bühnenbild in der *Gespenstersonate* vollkommen realistisch dargestellt habe, mit Hyazinthen-Blumentöpfen auf den Fensterbänken und auch die Personen auf der Bühne in einem vollkommen normalen Tonfall miteinander sprechen ließ, hielt Falckenberg für falsch, da man in einer »solche[n] Biedermeieratmosphäre« diesen »völlig irreale[n]« letzten Akt, in welchem das Mädchen »hinwelken muß wie eine ihrer Hyazinthenblumen«, nicht spielen könne: »Alles in der ›Gespenstersonate‹ muß wie in einem Mysterienspiele geschehen, auf einer Ebene, die höher oder tiefer als das wirkliche Leben liegt.«[29] Die Geräusche, das Spiel, die Kostüme, die Bühne, die Sprache und auch die Personen, die Falckenberg bewusst wie in einem Oratorium sprechen ließ – alles müsse auf einer surrealen symbolischen Ebene zum Ausdruck kommen. In jenem Hyazinthenzimmer des letzten Akts platzierte Bühnenbildner Paul Erkens den von Strindberg vorgesehenen Buddha in ein großes weißes Oval, umgeben von echten stark duftenden Hyazinthen, die hingestreut auf dem Boden lagen.

Strindberg war für Falckenberg *der* Dichter, an dem sich seine Fantasie »entzünden« konnte, der ihn geradezu in künstlerische Extase versetzte: »Ich habe damals wie mit dem Teufel gekämpft. Ich hatte Visionen. Bei Tag und Nacht gingen die Figuren mit mir um.«[30] Mit Paul Marx als der Alte im Rollstuhl, Emilia Unda als Frau des Oberst, die als untote Mumie in einem Schrank lebt, Annemarie Seidel als Fräulein und deren Tochter, die aber eigentlich die Tochter des Alten ist, Erwin Kalser als Student sowie mit den Bühnenbildern von Paul Erkens gelang eine irrationale, magische und dämonische Inszenierung, die der drei Jahre vorher verstorbene Strindberg nicht mehr erlebte. Falckenberg widmete ihm an den Kammerspielen acht Inszenierungen, darunter auch seine ebenfalls sehr erfolgreichen Uraufführungen des zweiten und dritten Teils des Stationendramas *Nach Damaskus* im Jahr 1916, eindrucksvoll gespielt von Friedrich Kayssler und seiner Ehefrau Hele-

---

[28] Petzet 1944, S. 326.
[29] Petzet 1944, S. 331.
[30] Petzet 1944, S. 331.

ne Fehdmer, die aus Berlin zu Gast waren, neben der kurzfristig engagierten Schauspielerin Auguste Prasch-Grevenberg und Arnold Marlé,
der schon längere Zeit zum Ensemble gehörte und zwei Wochen vorher
den ersten Teil der Trilogie in den Kammerspielen uraufgeführt hatte.[31]
Nach seinem Riesenerfolg mit der *Gespenstersonate* wurde Falckenberg zu einem der wichtigsten Regisseure seiner Zeit.[32] Und zur Spielzeit 1917/18, nachdem Hermann Sinsheimer für nur eine Spielzeit die
künstlerische Leitung wenig glückhaft übernommen hatte, nachdem
Erich Ziegel die Münchner Kammerspiele verlassen und zuvor Falckenberg die Nachfolge zunächst noch abgelehnt hatte, wurde er nun doch
ihr künstlerischer Leiter.

Von Strindberg zu Shakespeare

Falckenberg glaubte auch nicht, für klassische Werke eine zusätzliche,
größere Bühne zu brauchen, weshalb er sich nicht scheute, Schillers *Fiesco* 1921 – mit Erwin Faber in der Titelrolle – auf die kleine Bühne in
der Augustenstraße zu bringen, womit er wiederum einen großen Erfolg
verbuchen konnte.[33] Eine Grenze zwischen Klassikern und Modernen
hat es für Falckenberg nicht gegeben, wie er oft betonte. Es kam ihm
einzig darauf an, dass ihn ein Stück zu berühren vermochte, denn dann
wurde ihm auch ein Klassiker zur »lebendigste[n] Gegenwart«.[34] Oft
kam er durch einen modernen Autor zu einem Klassiker, etwa im Falle

---

[31] Die Premiere des ersten Teils war am 31.5.1916, Falckenbergs Urauffüh-
    rungen des zweiten und dritten Teils folgten am 9.6.1916. Die eigentlich als
    unspielbar geltenden Teile der Trilogie wurden von Falckenberg mit großem
    dichterischen Einfühlungsvermögen bearbeitet und in eine spielbare Form
    gebracht.

[32] Falckenberg konzentrierte sich im Rahmen des Strindberg-Zyklus beson-
    ders auf das unbekannte, als nicht spielbar geltende Spätwerk des schwe-
    dischen Dramatikers. Von 1915 bis 1918 spielte er allein von Strindberg
    die Stücke *Rausch* (P 17.4.1915), *Gespenstersonate* (D 1.5.1915), *Advent*
    (U 28.12.1915), *Nach Damaskus* (U 9.6.1916, zweiter und dritter Teil der
    Trilogie), *Scheiterhaufen* (= *Der Pelikan*, P 8.10.196), *Die Brandstätte* (D
    18.5.1917), *Schwanenweiß* (P 21.12.1918) und *Karl XII.* (P 28.10.1924).
    Damit trug Falckenberg wesentlich zur Etablierung des Strindberg'schen
    Spätwerks auf der deutschen Bühne bei.

[33] Vgl. Pargner 2005, S. 83f.

[34] Petzet 1944, S. 345.

Strindbergs und Shakespeares. So habe er »Shakespeare durch Strindberg hindurch inszeniert, mit den in der ›Gespenstersonate‹ mir errungenen Mitteln als musikalisch beschwingte Vision«,[35] zu der ihm wieder Hermann Zilcher die Bühnenmusik komponierte. Diesmal schuf ihm der hochbegabte russische Maler und Bühnenbildner Leo Pasetti ein buntes und luftiges Bühnenbild, in welchem alles gemalt war. Die gemalten Bäume des lichtgrünen Waldes für die Hinterbühne etwa hat er auf drei hintereinander hängende Prospekte, die mit gelbem, goldgetupftem Tüll bespannt waren, geheftet und damit eine surreale Waldatmosphäre von großer Raumtiefe geschaffen. Leo Pasetti, wie Paul Erkens bereits seit Eugen Robert an den Kammerspielen, blieb bis zu seinem Wechsel an das Bayerische Staatsschauspiel im Jahr 1920 Falckenbergs hauptsächlicher Bühnen- und Kostümbildner.

Während seiner künstlerischen Direktion der Münchner Kammerspiele blieben Falckenberg die Werke Shakespeares ein dauerhaftes künstlerisches Anliegen, etliche davon inszenierte er mehrfach, um sie immer wieder neu zu entdecken: *Ein Sommernachtstraum, Wie es euch gefällt, Troilus und Cressida, Wintermärchen, Was ihr wollt, Liebes Leid und Lust, Cymbelin, Hamlet, Komödie der Irrungen* und *Othello.* Seine ersten Inszenierungen von *Wie es euch gefällt* (1917) und *Troilus und Cressida* (1925), die bis dahin als unspielbar galten, wurden mit Falckenbergs Inszenierungen für die deutsche Bühne wiederentdeckt. Richard Révy, der bei Falckenberg über viele Jahre an den Kammerspielen einer der führenden Regisseure und auch Schauspieler war, bis er 1936 zur Emigration gezwungen war, schrieb über dessen erste *Troilus und Cressida*-Inszenierung im Jahr 1925:

Es ist das besondere Verdienst Falckenbergs, der vielfachen Verlockung zu artistisch effektvoller Pointierung des zum Teil barocken Werkes widerstanden und die große Melodie der Tragödie gesucht und gefunden zu haben. Die Kühnheiten eines abgründigen Humors blieben trotzdem gewahrt, ja erhielten durch den schmerzlichen Ernst der Grundstimmung mächtigste Steigerung. Großer Eindruck ging von diesem Abend aus und zwang Viele, dieses lange nur als Curiosum gewertete Werk als einheitliche Dichtung von hoher ästhetischer und ethischer Kraft zu erkennen.[36]

---

[35] Petzet 1944, S. 345.
[36] Richard Révy: *Ich lebte in apokalyptischer Zeit. Aus Schriften und Tagebüchern.* Ausgewählt und kommentiert von Dagmar Saval / Jürgen Rennert.

Das Überwirkliche als Regieprinzip

Expressionistischer Auffassung von der Zielsetzung moderner Dramatik folgend, ging es Falckenberg nicht darum, die Wirklichkeit naturalistisch wiederzugeben. Nicht die naturalisierte Wirklichkeit, sondern eine Idee von der Wirklichkeit, eine Art ideelle Überwirklichkeit sollte zur Darstellung kommen. Diesem Prinzip des Überwirklichen im Wirklichen hat sich Falckenberg von Anbeginn seiner Regie voll und ganz verschrieben – unabhängig davon, welches Stück er gerade inszenierte. Dass er immer versuchte, »durch das Medium des Realen hindurch zum Visionären vorzudringen«,[37] hatte auch Auswirkungen auf seine theaterpädagogische Herangehensweise, wie er selbst feststellte: »Aus solcher Haltung ergibt sich auch meine Auffassung von Schauspielkunst: ich würde niemals versuchen, einen Schauspieler in eine Gefühlsäußerung, in eine Ekstase hineinzusteigern, die nicht zugleich ganz klar und deutlich durch einen real begründeten psychologischen Vorgang bedingt ist.«[38]

1915/16 bereitete Falckenberg im Rahmen eines Gastspiels von Frank und Tilly Wedekind das Schauspiel *Der Marquis von Keith* vor. Wedekind und Falckenberg kannten einander bereits von der gemeinsamen Arbeit bei den *Elf Scharfrichtern*. Während der Proben stellte sich heraus, dass Wedekind Falckenbergs Stil des intimen Theaters ablehnte und wiederum Falckenberg mit Wedekinds didaktischem Stil nichts anfangen konnte, woran die Zusammenarbeit noch während der Proben scheiterte, und Falckenberg dem protestierenden Autor die Regie übergab.[39] Erst nach Wedekinds Tod brachte Falckenberg seine eigene Regiefassung von dessen *Erdgeist* und *Büchse der Pandora* auf die Bühne – er hatte – wie vordem auch Wedekind selbst – beide Stücke unter dem Titel *Lulu* zu einer Fassung zusammengezogen und konnte mit seiner visionären Inszenierung einen großen Erfolg erzielen. Er selbst hielt diese Inszenierung für seine beste.

Die Vision war für Falckenbergs Inszenierungen das Entscheidende geworden, er zielte darauf ab, nicht die Sache, sondern die Vision

---

Müggendorf 1996, S. 73.
[37] Petzet 1944, S. 326f.
[38] Petzet 1944, S. 326.
[39] Vgl. Wolfgang Petzet: THEATER. *Die Münchner Kammerspiele 1911–1972*. München 1973, S. 110.

einer Sache zum Ausdruck zu bringen. Auch in *Lulu* stellte er die Verkettung realistischer und surrealer bzw. dämonischer Elemente heraus und betonte mit Hilfe von Projektionen das Dämonische an dieser Frauenfigur, in der er nicht nur ein dämonisches Weib sah, sondern »den Dämon überhaupt«, zu dessen »Geisterreich« er auch die Figuren des Schigolch und Jack zählte. Das Stück zeige im Wesentlichen das Schicksal der Menschen, die mit Lulu in Berührung kommen und »die alle in dem Augenblick vom Tode gezeichnet werden, indem sie der Macht dieses Dämons erliegen«.[40]

Blick in Falckenbergs Repertoire in den Zehner- und Zwanzigerjahren

Falckenberg, der sich eher als ekstatischer Regisseur denn als expressionistischer Regisseur verstand, hat im Gesamtrepertoire des Theaters den Hauptanteil avantgardistischer Dramatik inszeniert; etwa 1917 im Rahmen des Zyklus *Jüngstes Deutschland*, den er gemeinsam mit seinem neuen Chefdramaturgen Otto Zoff herausbrachte, die Uraufführung des expressionistischen Dramas *Von morgens bis mitternachts* von Georg Kaiser, was ein besonderer Erfolg wurde, sowie die Uraufführung von Kaisers Schauspiel *Die Koralle* (gleichzeitig mit dem Neuen Theater in Frankfurt am Main), die nur geteilte Aufnahme fand. Besonders mit der Inszenierung *Von morgens bis mitternachts* verhalf Falckenberg dem expressionistischen Autor zum großen Durchbruch. 1918 war es seine Aufführung von Schnitzlers *Der einsame Weg*, anlässlich derer in den Kritiken wiederholt Falckenbergs große Gabe gerühmt wurde, sich tief in menschliche Seelenlagen hinein zu fühlen und diese mit der Sprache der Bühne auch dem Publikum nachvollziehbar zu machen. 1919 bescheinigte ihm die Presse sogar, mit Paul Claudels religiös-symbolistischem Drama *Verkündigung* sein seelisches Einfühlungsvermögen auf einen neuen Höhepunkt gesteigert zu haben.

Auch Hanns Johst, der im Laufe der Jahre zunehmend zum Nationalsozialisten übelster Sorte mutierte und dessen Grabbe-Stück *Der Einsame* (1918) sowie sein Schauspiel *Der König* (1920) von Falcken-

---

[40] Otto Falckenberg: *Die neue Lulu*. In: *Münchner Neueste Nachrichten*. 24.11.1928.

berg aufgeführt wurden, fand begeisterte Aufnahme bei Publikum und Kritik. Letztere sahen in diesem Autor *das* große Nachwuchstalent unter den deutschen Autoren; nicht nur Falckenberg, sondern auch viele andere Schriftsteller und Theaterpersönlichkeiten, dazu zählten auch Thomas Mann und Erwin Piscator, der 1925 an den Kammerspielen *Die fröhliche Stadt* von Hanns Johst herausbrachte, hatten die nationalsozialistische Überzeugung dieses Autors, die im »Dritten Reich« zur vollen Entfaltung kam, zu dieser Zeit noch nicht erkannt.

Olaf Gulbransson: Blatt mit Zeichnungen von Otto Falckenberg als Regisseur 1939. © Olaf Gulbransson / VG Bild-Kunst, Bonn 2023.

Natürlich gab es auch Inszenierungen von Falckenberg, die sich keiner besonderen Aufnahme erfreuten, dazu zählte etwa 1917 seine Uraufführung von Bruno Franks *Die Schwestern und der Fremde* und 1918 Lion Feuchtwangers *Der Amerikaner oder die entzauberte Stadt*. Ein regelrechter Misserfolg war 1924 seine Aufführung von *Der tote Tag* von Ernst Barlach, da sich das Münchner Publikum für diesen Autor nicht erwärmen ließ. Sensationelle Erfolge wiederum waren 1922 seine Inszenierung von Arnold Bronnens *Vatermord* und seine Uraufführung von Brechts *Trommeln in der Nacht* mit dem großartigen Erwin Faber als Kriegsheimkehrer Kragler. Doch konnten Falckenberg und Brecht, den er zur selben Zeit als Dramaturgen und Regisseur an den Kammerspielen beschäftigt hatte, nie miteinander warm werden. Wie schon bei Wedekind lag Falckenberg Brechts didaktischer Stil nicht, aber auch aus anderen Gründen waren sie Antipoden. In Berlin, wo Falckenberg im Dezember 1922 seine erfolgreiche Inszenierung auch an den Kammerspielen am Deutschen Theater zeigen wollte, funkte ihm seinen Schilderungen zufolge Brecht immer wieder dazwischen und intrigierte im Ensemble gegen ihn, so dass Falckenberg später sagte, die Berliner Inszenierung sei gar nicht von ihm, sondern eigentlich von Brecht.[41]

Trommeln in der Nacht von Bertolt Brecht. Regie: Otto Falckenberg, Bühne: Otto Reigbert. U: 29.9.1922. Mitte: Erwin Faber als Kriegsheimkehrer Andreas Kragler, links von ihm (sitzend): Kurt Horwitz als »Der Piccadilly-Manke« und »Der Zibeben-Manke«. Deutsches Theatermuseum / Fotosammlung, Inventarnr. IV 4875, Foto: unbekannt.

An den Kammerspielen in München, wo Brecht 1924 sein Stück *Leben Eduards des Zweiten von England* selbst uraufgeführt hat, sollen Brechts Intrigen im Verbund mit dem ebenfalls anwesenden Erwin Piscator so belastend für Falckenberg gewesen sein – zumal auch sein kaufmännischer Direktor Adolf Kaufmann sich daran beteiligt haben soll –, dass er daran dachte, das Theater zu verlassen. Und da in der Zeit der sich zunehmend verschärfenden Wirtschaftskrise sein Theater wieder einmal finanziell sehr angeschlagen war und darüber hinaus auch seine zweite Ehe mit der talentierten und beliebten Schauspielerin Sybille Binder, eine wesentliche Säule in seinem Ensemble, scheiterte, war Falckenberg in eine tiefe Krise geraten. Auch nahm ihm die Presse übel, dass er zu viele

---

41 Vgl. Pargner 2005, S. 90f.

Boulevard-Stücke im Repertoire aufgenommen und das avantgardistische Sendungsbewusstsein des Theaters dadurch beschädigt habe. Finanzielle Gründe für die Zunahme der Boulevardstücke hielten die Rezensenten dem Theater nicht zugute. Erst Falckenbergs große Erfolge mit Strindbergs Stück *Karl XII.* (1924) und Shakespeares *Troilus und Cressida* (1925) – seine letzten Inszenierungen in den alten Kammerspielen in der Augustenstraße – richteten ihn und das Theater wieder auf.[42] Außerdem war es ein geschickter Schachzug von Adolf Kaufmann, als er sämtliche Immobilien der Münchner Theater GmbH an die Emelka, die spätere Bavaria Film AG, verkaufte, mit dem Erlös die marode Theaterkasse sanierte und so auch der Umzug der Kammerspiele in das ehemalige Schauspielhaus in der Maximilianstraße zur Spielzeit 1926/27 erfolgen konnte. Hier erlebte Falckenberg mit seiner Eröffnungsinszenierung von Büchners Revolutionsdrama *Dantons Tod* einen grandiosen Auftakt. Für die nächste Zeit, aber nicht für lange, war der Betrieb gerettet.

Besonders in den Zehner- und Zwanzigerjahren waren ausländische Autoren – auch im neuen Haus – zahlreich in Falckenbergs Repertoire vertreten, neben den Stücken von Strindberg und Shakespeare wurden Dramen von Tagore, Andrejew, Crommelynk, Claudel, Tirso de Molina, Hamsun, Winnitschenko, Gogol, Dymow, Swinburne, Pirandello, Rolland, Verneuil, Raynal und Ibsen aufgeführt. Doch im Laufe der zweiten Hälfte der Zwanzigerjahre wurde dies wegen der zunehmenden nationalsozialistischen Unterwanderung Deutschlands, insbesondere Münchens, immer schwieriger. Auch deutsche Gegenwartsautoren, vor allem wenn sie sozialkritische Stücke schrieben, wurden vom braunen Pöbel und mit Hilfe der Münchner Polizeibehörde boykottiert. Das betraf zum Beispiel Falckenbergs Uraufführungen von Leonard Franks *Die Ursache* (1929), Ferdinand Bruckners *Die Kreatur* (1929), seine Inszenierung von Friedrich Wolfs *Cyankali* und seine Uraufführung von Alfred Döblins *Die Ehe* (beide 1930). Mit Krawallen im Zuschauersaal, Hetzkritiken in der Presse und polizeilich verordneten Aufführungsverboten wurde dafür gesorgt, dass Stücke, für deren Aufführung das Theater hohe Ausgaben hatte, diesem keine Einnahmen bringen konnten, und das Theater erneut auf seinen Bankrott zusteuerte. Es

---

[42] Vgl. dazu meine Ausführungen in Pargner 2005, Kapitel »Otto Falckenberg und Sybille Binder« (S. 85–89) und Kapitel »Falckenbergs Krise« (S. 90–92).

waren dies die Vorboten dessen, was auf das Theater in den Jahren des »Dritten Reichs« zukommen sollte.

Otto Falckenbergs Repertoire Anfang der Dreißigerjahre bis zum Ende des »Dritten Reichs«

Schon um 1931 und verstärkt im »Dritten Reich« bekamen die großen klassischen Autoren erhebliches Gewicht im Repertoire Falckenbergs. Shakespeare war nach wie vor enthalten – unter Nationalsozialisten hatte man sich diesen genialen fremdländischen Autor mit der größten Selbstverständlichkeit als eigenen einverleibt und auf deutschen Bühnen erlaubt. Neben dessen bereits genannten Werken in den Inszenierungen Falckenbergs widmete sich der Regisseur ab 1931 folgenden Klassikern in der beginnenden dunklen Epoche der deutschen Geschichte: *Urfaust* von Goethe, *Die Räuber, Don Carlos, Kabale und Liebe, Maria Stuart* und nochmals *Die Verschwörung des Fiesco zu Genua* von Schiller, *Amphitryon* von Molière, *Minna von Barnhelm* von Lessing, *Gyges und sein Ring* von Hebbel und nochmals *Dantons Tod* von Büchner. Als spanischer Klassiker ist auch Lope de Vega mit Falckenbergs zweiter Inszenierung des *Don Gil* sowie seiner Inszenierung von *Was kam denn da ins Haus* zu nennen.

Falckenberg schätzte auch die volkstümliche Dramatik, etwa des österreichischen Schriftstellers Richard Billinger: seine Uraufführung von *Rauhnacht* im Jahr 1931, seine Inszenierungen von *Goldene Pfennige* (d. i. *Stille Gäste*) im Jahr 1934 und *Der Gigant* im Jahr 1937 drehen sich auf eine bestimmte Weise um dämonisches Brauchtum, Reales wird in diesen Stücken mit Mysterien- und mit kultisch ekstatischen Bräuchen verbunden. Das Entfesseln von dämonischen Kräften interessierte Falckenberg während seines ganzen Theaterlebens. In diesem Zusammenhang ist auch die Dramatik von Max Mell zu nennen, sein *Nachfolge-Christi-Spiel* inszenierte Falckenberg im Jahr 1929, das *Spiel von den deutschen Ahnen* 1935. Von Alois Lippl unternahm er 1935 auch die Uraufführung des bäuerlichen Schauspiels *Der Passauer Wolf,* was ein großer Erfolg wurde.

Da Falckenberg im »Dritten Reich«, besonders seit Ende der Dreißiger-, Anfang der Vierzigerjahre von Münchner Nazis immer wieder aufgefordert wurde, mehr heitere Stücke zu spielen und den Überhang an ernsten Stücken abzubauen, lassen sich auch etliche Werke der leichten Muse im Gesamtrepertoire des Theaters feststellen. Er selbst inszenierte zum Beispiel 1943 von Friedrich Michael das komödiantische Theaterstück *Der blaue Strohhut* und im März 1944 von Lope de Vega *Was kam denn da ins Haus*. Von zeitgenössischen Autoren waren von Gerhart Hauptmann *Die Ratten* – 1932 noch mit Therese Giehse als Frau John – zu sehen, sowie ein Jahr später die Uraufführung seiner *Goldenen Harfe*, beides große Erfolge.

Man kann davon ausgehen, dass das freiheitliche und philantropische Denken und Arbeiten Falckenbergs mit nationalsozialistisch verengtem, rassistischem Gedankengut unvereinbar war. Außerdem war sein eigener Sohn Wolfgang aufgrund seiner kognitiven Beeinträchtigung ständig in Gefahr, der nationalsozialistischen Euthanasie-Politik der diktatorischen Machthaber zum Opfer zu fallen. Falckenberg selbst bekam von Adolf Hitler, der ihn zum Tee ins Künstlerhaus eingeladen hatte, ausgeführt, dass man »unwertes Leben« vergasen müsse, wie dies nicht nur Wolfgang Petzet in seinem Buch *THEATER* erwähnt, sondern wie mir auch Falckenbergs Tochter, Bettina Titt-Falckenberg, erzählte.

Obwohl etliche seiner Aufführungen schon während der Zwanzigerjahre von völkisch gesinnten randalierenden Rowdies wegen seines »kulturbolschewistischen« Repertoires massiv gestört wurden und diese im menschenverachtenden Ton von Möchtegern-Cäsaren zunehmend die Bevölkerung und öffentliche Organe wie Presse, Behörden, universitäre Einrichtungen sowie auch die Kunst- und Literaturszene vereinnahmten, setzte Falckenberg sein Engagement für ein avantgardistisches und sozialkritisches Theater fort. Das hatte allerdings gleich zu Beginn des »Dritten Reichs« ein Ende, als die Nazis mit ihren »Säuberungsaktionen« die Kammerspiele um viele ihrer wertvollen und langjährigen Ensemblemitglieder brachten, die wegen ihrer jüdischen Wurzeln oder politischen Überzeugungen zur Flucht gezwungen waren, wie zum Beispiel Julius Gellner, Therese Giehse, Kurt Horwitz, Sybille Schloß, Karl Kyser und Ilva Günten, um nur einige zu nennen. Falckenberg selbst wurde im März 1933 für ein paar Tage verhaftet, weil er im Verdacht stand, konspirative Kontakte zu Moskau zu haben, wovon er ausführlich in seinem im Nachlass vorhandenen »Rechenschaftsbericht« zur Vorlage bei der Spruchkammer berichtet. Da der Verdacht nicht aufrecht zu erhalten war, wurde er wieder entlassen. Doch sollte er vorher unterschreiben, dass er fortan die Oberhoheit über den Spielplan an die ›Kommission‹, d. h. an die nationalsozialistischen Mitglieder im Aufsichtsrat der Kammerspiele, übergebe, was Falckenberg geistesgegenwärtig mit dem Argument ablehnte, dass er das nicht könne, weil ihm das Theater nicht gehöre.

Falckenberg bleibt im »Dritten Reich« auf dem Posten

Falckenberg schrieb in seinem Rechenschaftsbericht für das Military Government, dass er sich 1933 die Frage gestellt habe, ob er Deutschland verlassen und ins Ausland gehen solle. Doch weil er sein Theater – sein Lebenswerk – nicht aufgeben und den Nazis überlassen wollte, habe er sich für seinen Verbleib entschieden. Er nahm sich vor, »konzessionslose« künstlerische Arbeit zu machen,[43] wenn man ihn zu nichts zwinge, was gegen seine Gesinnung sei. Dass dies eine Illusion war und dass er mehr Konzessionen machen musste, als mit seinen Überzeugungen vereinbar war, musste er bald erfahren. Bis zum Zusammenbruch des »Dritten Reichs« sollten auch die Kammerspiele unter der Leitung Otto Falckenbergs nie wieder so frei ihr künstlerisches Programm gestalten können wie in der Zeit davor. Das heißt aber nicht, dass Falckenberg nicht darum gekämpft hätte, die Nazis – die den parteilosen Avantgardisten und »Kulturbolschewisten« in München unablässig beobachteten – aus der Leitung seines Theaters herauszuhalten. Auch gab er nicht gleich die Hoffnung auf, nicht doch wenigstens einige der entflohenen Personen aus seinem Ensemble wieder ans Theater zurückholen zu können, was aber letztlich nicht gelang. In dieser Sache hatte er im Februar 1934 einen Brief an Kurt Horwitz geschrieben, einen seiner wichtigsten, 1933 nach Zürich exilierten jüdischen Schauspieler. Dieser antwortete ihm am 17. Februar 1934:

> Ich hoffe nun, dass sich Deine Verhandlungen mit den Behörden nicht allzulange verzögern, aber ich warte mit Geduld und hoffend, schon im Juli in die geliebte Stadt zurückkehren zu können. Die Möglichkeit, wieder die Bühne der Kammerspiele betreten zu können, wieder mit Dir arbeiten und in München leben zu können, erfüllt uns mit innigster Freude. Es fehlen mir die Worte, das aus-

---

43 Vgl. Otto Falckenberg: *Rechenschaftsbericht*, in: Pargner 2005, S. 207.

zudrücken, was mich bewegt, wenn ich denke, dass vielleicht der Tag kommt, wo ich wieder in Deine lieben Augen blicken kann. – Ich weiss wohl, dass nicht immer alles leicht sein wird, aber die Heimat ist manches Opfer wert. Dass Du mir die Heimat wiedergibst, verpflichtet mich für mein Leben. – Wir grüßen Dich in Treue und tiefer Herzlichkeit!

Dein Dir, in Wahrheit ergebener Kurt[44]

Gegen Otto Falckenbergs Gesinnung: Rothschild siegt bei Waterloo

Wie für alle Theater im »Dritten Reich«, so wurden auch für die Kammerspiele im Lauf der nächsten Jahre die Kontroll- und Einmischungsattacken durch die Münchner nationalsozialistischen Schaltstellen immer drastischer. Sie passten auch genau auf, dass Falckenberg zur Wahl kam und ließen ihn in den Jahren 1933 bis 1936 persönlich abholen, wenn er bis wenige Minuten vor Ende des Wahltags noch nicht erschienen war.[45] Diverse Gauleiter in München waren aufgefordert, über Falckenberg politische Gutachten zu erstellen, mit der Absicht, ihn bei Hitler in Misskredit bringen und damit ausschalten zu können.

Falckenberg befand sich zunehmend im Abwehrmodus und versuchte, seine Auswahl an Stücken und deren Besetzung mit gebotener Diplomatie sowohl im Reichspropagandaministerium in Berlin als auch im Münchner Kulturamt durchzusetzen. Das gelang ihm meistens, manchmal aber auch nicht. Zu den bittersten Konzessionen Falckenbergs an die Nazis gehörte, dass ausgerechnet dieser Regisseur, in welchem die Münchner Nazis einen der »aktivsten Förderer des kulturbolschewistischen Theaters«[46] erblickten und der ihnen zudem unangenehm aufgefallen war, als er 1931 ein veröffentlichtes »Mahnwort«

---

44 Kurt Horwitz an Otto Falckenberg, 17.2.1934. Nachlass Otto Falckenberg, Archiv, Deutsches Theatermuseum München. Der erwähnte Brief von Falckenberg an Horwitz befindet sich nicht im Nachlass Otto Falckenbergs.

45 Vgl. Bericht des Sachbearbeiters Hänsel von der Ortsgruppe Hohenzollernplatz am 23.4.1938 an das Braune Haus. Nachzulesen in Pargner 2005, S. 20f. Zitiert aus Schriftgut im Bundesarchiv Berlin, Signatur 2200012325.

46 Vgl. Bericht des Sachbearbeiters Hänsel von der Ortsgruppe Hohenzollernplatz am 23.4.1938 an das Braune Haus. Nachzulesen in Pargner 2005, S. 20f. Zitiert aus Schriftgut im Bundesarchiv Berlin, Signatur 2200012325.

gegen den »zügellosen Judenhass« neben Max Halbe, Ricarda Huch, Thomas Mann und Emil Pretorius und anderen namhaften Persönlichkeiten mitunterschrieben hatte,[47] im Jahr 1936 gezwungen wurde, das antisemitische Hetzstück *Rothschild siegt bei Waterloo* von Wolfgang Eberhard Möller zu inszenieren.[48]

Rothschild siegt bei Waterloo von Eberhard Wolfgang Möller. Regie: Otto Falckenberg, Bühne: Eduard Sturm. E: 15.5.1936. Vorne sitzend: Friedrich Domin als Rothschild mit seinen Geschäftspartnern an der Börse (links: Axel von Ambesser, rechts von ihm Willem Holsboer). Deutsches Theatermuseum / Archiv, Nachlass Otto Falckenberg, Foto: Friedrichs.

Lange hatte sich Falckenberg dagegen gewehrt und darum gebeten, stattdessen ein Stück von Rehberg inszenieren zu dürfen. Doch in diesem Fall war nichts zu machen, erblickten die Nazis in Möller doch einen ihrer ideologischen Propheten, der in ihren Augen dichterisch Hochkarätiges zum neuen nationalsozialistischen Drama beizutragen hatte. Falckenbergs einzige Möglichkeit als Regisseur war, die anti-

---

47 Vgl. *Antisemitismus? 125 Antworten aus Bayern*. Hg. von Richard Horlacher. 2. Auflage. Berlin 1931, S. 5f.
48 Vgl. dazu das Regiebuch zu dieser Inszenierung. Nachlass Otto Falckenberg, Archiv, Deutsches Theatermuseum München.

semitische Hetze in dem Stück abzumildern, indem er das Satirisch-Tendenziöse zugunsten des Menschlich-Komischen zurücknahm. Die Wirkung des Stückes sei, so Falckenberg, »in einem matten harmlosen Gelächter verpufft[]«.[49] Anhand der Änderungen in seinem Regiebuch lässt sich nachvollziehen, dass er Möllers Text durch Streichungen nachweislich »entschärfte«,[50] was aber nichts daran ändern konnte, dass es ein antisemitisches Stück war, das Falckenberg an seinem Theater zeigte. Soviel zur konzessionslosen Kulturarbeit.

Nach der Uraufführung des Stücks war sich die – gleichgeschaltete – Presse einig, eine äußerst gelungene Inszenierung von Otto Falckenberg gesehen zu haben und feierte enthusiastisch deren Erfolg. Rezensent Dannecker etwa in der Abendausgabe des *Stuttgarter NS-Kuriers* vom 15. Mai 1936 hielt die Inszenierung für »schlechthin vollendet« und feierte den »ersten großen Durchbruch, den das nationalsozialistische dramatische Schaffen in der letzten Spielzeit auf den deutschen Bühnen unternommen hat«.[51] Mit dem Bühnenbild von Eduard Sturm, Falckenbergs Bühnenbildner während des NS-Regimes, der das Stück »auf einer drehbaren schiefen Ebene« spielen ließ, wodurch es »in einzelnen Bildern phantastische Wirkungen« erzielt haben soll, soll das Stück einer weiteren Rezension zufolge »zu einer Art ahasverischen Vision« geworden sein, und auch die Darsteller sollen ihr Spiel in gelungener Weise »dem visionären Rahmen angepaßt« haben. »Friedrich Domin als Rothschild wurde zum dämonischen Symbol jüdischer Raffgier, die mit einer Selbstverständlichkeit über Leichen geht, die sich ihrer Gemeinheit nicht einmal bewußt ist, weil ihr die Begriffe Ehre und Anstand einfach fremd sind.«[52] Welch Triumph für die Münchner Nazis über Falckenberg – und welche Schmach für den Regisseur der Avantgarde!

---

49 Vgl. Otto Falckenberg: *Rechenschaftsbericht*, in Pargner 2005, S. 209.

50 Vgl. dazu die Aufführungsanalyse; Anja Radler: *Politische Aspekte in Otto Falckenbergs Inszenierungen an den Münchner Kammerspielen zwischen 1933 und 1945 am Beispiel der Inszenierung* Rothschild siegt bei Waterloo *von Eberhard Wolfgang Möller*. Magisterarbeit am Institut für Theaterwissenschaft an der LMU München 2000.

51 Vgl. das Kritiken- und Fotokonvolut zu *Rothschild siegt bei Waterloo* im Nachlass Otto Falckenberg, Archiv, Deutsches Theatermuseum München.

52 *Saarbrücker Zeitung.* 15.5.1936, anonym.

Übernahme-Versuch der Nazis 1938/39

Den gefährlichsten Eingriff in seine Kompetenzen erlebte Otto Falckenberg zwei Jahre später, im Jahr 1938. Vorausgegangen war zunächst die Entlassung des Handschuhfabrikaten Röckl, obwohl dieser 1932 den vor dem endgültigen Bankrott stehenden Kammerspielen, die zu dieser Zeit keine Gagen mehr zahlen konnten und auf Teilung spielten, die entscheidenden Geldmittel zum Überleben gespendet hatte. Daraufhin war er 1933 von Oberbürgermeister Karl Fiehler mit der Neugründung der GmbH und der Neustrukturierung des Theaters beauftragt worden. Von seinem bisherigen kaufmännischen Leiter Adolf Kaufmann, zu dem weder Falckenberg noch das Ensemble Vertrauen hatten, trennte sich Falckenberg noch im Jahr 1932. Nach einem zunächst getätigten Fehlgriff in der Besetzung eines Nachfolgers fiel die Wahl, auf Röckls Vorschlag, auf Carl Theodor Glock als Verwaltungsleiter und zweitem Geschäftsführer. Der erste kaufmännische Geschäftsführer war nun auch Otto Falckenberg. Damit war das Theater zunächst wirtschaftlich gerettet, doch blieben die Nationalsozialisten in München, der Hauptstadt der Bewegung, weiterhin eine Bedrohung.

Einen besonders massiven Versuch unternahmen sie 1938/39, als sie Falckenberg aus dem Amt drängen und ihm sowohl die kaufmännische als auch die künstlerische Leitung entreißen wollten, um aus den Kammerspielen endlich ein Parteitheater machen zu können. Insbesondere der Stadtrat der NSDAP, Christian Weber, Anteilseigner an der Kammerspiele GmbH und Mitglied im Aufsichtsrat, sowie Ratsherr Paul Wolfrum – beide waren mit Gauleiter Adolf Wagner befreundet –, ließen nichts unversucht, die Kammerspiele unter nationalsozialistische Kontrolle zu bekommen. Weber bot Falckenberg zunächst eine hohe Gage, wollte aber selbst die alleinige Kontrolle über die Spielplangestaltung und Auswahl der Engagements haben. Falckenberg lehnte ab. Wolfrum, dem es inzwischen gelungen war, Glock wegen angeblicher Unkorrektheiten zu entlassen, versuchte im Mai 1938, Falckenberg das Amt des kaufmännischen Leiters zu entziehen, um es selbst zusätzlich zum Amt des Verwaltungsleiters zu übernehmen. Falckenberg nahm dies zum Anlass, im Juli 1938 im Reichspropagandaministerium in Berlin, wo man über Wolfrums eigenmächtiges Vorgehen höchst erzürnt war, vorzusprechen. In seinem Tagebuch notiert er nach seiner Rückkehr am 8. Juli 1938:

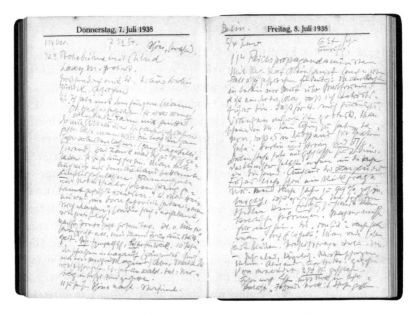

Doppelseite aus dem Tagebuch von Otto Falckenberg, rechts sein Eintrag vom 8.7.1938.
Deutsches Theatermuseum / Archiv, Nachlass Otto Falckenberg.

11 h Reichspropagandaministerium

Mit Reg.-Rat {Kleinschmidt}[53] lange über Fall k[aufmännische] Ltg.
gesprochen. Eindeutig: Man kocht in Berlin vor Wut über Wolfrum.
Es ist eindeutig klar, daß ich Betriebsführer bin. Daß Hr. W[olfrum]
mich hinauszudrängen versucht ist grotesk. […] Berlin stehe fest und
geschlossen hinter mir. Der Minister selbst nehme nun die Sache in
die Hand. Auch aus der Kanzlei des Führers liege schon eine Rückfrage vor.[54]

Nach fortgesetztem Kompetenzgerangel und weiteren Versuchen, Falckenberg einzuschüchtern, schrieb dieser – zu jener Zeit hatte er noch
keinen Rückhalt in der Münchner Stadtverwaltung – am 25. Oktober
1938 an Oberbürgermeister Fiehler einen ultimativen neunzehnseitigen
Brief, in dem er die unhaltbare Situation und die Unmöglichkeit, sei-

---

53 Lesart unsicher.
54 Otto Falckenberg: *Tagebuch*, Auszug des Eintrags vom 8.7.1938. Nachlass
    Otto Falckenberg, Archiv, Deutsches Theatermuseum München.

ne Arbeit an diesem Theater unter diesen Umständen weiterführen zu können, ausführte. Er drohte damit, zusammen mit seinem Ensemble das Theater zu verlassen, sollte man ihm die uneingeschränkte Führung seines Theaters entziehen wollen. Doch bereits am 1. September 1938 war Fiehler vom »Führer« auf den Berghof einbestellt worden – vermutlich zur Klärung jener in Falckenbergs Tagebuch erwähnten »Rückfrage«. Seinem Bericht zufolge hatte Fiehler den Befehl erhalten, Wolfrum, der laut Hitler als kaufmännischer Leiter völlig ungeeignet sei und dem es auch nicht zustehe, Falckenberg in seine Geschäfte oder in seine künstlerische Arbeit dreinzureden, aus dem Verkehr zu ziehen. Falckenberg sei volle Freiheit zu gewähren, eine Freiheit, die die Berliner Theater auch hätten. Und wenn das Geld nicht reiche, müsse eben die Stadt Zusatzmittel geben. Falckenberg müsse unbedingt in der Stadt gehalten werden.[55] So sicherte ihm bizarrerweise der Führer höchstpersönlich nicht nur seine Stellung als künstlerischer und betrieblicher Leiter des Theaters, sondern stellte das Theater 1939 durch dessen Übernahme in städtischen Besitz auch wirtschaftlich sicher.[56]

Das alles hatte seinen Preis und brachte Falckenberg besonders nach dem Krieg trotz aller Ruhmeslieder, die über ihn gesungen wurden, um die verdiente Ehrung seines Namens und seiner Verdienste als Theatermann. Dabei spielte es auch eine Rolle, dass sich Falckenberg, der sein Theater nicht aufgeben wollte, den Ehrungen Hitlers nicht entziehen konnte – etwa der Verleihung der Goethemedaille oder auch dem »Geschenk« eines großen Theaterneubaus im »pompösen, reichsklassizistischen« Stil[57] – der wegen des Ausbruch des Zweiten Weltkriegs zu Falckenbergs großer Erleichterung dann doch nicht umgesetzt werden konnte. Von einem der Überraschungsbesuche Hitlers bei Falckenberg berichtet zum Beispiel Falckenbergs Tagebuch-Eintrag vom 3. Mai 1938:

5 [Uhr] in die Stadt. Ulrich, Hasse.
Dort Tel., daß heute d. Führer
in Don Gil kommt.
Fühle mich sehr elend.

---

[55] Fiehlers Report seines Besuchs beim Führer ist zur Gänze nachzulesen bei Pargner 2005, S. 194. Dort zitiert nach Kulturamtsakten im Stadtarchiv München, Signatur KA 219.

[56] Vgl. Pargner 2005, Kapitel »Theaterarbeit im Dritten Reich« (S. 180–205).

[57] Vgl. Petzet 1973, S. 259f.

7 im Büro.
Punkt 8 kommt d. Führer.
Vorstellung gut.
½ 9 – ½ 10 Müller.
[...]
In d. Pause Führer begrüßt,
der begeistert über die Vorstellung
ist. Umbau: das Theater muß
sein Schmuckkästchen werden.
½ 12 Künstlerhaus auf Einladung
des Führers.[58]

Ausblick

Dass Falckenberg, der nie NSDAP-Mitglied war, aus dem Entnazifizierungsverfahren, dem er sich nach dem Krieg stellen musste, als »nicht betroffen« hervorging, hat ihm für seine Zukunft nichts mehr genützt, denn vom Military Government ist es ihm dennoch verwehrt worden, an die Kammerspiele zurückzukehren. In München hätte er außerdem nur noch als Gastregisseur arbeiten dürfen. Auch wenn er aus gesundheitlichen Gründen sein früheres Amt gar nicht mehr hätte ausüben können – er starb am 2. Weihnachtsfeiertag 1947 in seinem letzten Wohnsitz in Starnberg – hat er diese Weisung der Amerikaner für einen Rechtsbruch und eine unerträgliche Schmähung gehalten.[59]

Doch wie man auch immer darüber urteilen mag, eines bleibt eine Tatsache: Falckenberg war einer der größten Regisseure seiner Zeit, für den das Wichtigste am Theater der Schauspieler war. Als Entdecker und Weiterentwickler hat er sich ihm voll und ganz gewidmet und ihn geformt, ohne ihn zu zwingen, hat ihn, behutsam lenkend, seine Rolle selbst finden lassen. Nicht zu Unrecht galten die Kammerspiele als die Pflanzstätte des Schauspielernachwuchses in Deutschland. Darüber hinaus hatte er die Fähigkeit, große Talente an seinem Theater über lange Zeiträume zu halten. Die Liste der Namen, die das schauspieleri-

---

[58] Otto Falckenberg: *Tagebuch*, Eintrag vom 3.5.1938. Nachlass Otto Falckenberg, Archiv, Deutsches Theatermuseum München.

[59] Vgl. dazu Pargner 2005, Kapitel »Entnazifizierung und Spruchkammerverfahren« (S. 206–213).

sche Profil dieses Theaters ausmachten, ist endlos.[60] Falckenbergs Art, seine Schauspieler zu einem Zusammenspiel zu bringen, so dass jener Ensemblegeist, für den das Theater stand, sich entwickeln konnte, ist legendär. Axel von Ambesser, der selbst bei Falckenberg während des »Dritten Reichs« engagiert war, fasste dies in folgende Worte:

> Und das war bestimmt das große Geheimnis: [...] er belehrte niemanden, er ermutigte, er lockte, er liebte die Schauspieler, er liebte das Theater, er hatte eine ideal großartige Vorstellung von dem Kunstwerk, das er schaffen wollte und schmeichelte es den Mitarbeitern ab. Er hat fast nie gelehrt. Es gibt auch Leute, die lehren. Erich Engel war ein großer Regisseur und war gleichzeitig [ein] ziemlich strenger Lehrer. Das war Falckenberg nicht. Aber er war der poetischste der Regisseure, die ich in meinem Leben kennengelernt habe.[61]

Abschließend noch einige Bemerkungen zu der von Petzet 1944 herausgegebenen Biografie *Otto Falckenberg. Mein Leben – Mein Theater*, die er zusammen mit Falckenberg erarbeitete. Es war Falckenbergs und Petzets großer Fehler, dieses Buch noch während des doch absehbaren Zusammenbruchs des NS-Regimes herausgegeben und sich deshalb veranlasst gesehen zu haben, wichtige jüdische Künstler und Künstlerinnen, Dramaturginnen und Dramaturgen etc., die zum Ruhm und Überleben des Theaters erheblich beigetragen hatten, wegzulassen. Sicherlich ist die in der Biografie wiedergegebene und von Petzet festgehaltene persönliche Rückschau Falckenbergs auf seinen Werdegang und auf ›seine‹ Kammerspiele, sowie auch auf Falckenbergs ausführliche Darlegung seiner künstlerischen Anschauungen von großem in-

---

[60] Zumindest einige seien an dieser Stelle genannt: Erwin Faber, Grete Jacobsen, Hans Carl Müller, Maria Newes, Margarethe Koeppke, Walter Lantzsch, Sybille Binder, Elisabeth Bergner, Hans Schweikart, Heinz Rühmann, Otto Framer, Richard Kellerhals, Ewald Kalser, Max Schreck, Therese Giehse, Kurt Horwitz, Käthe Gold, Horst Caspar, O. E. Hasse, Friedrich Domin, Marianne Hoppe, Elisabeth Flickenschildt, Ferdinand Marian, Richard Révy, Axel von Ambesser, Carl Wery, Maria Nicklisch, Eva Lissa, Gundel Thormann, Paula Denk, Edith Schultze-Westrum, Inge Birkmann, Heinrich Sauer, Charles Regnier, Melanie Horeschovsky, Gusti Wolf.

[61] Zitiert nach *Große Münchner Theaterzeit. Zum 100. Geburtstag von Otto Falckenberg.* Sendung des Bayerischen Rundfunks vom 4.10.1973. Sendeleitung: Ria Hans.

formativen Wert. Deshalb wurde auch im vorliegenden Beitrag häufig darauf zurückgegriffen. Die besagten Weglassungen sorgten jedoch zu Recht für Empörung,[62] auch im Freundeskreis erregte dieser Punkt großes Bedauern. Spontan schrieb zum Beispiel der Maler, Grafiker und Schriftsteller Rolf von Hoerschelmann am 21. Mai 1944 dem Freund, dass er das Buch »so gehaltvoll, interessant und amüsant [findet] wie ich lange keines in der Hand gehabt habe!« Doch bedauerte er in seinem Brief vom 3. Juni 1944 ausdrücklich, dass viele große Namen keine Erwähnung in der Biografie fänden, weshalb er dem Brief ein gezeichnetes Epitaph mit den Namen von Sybille Binder, Elisabeth Bergner, Therese Giehse, Erwin Kalser und Kurt Horwitz beifügte. Auch an den Seher, Mystiker und Schriftsteller Alfred Schuler erinnert er Falckenberg: »Schade, dass Du nicht erwähnst, dass Alfred Schuler in den Kammerspielen aufgetreten ist. Er war in einem Mysterienspiel. Anschliessend kam er auch in die Akropolis. Er sprach in ganz grossartigem Stil!«[63] Zwar hat Petzet in seinem bereits mehrfach erwähnten Buch über die Kammerspiele diese und viele andere Persönlichkeiten nachträglich gewürdigt. Doch bleibt das verfälschte Bild, das in der Biografie entstanden ist, für immer ein schwerwiegender Makel des Buches und seiner beiden Autoren.

In den letzten Jahren wurde der im Deutschen Theatermuseum verwahrte Teilnachlass von Otto Falckenberg durch Schenkungen sowie durch die testamentarische Verfügung seiner 2020 verstorbenen Tochter Bettina Titt-Falckenberg erheblich angereichert, das Nachlassverfahren hat im Herbst 2023 seinen Abschluss gefunden. Es wird viele Jahre dauern, bis das neu hinzugekommene Archivmaterial – eine wichtige Quelle für die weitere Erforschung der Geschichte der Kammerspiele und all jener Persönlichkeiten, die sie geprägt haben – einschließlich Otto Falckenberg – aufgearbeitet sein wird.

[62] Vgl. dazu die Ausführungen inklusive aller Quellennachweise in Pargner 2005, Kapitel »Die Biografie« (S. 202–205).

[63] Beide Briefe von Rolf von Hoerschelmann befinden sich im 2023 erfolgten Zugang des umfassenden Archivmaterials aus Falckenbergs Nachlass.

Albrecht Bedal

»Vielleicht auch träumen«.[1]

Kurze Biografie der in Vergessenheit geratenen Schriftstellerin Sophie Hoechstetter (1873–1943)

Im Jahr 2023 gedenkt die Stadt Pappenheim einer ihrer wichtigen Persönlichkeiten: Die bei unseren Urgroßeltern bekannte und beliebte Schriftstellerin Sophie Hoechstetter wird hier vor 150 Jahren geboren und bleibt Zeit ihres Lebens Pappenheim verbunden, auch wenn ihr Lebensweg sie zwischenzeitlich in die Großstadt Berlin geführt hat.

Sophie Hoechstetter, ca. 1925, Privatarchiv

Am 15. August 1873 kommt sie als jüngstes Kind der Eheleute Christian und Sophie Hoechstetter zur Welt. Ihr Vater leitet in zweiter Generation die Apotheke der kleinen Stadt. Haus und Apotheke existieren heute noch, auch wenn sie den modernen Bedürfnissen angepasst worden sind. Sophie ist das ›Nesthäkchen‹ unter ihren fünf Geschwistern, wie man damals zu den jüngsten und nachgeborenen Kindern gesagt hat, denn ihr jüngster Bruder ist schon sieben Jahre alt, als Sophie geboren wurde. Offiziell trägt sie den

---

[1] Titel der Veranstaltungsreihe zum Gedenkjahr von Sophie Hoechstetter, veranstaltet vom Kunst- und Kulturverein Pappenheim e. V. sowie dem Heimat- und Geschichtsverein Pappenheim und Ortsteile e. V.

Namen Sophia, gerufen wird sie jedoch Sophie wie ihre Mutter. Diesen Namen verwendet sie auch bei ihren späteren Veröffentlichungen.[2]

Da ihre Familie zu den Honoratioren der kleinen Altmühlstadt gehört, wird ihr eine gute bürgerliche Bildung zuteil. Nach dem obligatorischen Besuch der Volksschule soll das begabte junge Mädchen eine weitere Ausbildung erhalten. Es bietet sich an, sie nach Bayreuth in die Höhere Töchterschule zu schicken, da dort ihre Tante lebt, in deren Familie sie aufgenommen wird. In Bayreuth, aus Pappenheimer Sicht eine ›richtige‹ Stadt mit vielen kulturellen Angeboten, bekommt Sophie Anregungen vielgestaltiger Art – sowohl in der Schule, in der Familie ihrer Gasteltern als auch bei Theater- und Opernbesuchen. Im April 1890 erhält die 16-Jährige ihr Abschlusszeugnis mit besten Noten. Sprachen, Literatur und Geschichte sind ihre Leidenschaft. Eine anschließende höhere Schulbildung bis zum Abitur und eventuell ein Hochschulstudium waren in Bayern für Frauen regulär erst zu Beginn des 20. Jahrhunderts möglich. Vermutlich hätten ihre Eltern eine solche Möglichkeit, wenn sie es denn damals schon gegeben hätte, kaum akzeptiert.

Eine junge bürgerliche Frau, so ist es damals üblich, sollte keinen Beruf erlernen, sondern in Haushaltsführung Kenntnisse erwerben, um später einem großen Haushalt vorstehen zu können. Bei einem dafür gedachten längeren Aufenthalt bei ihrer Patentante in Ansbach lernt sie die zweite fränkische Residenzstadt kennen und lieben. Ihr Interesse an fränkischer Geschichte wird geweckt, das sie später in zahlreichen Novellen und Romanen verarbeitet. Sophie Hoechstetter beginnt in dieser Zeit zu schreiben und zu malen.

Ob sie sich damals ihr zukünftiges Leben als Ehefrau und Mutter vorstellt, wissen wir nicht. Sie stellt sich jedoch bewusst ihrer Rolle als Frau, die von der Gesellschaft noch nicht als gleichberechtigt anerkannt wird, und wählt ihren eigenen Weg, um unabhängig zu werden – Sophie bleibt unverheiratet und bekommt keine Kinder, gestaltet aber ein eigenes Leben. Ihr wird vermutlich schon früh bewusst, dass sie sich zu Frauen hingezogen fühlt. Das erlebt sie das erste Mal mit großer Leidenschaft, als sie 1893 die gut drei Jahre jüngere Toni Schwabe während eines Kuraufenthaltes kennenlernt. Mit ihr teilt sie das Inter-

---

2   Almut Binkert: *Sophie Hoechstetter, Leben und Werk 1873–1943*. Weißenburg/Bayern 2017. Alle biographischen Angaben und Zitate sind diesem Buch entnommen, das leider derzeit vergriffen ist. Eine Neuauflage ist in Planung.

esse an Literatur, beide wollen erfolgreiche Schriftstellerinnen werden. Schon in ihrem ersten (und relativ erfolgreichen) Roman nimmt sie sich der Stellung der Frauen in der Gesellschaft an: *Goethe als Erzieher, ein Wort an emancipierte Frauen* (1896).

1898 zieht Sophie Hoechstetter in das Elternhaus ihrer Freundin und Geliebten in Jena, von der sie sich jedoch nach einigen Jahren schmerzhafter Liebe trennt. Ihre neue intime Freundin wird Maria von Gneisenau. Sie zieht mit ihr im Sommer in ein Haus neben den Dornburger Schlössern oberhalb des Saaletales. Dort existiert ein kleiner Kreis schriftstellernder Frauen, die sich ihren Lebensunterhalt selbst verdienen. Den Winter verbringt sie üblicherweise in Berlin bei ihrer Freundin. Sie lebt nun in einem progressiven künstlerischen Umfeld, gleichzeitig verkehrt sie in höheren Kreisen. Dazu hat sie erste Erfolge mit ihren Romanen und Novellen, die die frühere Welt des Adels nostalgisch beschreiben.[3] Sie kann inzwischen von ihren Druckauflagen gut leben, nachdem sie in den ersten Jahren eine Art Stipendium der Deutschen Schillerstiftung erhalten hat.

Aber die Beziehung zur Gräfin ist nicht von langer Dauer, schon 1909 trennen sie sich. 1911 verfasst sie ihren Roman *Passion*, der bei dem renommierten S. Fischer Verlag in Berlin erscheint. In den Jahren darauf lernt sie Carola von Crailsheim, eine junge fränkische Literaturstudentin, kennen, die zu ihr nach Dornburg zieht und, mit Unterstützung und Hilfe von Sophie Hoechstetter, ebenfalls zu schreiben beginnt. Beide haben in den 1920er-Jahren mit ihren schriftstellerischen Arbeiten großen Erfolg und können von den Einnahmen gut leben. Auch engagiert sie sich als prominente Vertreterin weiterhin für die Rechte von Frauen und gleichgeschlechtlichen Lebensgemeinschaften.

Nach den Inflationsjahren kauft sie sich zusammen mit ihrer Lebensgefährtin ein Grundstück in der Nähe der Pappenheimer Burg und lässt ein hübsches Haus in einem großen Garten bauen. Dort leben sie im Sommer, Frühjahr und Herbst verbringen sie weiterhin in Dornburg, im Winter wohnen sie in Carolas Berliner Wohnung. Mit ihrem männlich geprägten Erscheinen verbirgt Sophie Hoechstetter weder dort noch hier ihre Homosexualität und lebt mit ihrer Lebensgefährtin auch

---

3   Ihr erstes Buch 1896 erschien beim Verlag Schupp in München, ihr erster erfolgreicher Roman *Passion* beim S. Fischer Verlag in Berlin. Verschiedene Verlage aus Leipzig, Dresden, Ulm oder Stuttgart veröffentlichten ihre Werke, später auch der Eichhorn-Verlag in Dachau.

im Pappenheimer Haus zusammen. Es ist wohl die beste Phase ihres Lebens: Sie ist als Schriftstellerin anerkannt, sogar Rainer Maria Rilke kommt zu Besuch nach Pappenheim und lobt ihre *Fränkischen Novellen* als »eine vollendete Schöpfung aus dem Geist der Landschaft«[4]. Dazu entstehen drei Hohenzollernromane, die vom Publikum gerne gelesen werden. Zu ihrem 60. Geburtstag im Jahr 1933 erhält sie die Ehrenbürgerrechte ihrer Geburtsstadt.

In Berlin lernen die beiden Frauen um diese Zeit Elly Petersen kennen, die in der Moosschwaige bei Dachau zusammen mit ihrem schwedischen Mann eine Art Künstlerkolonie aufgebaut hat. Sie besuchen ab Mitte der 1930er-Jahre immer häufiger die Moosschwaige und geben ihren Wohnsitz in Berlin auf, später dann auch Dornburg, behalten aber das Haus in Pappenheim für den Sommer. Am 4. April 1943 stirbt Sophie Hoechstetter siebzigjährig in der Moosschwaige in Dachau.

Sophie Hoechstetter ist eine fleißige Schreiberin. Über 50 Bücher sind von ihr veröffentlicht worden, dazu viele Beiträge und Artikel zur Geschichte Frankens. In ihren Romanen bezieht sie sich ganz bewusst nicht auf eigene Beobachtungen und Lebenserfahrungen – sie schöpft ihre Erzählungen aus ihrer reichen Kenntnis der Vergangenheit und Landschaft, aber auch aus ihrer Phantasie, sie besitzt eine unerschöpfliche Vorstellungskraft. Deshalb setzt sie sich nie mit der Zeit, in der sie lebte, auseinander. Sie liebt hingegen die Geschehnisse des 18. und 19. Jahrhunderts, die sie in ihren Figuren zum Leben erweckt. Die großen gesellschaftlichen Veränderungen nach dem Ersten Weltkrieg finden keinen Widerhall in ihrem Werk. Aber sie kann Stimmungen, Landschaften und Gefühle mit ihren eigenen Worten so einfühlsam ausdrücken, dass sie die Leser in Bann schlägt. Heute wirkt ihre Sprache für uns etwas überspannt und schwülstig. Ihre Zeitgenossen haben ihre schriftstellerischen Leistungen viel positiver wahrgenommen.

---

4   Zitiert nach Binkert 2017, S. 51.

Michael Buddeberg

Emil Preetorius

Ein Leben für die Kunst (1883–1973)[1]

Aus: *Emil Preetorius – Das szenische Werk*. Einführung von Wilhelm Rüdiger. Berlin / Wien 1941, Frontispiz.

S ommer 1945, große Teile der Stadt lagen in Schutt und Asche, doch das Münchner Kulturleben zeigte erste Lebenszeichen. Geplant war eine Buchausstellung zum Gedenken an die erste Blütezeit Münchens als Verlagsstadt. Kaum einer war berufener, das Vorwort zu dem Katalog zu schreiben als der Künstler Emil Preetorius, der in den ersten Dekaden des 20. Jahrhunderts wesentliche Beiträge zur Buchkunst geleistet hatte. In diesem Vorwort erinnert sich der 63-Jährige:

Als ich 1907 nach München versiedelte, sah ich die schöne Stadt zum zweiten Male. Schon kurz nach 1900 hatte ich meine ersten Studiensemester dort verbracht und, durstig nach Wissen an den verschiedensten Brüsten der üppigen Alma mater gesaugt. Als Mediziner begann ich, wechselte zu

---

[1] Am 27.1.2023 jährte sich zum fünfzigsten Male der Todestag des am 21.6.1883 in Mainz geborenen Emil Preetorius. Der Titel des 2015 vom Verfasser dieses Beitrages herausgegebenen Bandes zu einem 2013 in München veranstalteten Symposium charakterisiert in Kurzform diesen Ausnahmekünstler und steht daher auch als Titel über dieser Publikation, *Emil Preetorius. Ein Leben für die Kunst (1883–1973)*. Von 1907 bis zu seinem Tod hat Preetorius in München gelebt und gewirkt und gehört damit zum kaum überschaubaren Kreis von ›Wahlmünchnern‹, die diese Stadt als einen Hort für Kunst und Kultur mitgeprägt haben.

den Naturwissenschaften, zumal zur Physik, wurde Kunsthistoriker und endlich, nicht ohne resignierten Seufzer, Jurist. Trotz meiner Studien aber, so emsig und viel gewandt sie waren, blieb mir noch Zeit, vom besonderen Zauber Münchens als Bild und Leben, als Kunst und Natur einiges zu erfassen und als eine stille Sehnsucht in mir zu bewahren. Mit Staunen und Entzücken wanderte ich damals durch die groß angelegten, streng gegliederten Straßen der Stadt wie durch ihre engen, winkelig-geheimnisvollen, ich wechselte von den Palästen der Fürsten und der Kunst zu den Palästen des Bieres, besah mir alle mannigfachen Schönheiten, die monumentalen und lieblichen, die repräsentativen und versteckten, zumal die Gotteshäuser, Denkmale aus fünf Jahrhunderten, ich erlebte die fröhlich-derben Feste des Jahres in Stadt und Land und die Entfaltung kirchlichen Rituals in seiner farbenreichen Pracht und hohen Feierlichkeit.[2]

Es war gewiss dem Wunsch des Vaters, Oberstaatsanwalt in Hessen, geschuldet, dass sein 1883 in Mainz geborener und in Darmstadt aufgewachsener Sohn Emil zunächst eine, wenn auch wenig zielorientierte, akademische Laufbahn verfolgte, war doch seine liebste Beschäftigung von frühester Jugend an die Kunst und hier vor allem das Zeichnen auf Papier. Das offenkundige Talent von Emil schien dem Vater keine ausreichende Grundlage für eine gesicherte Zukunft, eine akademische Ausbildung musste sein, doch nun, mit dem an der Universität Gießen erworbenen Dr. jur. und dem Referendar in der Tasche, war dem Wunsch des Vaters Genüge getan und Emil »warf sich der Kunst in die Arme«.[3] Noch im Jahr seines Umzugs nach München, 1907, begann eine beispiellose Karriere, die ihm neben vielen Meriten und Auszeichnungen als den Erneuerer der Deutschen Buchkunst des 20. Jahrhunderts, als einen der bedeutendsten Bühnenbildner dieser Epoche und als einen seiner Zeit weit vorauseilenden Sammler asiatischer Kunst unvergessen macht.

Doch die Realität sieht anders aus: Preetorius ist aus dem kulturellen Gedächtnis fast ganz verschwunden. Wer heute, 50 Jahre nach seinem

---

[2] Emil Preetorius: *Münchener Erinnerungen.* In: Ders.: *Über die Kunst und ihr Schicksal in dieser Zeit. Reden und Aufsätze.* Düsseldorf/München 1953, S. 59–69. Ein unveränderter Abdruck dieses Textes findet sich in: *Imprimatur. Ein Jahrbuch für Bücherfreunde.* Neue Folge 7 (1972), S. 181–188.

[3] Preetorius: *Münchener Erinnerungen,* S. 59–69.

Tod (Preetorius starb am 27. Januar 1973 in seinem 90. Lebensjahr in München) dort nach Spuren sucht, wird fast nichts finden. Ein schmaler, nur etwa 120 Meter langer Weg in Neu-Perlach, dem 1967 erbauten und vorwiegend von Großwohnsiedlungsarchitektur geprägten Stadtteil, trägt seinen Namen. Und wäre da nicht die Grabstelle im altehrwürdigen Altbogenhausener Friedhof im Schatten von St. Georg, der spätbarocken ehemaligen Dorfkirche von Bogenhausen, wo Emil Preetorius und seine Frau Lilly, umgeben von der verblichenen Prominenz deutscher und Münchner Geistes- und Kulturgeschichte, ihre letzte Ruhe fanden, erinnerte nichts an diesen großen Künstler, der München als die Stätte seines Wirkens gewählt und dort 65 Jahre gelebt hat.

Zeichner, Illustrator, Graphiker, Buchgestalter

Um sich nun ganz seiner Zeichenkunst zu widmen und diese zu vervollkommnen, kam Preetorius 1907 nach München, bezog sein erstes Domizil in der Theresienstraße und schrieb sich in der Kunstgewerbeschule ein, nur um sich nach einigen Stunden Zeichenunterricht von seinem Lehrer, dem Graphiker Maximilian Dasio, sagen zu lassen »bei mir können Sie nichts mehr lernen«. Die von Preetorius berichtete und von seinen Biographen übernommene, sich anschließende Phase einer autodidaktischen Weiterbildung war wohl eher von der ungeduldigen Suche nach Aufträgen und Anerkennung geprägt, und wir wissen aus der Korrespondenz mit seinem Jugend- und Studienfreund Otto Erdmann, dass Emil Preetorius bei den progressiven Münchner Zeitschriften *Jugend* und *Simplicissimus* zunächst einmal – das war schon im April 1907 – zu seiner großen Enttäuschung abgewiesen wurde. Man darf also annehmen, dass sich Preetorius durchaus selbstbewusst und kontaktfreudig intensiv um Anschluss und um Beachtung in der einschlägigen Münchner Szene bemühte – und dann rasch bekannt wurde. Entdecker war Emil Hirsch, der in der Karlstraße 6 ein Buchantiquariat führte, das sich zum Treffpunkt des geistig-künstlerischen München entwickelt hatte.

An dieser Stelle ist ein Exkurs über die Anziehungskraft des damaligen München als Kunststadt angebracht, der auch Emil Preetorius erlegen war. Wunderbar formuliert hat das der Kunsthistoriker und Journalist Richard Muther (1860–1909):

Außer Paris gibt es keine Stadt in Europa, die dem Künstler dermaßen gestattet, nach seiner Fassong zu leben. Und mag er in einer Dachkammer hausen, mag er von Wein, Wurst und Rettigen sich nähren – er bleibt ein Künstler. Die ganze Atmosphäre ist hier von Kunst durchtränkt. [...] Diese Nonchalance des Verkehrs, diese Möglichkeit, weder einer amtlichen Hierarchie sich einordnen noch einem ästhetischen Salon als Renommierstück dienen zu müssen, macht den Künstlern den Aufenthalt in München so lieb. [...] Man verlangt in München vom Künstler nichts. Man läßt ihn in Ruhe. Und das ist sehr viel wert – vielleicht das Beste, was jetzt ein Künstler sich wünscht.[4]

Illustration aus: Jean Paul: *Des Luftschiffers Giannozzo Seebuch*. Leipzig 1912.

Bei dem Antiquar Emil Hirsch lernte Preetorius den Verleger Hans von Weber kennen, präsentierte ihm sein Schaffen und erhielt spontan den Auftrag, Adelbert von Chamissos *Peter Schlemihls wundersame Geschichte* als erstes Buch des Hans von Weber Verlages zu illustrieren. Der *Schlemihl* erschien noch 1907, wurde zum sensationellen Erfolg und von Thomas Mann in der Weihnachtsnummer 1910 des *Berliner Tageblatts* euphorisch rezensiert. Gleichsam über Nacht war Emil Preetorius zum berühmten Illustrator und Grafiker geworden und brauchte um Aufträge nicht mehr besorgt sein; auch die Mitarbeit bei *Jugend* und *Simplicissimus* war nun gesichert. In rascher Folge wurden weitere von ihm illustrierte

Bücher von den damals maßgebenden Verlagen Georg Müller, Insel und anderen mit immer gleichbleibend großem Erfolg publiziert. So erstaunlich das auch ist, der reine Autodidakt Emil Preetorius war als ein fertiger Perfektionist in München angekommen und hat es verstanden,

---

[4]   Richard Muther: *Aufsätze über bildende Kunst*. 2. Band: *Betrachtungen und Eindrücke*. Berlin 1914, S. 259–261.

die unterschiedlichsten literarischen Texte kongenial zu illustrieren. Hans von Weber hat das sehr schön zum Ausdruck gebracht:

> Nicht jeder Künstler eignet sich zum Illustrator. Nur wer sich mit Wesen und Geist des Dichters so liebevoll und einfühlend verschmelzen kann, daß er mit ihm in Ton und Motiv eine Einheit zu bilden vermag, wie Violine und Cello im Trio, wird der Aufgabe der Illustrierung gerecht. Bild und Text müssen, soll das Ideal erreicht werden, eine Einheit bilden, daß es (um schwärmerisch zu reden, wie echte Sammler immer lieben werden) dem Leser kaum zum Bewußtsein kommt, ob die Bilder reden oder die Worte malen.[5]

Nach dem *Schlemihl* sind Lesages *Hinkender Teufel* (Georg Müller, 1910), Jean Pauls *Luftschiffer Gianozzo* (Insel, 1912), Eichendorffs *Taugenichts* (Hyperion, 1914), Gerstäckers *Malhuber* (Hans von Weber, 1917) und Thomas Manns *Herr und Hund* (Knorr & Hirth, 1919), alle in kleiner Auflage erschienen und heute kaum noch zu finden, weitere Beispiele für Preetorius' Illustrationskunst, der er sich aber nur bis in die frühen 1920er-Jahre widmete.[6]

Kaum bekannt und gewiss noch schwerer zu finden als seine illustrierten Bücher ist Produktwerbung, der sich Preetorius ebenfalls, jedoch wohl in nur geringem Umfang, widmete. Ein Beispiel für Bahlsens Leibnitz Keks findet sich bei Hölscher,[7] ein Beispiel für Kupferberg Sekt findet sich in der Kleinen Mainzer Bücherei, Band X.[8] Entsprechendes gilt für Plakate, die Preetorius zunächst bildhaft und in späteren Jahren überwiegend typographisch gestaltete.[9]

Eine besondere Begabung, die Preetorius zeitlebens pflegte, waren das Exlibris und das diesem Buchzeichen nahestehende Signet, hier

---

5   Zitiert nach Rudolph Adolph: *Bibliophile Profile*. Band II: *Emil Preetorius*. Aschaffenburg 1960, S. 33.

6   Eine Bibliografie aller von Emil Preetorius illustrierten Bücher und Mappenwerke, 27 an der Zahl, hat Georg Ohr in: *Imprimatur. Ein Jahrbuch für Bücherfreunde*. Neue Folge 7 (1972), S. 189–194, zusammengestellt.

7   Eberhard Hölscher: *Emil Preetorius. Das Gesamtwerk. Buchkunst, Freie und Angewandte Graphik, Schriftgestaltung, Bühnenkunst, Literarisches Schaffen*. Berlin/Leipzig 1943, S. 56f.

8   Kleine Mainzer Bücherei. Band X. Mainz 1976, S. 70–73.

9   Wolfgang Urbanczik: *Emil Preetorius als Plakatkünstler*. In: *Emil Preetorius. Ein Leben für die Kunst (1883–1973)*. Hg. von Michael Buddeberg. München 2015, S. 27–36; Hölscher 1943, S. 58ff.

insbesondere als Verlagszeichen. Ein kurzer, anonym veröffentlichter Text in der Kleinen Mainzer Bücherei, Band X bringt diese Begabung auf den Punkt:

»Ich […] schuf am laufenden Band mehr und minder gelungene Buchumschläge, Plakate, Schrifttitel, Signete, Exlibris«, heißt es in Emil Preetorius' […] handschriftlichem Lebenslauf. In der Masse der Preetorius'schen Produktionen nehmen die Exlibris und Signete einen bedeutenden Platz ein. Sein überaus sicherer, jeweils auf die knappste grafische Formel zielender Zeichenstil, der den Forderungen einer zielvollen Konzentration ebenso wie eines gehaltlichen Reichtums gerecht wird, scheint sich für diese »Kleinkunst« besonders zu eignen.[10]

Exlibris für Thomas Mann, nach der Illustration für *Herr und Hund*

Trotz des früh abgeschlossenen Illustrationswerks blieb Emil Preetorius der Buchgestaltung bis in sein hohes Alter eng verbunden. Ungezählte Buchtitel, vor allem aber Einbände und Buchumschläge wurden von ihm entworfen, gezeichnet und von Dutzenden deutscher Verlage über viele Jahrzehnte genutzt. Der Sammler von Buchumschlägen, Curt Tillmann (1894–1981), hat eine umfangreiche und eindrucksvolle Bibliografie alleine der Buchumschläge von Preetorius für die Zeit von 1907 bis 1964 zusammengestellt.[11] Wer sich je näher mit dieser Thematik befasst hat, wird die besondere Handschrift von Emil Preetorius für diese Art von Gebrauchsgraphik, seinen besonderen Sinn für Proportion und den stets stimmigen Zusammenklang unterschiedlicher Schrifttypen und Schriftgrößen aus der kaum überschaubaren Masse der Jahr für Jahr geschaffenen Buchumschläge herauskennen.

10 Kleine Mainzer Bücherei. Band X, S. 64.
11 Curt Tillmann: *Emil Preetorius. Bibliographie der Buchumschläge*. In: *Imprimatur. Ein Jahrbuch für Bücherfreunde*. Neue Folge 7 (1972), S. 195–208.

Bühnenbildner

»Ich werde täglich berühmter«, schreibt Emil Preetorius erstaunt am Anfang seiner Karriere als Illustrator und Graphiker an den Freund Otto Erdmann.[12] Wirklich berühmt, national wie international, wurde Preetorius ab 1921 mit seiner zweiten Karriere als Bühnenbildner. Auch hier gab es keine Ausbildung, kein mühsames Hocharbeiten an Provinzbühnen, sondern er war sofort da, hat an den großen Opernhäusern in München, Dresden und Berlin gefeierte Opern szenisch begleitet und an der Scala in Mailand, der Grande Opéra in Paris, in Rom, Florenz und Prag, in Amsterdam und London, in Wien, Salzburg, Lissabon und Den Haag eine beispiellose internationale, fast vier Jahrzehnte während Karriere hingelegt.

Auch hier gibt es eine Entdeckungsgeschichte, allerdings in zwei unterschiedlichen Varianten. Eine davon stammt von dem prominenten Komponisten und Dirigenten Bruno Walter, der für die Gluck'sche Oper *Iphigenie in Aulis* am Münchner Nationaltheater den geeigneten Bühnengestalter suchte. Nach seiner Darstellung war schon der Beginn der Beziehung zu Preetorius von einem sicheren Vorgefühl geprägt.

> Denn wie hätte ich sonst wohl gewagt, den etwa Fünfunddreißigjährigen, den ich nur aus seinen Illustrationen zu Eichendorffs »Aus dem Leben eines Taugenichts« und anderen buchgraphischen Leistungen wie aus persönlichen Begegnungen kannte, einzuladen, eine so verantwortliche, mir so am Herzen liegende Aufgabe wie die Bühnengestaltung der Gluckschen »Iphigenie in Aulis« am Münchner Nationaltheater zu übernehmen? [...] [So] begab ich mich auf den Weg des Abenteuers und folgte einem inneren Hinweis, der mit Bestimmtheit auf Preetorius deutete.[13]

Emil Preetorius' Bericht, der wohl zehn Jahre später aus der Erinnerung geschrieben wurde, liest sich freilich anders:

[12] Emil Preetorius an Otto Erdmann, 16.5.1907, zitiert nach Hans Karl Stürz: *»Ich werde täglich berühmter.« Selbstzeugnisse von Emil Preetorius über seine künstlerischen Anfänge.* In: *Imprimatur. Ein Jahrbuch für Bücherfreunde.* Neue Folge 8 (1976), S. 209–224, hier S. 219.

[13] Bruno Walter: *Zu Emil Preetorius' siebzigstem Geburtstag.* In: *Im Umkreis der Kunst. Eine Festschrift für Emil Preetorius.* Hg. von Fritz Hollwich. Wiesbaden 1953, S. 273–277, hier S. 273.

Eines frühen Tages, noch steht er mir lebendig in Erinnerung, kam ein Anruf von Thomas Mann, der seinen Besuch am gleichen Vormittag ankündigte, da etwas Wichtiges und zudem Eiliges zu beraten sei. Worum es gehe sei eine Sache nahmündlicher Besprechung. Es dauerte nicht lange und Thomas Mann trat bei mir ein und mit ihm Bruno Walter, den ich persönlich noch nicht kannte, freilich am Pult wie oft schon bewundert hatte. Thomas Mann eröffnete die Unterhaltung mit der höchst überraschenden Bemerkung, die er hintergründig schmunzelnd und voller Neugierde auf meine Reaktion, so nebenher machte: Es gehe darum, mich als Bühnenbildner mit einer bedeutenden Aufgabe zu betrauen und das schon in allernächster Zeit. Auf meinen geradezu entsetzten Einwand, wie er sich das um Gottes willen denke, ich sei ja ohne Ahnung von szenischen Gestalten und habe bisher Theater nur vor, nicht aber hinter dem Vorhang erlebt, schaltete sich Bruno Walter ein und replizierte schlagfertig mit seiner schönen, sonoren Stimme: das sei umso besser, dann käme bei meiner Arbeit gewiß etwas ganz Neues heraus, und das könne der Bühne, zumal aber der Opernbühne, nur gut tun. Thomas Mann gab nun, mir gut zuredend, eine wohlüberlegte und kluge Darlegung von der Verwandtschaft des künstlerischen Problems, die Buchbild und Bühnenbild verbinde. Ihr fin mot war die unwiderlegbare Überzeugung, in mir stecke das Zeug zum großen Szeniker, und Walters und seine Pflicht sei es geradezu, mich auf diesen Weg zu setzen. Walter stimmte dem allen lebhaft, ja enthusiastisch zu und meinte obendrein, wenn ich erst meine Zeichnungen leibhaftig auf der Bühne verwirklicht, meine Figuren reden und agieren sähe, käme mir bald alles Illustrieren wie ein bloßer Notbehelf vor. Dem Gewicht der mit Vehemenz vorgebrachten Argumente, vor allem aber dem sicheren Vertrauen beider, ich werde was Gutes zu Werke bringen, gab ich endlich nach und erklärte mich zu dem erstmaligen Wagnis bereit.[14]

Das Wagnis gelang.

Die Aufführung kam endlich, und sie wurde, was ich mir nie erträumt, zu einem rauschenden Erfolg: für Gluck, seinen glänzenden Interpreten Walter, für Solisten, Chöre, Ballett und schließlich für

---

[14] Emil Preetorius: *Thomas Mann und Glucks* Iphigenie. *Der Dichter macht mich zum Bühnenbildner.* In: *Blätter der Thomas Mann Gesellschaft* 4 (1963), S. 4–7, hier S. 5.

den Szeniker. Da der letzte von vielen Vorhängen sich geschlossen, umarmte mich Walter und prophezeite mir feierlich eine ruhmvolle Laufbahn als Bühnenbildner, wobei er nicht ohne Stolz bemerkte, daß ihm das theatergeschichtliche Verdienst zukomme, mich für die Bühne gewonnen zu haben.[15]

Bruno Walter war es auch, der unter dem frischgebackenen Intendanten Heinz Tietjen an der Städtischen Oper in Berlin den Erfolg mit der Gluck'schen *Iphigenie* wiederholte. Am selben Opernhaus entstand dann 1928 wiederum unter Tietjen mit Wilhelm Furtwängler am Pult und dem Bühnenbild von Emil Preetorius jener fast schon legendäre *Lohengrin*, »der den ersten Durchbruch zu einer stilistisch geschlossenen, neuartigen Verwirklichung des Lebenswerkes von Richard Wagner gebracht hat«.[16]

Der weitere Weg von Preetorius, jedenfalls für die Zeit von 1932 bis 1941, war damit vorgegeben. 1932, nach dem Tod von Siegfried Wagner,

Bühnenbild zu Richards Wagners *Siegfried*, Bayreuth 1935. Aus: *Emil Preetorius – Das szenische Werk*. Einführung von Wilhelm Rüdiger. Berlin / Wien 1941, S. 27.

---

[15]   Preetorius: *Thomas Mann und Glucks* Iphigenie, S. 6.
[16]   Heinz Tietjen: *Emil Preetorius, der Szeniker*. In: *Im Umkreis der Kunst. Eine Festschrift für Emil Preetorius zum 70. Geburtstag*. Hg. von Fritz Hollwich. Wiesbaden 1953, S. 261–263, hier S. 261.

verpflichtete Winifred Wagner das Triumvirat Tietjen, Furtwängler und Preetorius. Als szenischer Leiter der Bayreuther Bühnenfestspiele hat Preetorius die Wagner'sche Bühnenkunst von dem überkommenen Ballast befreit, von der Monumentalkunst des »Dritten Reiches«, wie sie etwa der Bildhauer Arno Breker oder Albert Speer als Architekt praktizierten, abgegrenzt und dem Wagner'schen Werk eine zeitlos moderne Form verliehen, die bis heute nachwirkt.

Das jedenfalls ist die nicht hoch genug einzuschätzende künstlerische Leistung des Bühnenbildners Emil Preetorius für Bayreuth und für Richard Wagner. Dass er diese Leistung den Umständen entsprechend im engsten Dunstkreis der nationalsozialistischen Machthaber erbracht hat, haben ihm Freunde aus dem Exil, Thomas Mann etwa, vor allem aber Karl Wolfskehl, zum bitteren Vorwurf gemacht. Seine Berufung durch Winifred Wagner noch vor der Machtergreifung 1933 mag in diesem Zusammenhang dem Zufall geschuldet sein; wichtig ist hier, dass Preetorius niemals die Nähe zur Macht gesucht hat; bei Preetorius, so das Fazit des Bayreuth-Experten Oswald Georg Bauer,

Der Fliegende Holländer (Modell), Bayreuth 1939. Aus: *Emil Preetorius – Das szenische Werk*. Einführung von Wilhelm Rüdiger. Berlin / Wien 1941, S. 44.

kann es weder Anklage noch Ehrenrettung geben, beides wäre einseitig und würde ihm nicht gerecht.[17]

Preetorius war ein nachdenkender, analysierender Künstler. In gedruckter Form und in Vorträgen hat er sich intensiv nicht nur mit Illustration und Kunst schlechthin, sondern auch mit der Theorie des Theaters und des Bühnenbildes auseinandergesetzt wie kaum ein anderer Bühnenbildner. Das von ihm selbst verfasste Geleitwort in dem 1941 im Albert Limbach Verlag erschienenen Buch über sein szenisches Werk lautet:

> Das Bühnenbild ist kein Bild im üblichen Wortverstande, es ist Grund und Rahmen für das bewegte Spiel von Menschen und mit ihm zusammen ein Erscheinungswandel. Daher rührt es, daß alle Wiedergaben des Bühnenbildes als Entwurf, Modell oder Szenenaufnahme unzureichend bleiben. Theatererfahrung und Theaterphantasie müssen sie mannigfach ergänzen, sie erfüllen mit dem Zauber der Gesamtillusion, die nur der Abend der Aufführung im Ineinanderwirken vieler und mannigfaltiger Elemente schaffen kann. Der Augenblick ist es, der mächtigste aller Götter, wie Schiller sagt, der hier allein sein Recht behauptet.[18]

Bayreuth von 1932 bis 1941 – wenn man so will, kennzeichnen diese Jahre den Höhepunkt seiner Lebensleistung und sind damit der rechte Zeitpunkt, eine weitere Begabung und Tätigkeit dieses Ausnahmekünstlers vorzustellen, die seinen Lebenslauf begleitet haben. Es ist die des Lehrers, des Kunstpädagogen und des wortgewandten Kunstschriftstellers. Schon 1909, zwei Jahre nach seinem Debüt als Illustrator und Grafiker, gründete Preetorius mit dem Typographen Paul Renner (1878–1956) die Münchner Schule für Illustration und Buchgewerbe mit ihrem Sitz in der Schellingstraße 46, die ab 1910 als Münchner Lehrwerkstätten und Nachfolge der Debschitzschule von dem Team Preetorius/Renner bis zum Ausbruch des Ersten Weltkrieges geführt wurde. Die Gründung des Bundes *Münchner Buchkünstler* mit Paul Renner und F. H. Ehmke (1913) und der Künstlervereinigung

---

[17]   Oswald Georg Bauer: *Emil Preetorius als Bühnenbildner.* In: *Emil Preetorius. Ein Leben für die Kunst (1883–1973).* Hg. von Michael Buddeberg. München 2015, S. 51–65.

[18]   Emil Preetorius: *Das szenische Werk.* Einführung von Wilhelm Rüdiger. Berlin/Wien 1941, S. 7.

Die Sechs, die sich für die Plakatkunst engagierte (1914), folgten in kurzen Abständen. 1926, nach weiteren erfolgreichen Arbeiten als Szeniker an den Münchner Kammerspielen sowie für das Cuvilliés- und das Prinzregententheater wurde Preetorius Leiter sowohl einer Klasse für szenische Kunst als auch einer solchen für Buchkunst an der Münchner Staatsschule für angewandte Kunst, die 1937 zur Akademie für angewandte Kunst erhoben wurde und 1946 in der Akademie der bildenden Künste aufging. Seit 1928 schließlich war Preetorius bis zu seiner Emeritierung im Jahre 1951 ordentlicher Professor für angewandte Kunst an der Hochschule für bildende Künste in München.

Wortgewandt, souverän formulierend, scharf analysierend und klar Stellung beziehend, hat Emil Preetorius in einer kaum überschaubaren Anzahl von Essays, Aufsätzen, Reden, Zeitschriftenbeiträgen etc. zu aktuellen Fragen der Kunst – der deutschen, der europäischen, vor allem aber auch der ostasiatischen – beigetragen. Eine vollständige Bibliografie dieses Korpus seiner literarischen Tätigkeit ist bis heute nicht geschrieben und wird wegen der Verstreutheit dieser Texte wohl auch ein Desiderat bleiben. Umso mehr ist auf den gelungenen Versuch von Thomas Raff hinzuweisen, der den Lebenslauf von Preetorius und einen sehr wesentlichen Teil der Publikationen von und über ihn chronologisch, lebendig und lesenswert dargestellt hat.[19]

Neben seiner Künstlerschaft haben auch diese schriftlichen Zeugnisse zur Prominenz von Preetorius beigetragen und ihm, vor allem in der Zeit nach dem Zweiten Weltkrieg, zahlreiche Anerkennungen, Ehrungen und Ehrenämter beschert, von denen hier nur einige erwähnt werden können. Preetorius war von 1953 bis 1968 Präsident der Bayerischen Akademie der Schönen Künste und von 1960 bis 1965 Präsident der Gesellschaft der Bibliophilen. 1950 wurde er Präsident der in München neu gegründeten Gesellschaft für asiatische Kunst. Dass ihm wegen seiner Verdienste für München die Medaille »München leuchtet« in Gold, deren Bezeichnung auf Thomas Mann zurückgeht, verliehen wurde, dürfte Preetorius besonders gefreut haben.

---

[19] Thomas Raff: Emil Preetorius – *Lebensdaten und Literatur.* In: *Emil Preetorius. Ein Leben für die Kunst (1883–1973).* Hg. von Michael Buddeberg. München 2015, S. 131–139.

Sammler

Wir wissen nicht, welcher unmittelbare oder entferntere Vorfahr Emil Preetorius diese Gabe oder Leidenschaft in die Wiege gelegt hat, aber gewiss ist, dass Preetorius als Sammler geboren wurde. Und dass er in sechzig Jahren eine Bibliothek aufgebaut hat, »die mit ihren 10.000 Bänden eine der seltensten Büchersammlungen künstlerischer Art war – sie ist im Juli 1944 in Flammen aufgegangen«, wissen wir von dem Biographen von Emil Preetorius, dem langjährigen Sekretär der Gesellschaft der Bibliophilen, Rudolf Adolph.[20] Und es waren nicht nur Bücher: Aus der Zeit nach dem Zweiten Weltkrieg berichtet Adolph über die von Emil und Lilly Preetorius in der Keplerstrasse in Bogenhausen bezogene, weiträumige Wohnung:

> Hoch über den Dächern Münchens ist die Wohnung des Präsidenten der Bayerischen Akademie der Schönen Künste, Professor Dr. Dr. Dr. Dr. h. c. Emil Preetorius. Er hat sie zu einem Kunstreich von einzigartigem Zauber gemacht. Alte Grabkreuze, barocke Schmiedearbeiten, schweizerische Masken, mittelalterliche Plastiken, aber vor allem die weltberühmte Sammlung ostasiatischer Kunst, die von Kennern nüchtern und leidenschaftslos auf den Wert von Millionen geschätzt wird.[21]

Preetorius selbst hat diese Sammlung, die neben chinesischer und japanischer Malerei und Grafik auch tibetische Thangkas, persische und indische Miniaturen, japanische Masken und Textilien, Porzellan und Keramik, chinesische Teppiche und weitere asiatische Miscellanea umfasst, insgesamt ca. 700 Objekte, als seine bedeutendste Lebensleistung angesehen, sie also weit höher geschätzt als sein Werk für Buch und Bühne. Dass diese Sammlung nicht wie die Bibliothek und das Archiv mit allen Dokumenten in einer Bombennacht untergegangen ist, ist dem Umstand zu verdanken, dass die Sammlung zusammen mit Gemälden der Alten Pinakothek im Kloster Dietramszell sicher untergebracht war. Dies und die in zwei Teilakten in die Tat umgesetzte Vorsorge für die Pflege, den Ausbau und die Wirksamkeit der Sammlung

---

[20]   Rudolf Adolph: *Emil Preetorius*. In: *Bibliophile Profile*. Band II. Aschaffenburg 1960, S. 11.
[21]   Adolph 1960, S. 9.

auch über den Tod des Ehepaars Preetorius hinaus durch Gründung der Preetorius Stiftung, belegen diese hohe Wertschätzung.

Wie kam es nun dazu, dass sich der Schüler oder Student für eine zu jener Zeit exotische und außerhalb eines kleinen Kreises von Experten unbekannte Kunstform, wie es die chinesische Malerei damals war – und diese ist der Kern der Sammlung Preetorius –, begeisterte und mit knappen Mitteln zu sammeln begann? Leijla Baramovic, die für ihren Beitrag zum Symposium *Der Sammler Emil Preetorius. Kunsterwerbungen* umfassend recherchiert und Gespräche mit der Verwandtschaft geführt hat, berichtet, dass es wohl die japanischen Kunstwerke eines Onkels waren – es werden die damals schon populären japanischen Farbholzschnitte gewesen sein, die ihn unmittelbar ästhetisch berührten und ihm den ersten Impuls zum Sammeln gaben.[22] Selbst hat Preetorius Fragen nach dem Beginn seiner Sammelleidenschaft eher zurückhaltend beantwortet:

> Zwei Fragen sind es, die von Mal zu Mal laut werden und die durchaus zu verstehen sind. Die eine Frage will wissen, warum ein Deutscher, ein Europäer, so ausschließlich sein Interesse auf die Kunst des Fernen Ostens gerichtet habe. Die andere Frage entspringt einer recht prosaischen Überlegung: wie es denn möglich gewesen sei für einen Künstler, als ein Wesen ohne chronisch geschwollenes Portemonnaie, eine so wertvolle Sammlung zu schaffen.

> Was die erste Frage anlangt, so ist eine ausreichende Antwort nicht zu geben oder doch nur in Form von Gegenfragen. Denn woher kam es, dass die erste Begegnung mit der Kunst des Ostens, die dem kaum Zwanzigjährigen durch einen jener Zufälle geschah, die sich rückblickend als Schicksalsfügungen erweisen – daß diese Begegnung zu einem Erlebnis wurde von entscheidender, wegweisender Bedeutung für sein ganzes weiteres Dasein? Woher kam es, daß ihm diese östlichen Kunstschöpfungen von Anbeginn keineswegs fremdartig waren, sondern nahvertraut, als ob er ein weiß welch' geheimnisvolles früheres Leben mit ihnen schon verbracht hätte? Woher kam es, dass sie ihm obendrein als Inbegriff alles künstlerisch Schönen erschienen und damals schon den Wunsch wach-

---

[22]   Leijla Baramovic: *Der Sammler Emil Preetorius. Kunsterwerbungen.* In: Emil *Preetorius. Ein Leben für die Kunst (1883–1973)*. Hg. von Michael Buddeberg. München 2015, S. 79–89.

riefen, solche Dinge zu erwerben, sie als Anruf, Vorbild, Maßstab ringsum zu versammeln? Das alles sind Fragen, auf die ein rationaler Bescheid nicht recht möglich ist. Denke ich aber zurück an jene Tage der ersten Begegnung mit dem bildnerischen Genius des Ostens, so waren es Tage steter, tiefer Erregung, da noch der Schlaf unruhevoll bewegt war von den Träumen an Glanz und Zauber asiatischer Schöpfungen.

Zur zweiten Frage muß die Antwort lauten: Will man sammeln, ohne reich zu sein, so heißt es, früh damit zu beginnen und das Minus an materiellen Mitteln auszugleichen durch ein Plus an Wachsamkeit. Es sind mehr als 50 Jahre, daß ich zu Sammeln begann in Paris und London, in Amsterdam und Brüssel, aber auch in Berlin, Dresden und München. Und es ist wohl nicht schwer, einzusehen, daß es in jener Zeit für einen aufmerksamen, raschen Blick noch so manch Köstliches zu finden und auch zu erwerben gab, was heute längst zum Unerreichbaren geworden.[23]

Unbekannt: *Berglandschaft am See,* China 13. Jh. Museum Fünf Kontinente, Inv.-Nr. 88–310–187.

---

[23] Emil Preetorius: *Geleitwort.* In: *Kunst des Ostens. Sammlung Preetorius.* Hg. von Elisabeth Michaelis. Zürich/Freiburg i. Br. 1963, S. 3–6, hier S. 3.

Paris war in den ersten Dekaden des 20. Jahrhunderts für asiatische Kunst der europäische Handelsplatz schlechthin. Revolutionen, Krisen und Kriege im Nahen und Fernen Osten sorgten für einen Nachschub an Kunst und Kunstgewerbe, der die Nachfrage bei weitem überstieg. Informationen, Kenntnisse und Literatur waren oft falsch, oberflächlich, nicht verfügbar oder nicht jedermann zugänglich. Für Preetorius spielte das alles keine Rolle, denn das Alter, der Name und das Renommée des Künstlers, der Erhaltungszustand und schließlich die Provenienz eines Kunstwerkes bedeuteten ihm nichts, wenn ihn nur das unmittelbare, visuelle und musische Erlebnis angesprochen haben. Die Sammlung Preetorius wurde nicht in wissenschaftlicher Systematik erschaffen, sondern aus dem spontanen Erkennen künstlerischer Qualität durch das geschulte Auge des Künstlers. Dass Preetorius darüber hinaus auch über kaufmännisches Geschick und eine gewisse Chuzpe verfügte, belegen manche Anekdoten, wie zum Beispiel jene, als er sich eine als außergewöhnlich erkannte chinesische Malerei auf Seide als Zugabe für den sicheren Transport eines belang- und wertlosen Spiegels erbat und erhielt.

Während über Umfang und Qualität der Sammlung vor dem Zweiten Weltkrieg nur wenig bekannt war, sorgten in der 1950er-Jahren Ausstellungen in Hannover, München, Darmstadt, Basel und Hamburg für hohe Beachtung in einer breiten Öffentlichkeit. Bezeichnend hierfür ist ein Kommentar des Journalisten Gottfried Selb in der *Zeit*.

> Daß man, um ein so weites Gebiet wie die Kunst des Ostens darzustellen, sich auf eine einzige Privatsammlung beschränkt ist ganz ungewöhnlich und nur damit zu erklären, daß es sich um die Sammlung Emil Preetorius handelt. Die Sammlung hat legendären Ruf, seit langem, schon aus der Zeit, als nur ein paar Eingeweihte sie kannten. Dann hat Preetorius sich entschlossen, sie öffentlich zur Schau zu stellen, in einer ganzen Reihe von Städten. Die Experten haben sie kritisch durchleuchtet und überwiegend dem Sammler ihre bewundernde, auch neidvolle Reverenz erwiesen – die Fachleute, Wissenschaftler und Museumsleute, dem Außenseiter.[24]

Parallel zu den Ausstellungen dürfte Preetorius die spätestens seit dem Ende der 1940er-Jahre bestehende Absicht, die Sammlung abzugeben,

---

[24] *Die Sammlung Preetorius*. In: *Die Zeit*. Nr. 9. 1964.

intensiv verfolgt haben.[25] Dabei leitete ihn die Idee, die Sammlung, die er als sein bedeutendstes Lebenswerk ansah, als Ganzes über seinen Tod hinaus nicht nur zu erhalten, sondern auch ihre Wirksamkeit garantiert zu wissen. Übernahmeangebote, soweit bekannt und wohl auch in Millionenhöhe, gab es aus Basel, Hamburg, Köln, Washington und Australien. Schließlich entschied sich Preetorius für München, die Stadt, die seit mehr als einem halben Jahrhundert seine Wahlheimat war, obwohl das Angebot nach seinen Worten eher bescheiden war. Der Vertrag zwischen Lilly und Emil Preetorius und dem Freistaat Bayern wurde 21. März 1960, für diesen durch den damaligen bayerischen Kultusminister Theodor Maunz unterzeichnet.[26]

Der »legendäre Ruf« der Sammlung Preetorius, ihre außerordentliche Wertschätzung, die kolportierten Millionen-Angebote, nicht zuletzt auch die vom Freistaat Bayern zugesagte Gegenleistung einer hoch dotierten Leibrente, waren in erster Linie dem Kern der Sammlung, der chinesischen Malerei, geschuldet. So schrieb Roger Goepper 1958 im Ausstellungskatalog für München und Hamburg:

Vor mehr als vierzig Jahren schon, zu einer Zeit also, in welcher über Kunst und Kultur der Chinesen gemeinhin noch die verworrensten und merkwürdigsten Auffassungen herrschten, und über die große Malerei dieses Gebietes so gut wie nichts bekannt war, in welcher ein Werk wie Münsterbergs zweibändige »Chinesische Kunstgeschichte« noch als Quellenwerk dienen mußte, wurde der Kern der hier vorgelegten Sammlung gebildet. Sie wurde in den folgenden Jahrzehnten, bis in die Gegenwart herein, zwar noch weiter ausgebaut, doch hat sich an ihrem Grundcharakter nichts mehr

---

[25] Erstmals in einem Brief an seinen Freund Victor Zuckerkandl vom 2.2.1947 lässt Emil Preetorius anklingen, dass er bereit sein könnte, seine Sammlung abzugeben Der Brief befindet sich im handschriftlichen Nachlass von Emil Preetorius, den die Bayerische Staatsbibliothek unter der Signatur Ana 674 verwahrt.

[26] Als Kaufpreis verpflichtete sich der Freistaat zur Zahlung einer hohen Leibrente an Emil Preetorius, die nach seinem Tode für die Ehefrau Lilly halbiert werden sollte. Da die Witwe ihren Mann um 27 Jahre überlebte, ist dieses Risikogeschäft für den Freistaat Bayern teuer geworden. Wegen weiterer, recht ungewöhnlicher Vertragsklauseln, so etwa eine Ausstellungsverpflichtung des Freistaates, verweise ich auf meinen Beitrag Die Preetorius Stiftung – Aufgabe und Tätigkeit. In: Emil Preetorius. Ein Leben für die Kunst (1883–1973). Hg. von Michael Buddeberg. München 2015, S. 120–130.

geändert. Zwei Züge sind es vor allem, die ihr Wesen bestimmen und die in der Persönlichkeit des Sammlers begründet sind: es ist dies zum ersten ihre Geschlossenheit in der Hinwendung zu klaren und klassischen Formulierungen, aus welcher der ganz persönliche, wählende Geschmack spricht, und es ist dies zum anderen das bewußte Außerachtlassen wissenschaftlicher Gesichtspunkte bei der Auswahl und Zusammenstellung der Gegenstände, die einzig und und allein ihrer Schönheit und künstlerischen Ranghöhe wegen ausgesucht und vereint wurden. Dieser Scharfblick, der ausschließlich künstlerische Qualität gelten ließ, hat es verhindert, daß das Niveau der Sammlung von vornherein auf niederer Ebene blieb durch Aufnahme damals gesuchter und gefragter Bilder mit Darstellungen bedenklich süßer Chinesendamen im sogenannten Pseudo-Ch'iu-Ying-Stil, wie sie heute als unbrauchbare Magazinware die Kisten mancher Museen füllen.[27]

Mit der Frage, ob dieser damals »legendäre Ruf« heute, nach 50 oder 60 Jahren, noch Bestand hat, wer letztendlich also der Profiteur des Vertrages aus 1960 als eines »Risikogeschäfts« anzusehen ist, hat sich der amtierende Vorsitzende der Preetorius Stiftung, Albert Lutz, der vormalige Direktor des Museums Rietberg in Zürich, in einem Vortrag des Symposiums im Jahre 2013 befasst.[28] Roger Goeppers vorstehend wiedergegebene Einschätzungen aus dem Ausstellungskatalog *Kunst des Ostens* aus dem Jahr 1958,[29] so beginnt der Beitrag von Albert Lutz, haben noch heute ihre Gültigkeit. Lutz würdigt die pionierhafte Leistung des ganz auf sein künstlerisches Auge vertrauenden Sammlers. Allerdings habe sich die Erforschung der Malerei Ostasiens seit dieser Einschätzung rasant entwickelt. Nicht nur sei der Bestand kunstwissenschaftlicher Literatur zu diesem Thema inzwischen fast unüberschaubar; es seien darüber hinaus seit dem Zweiten Weltkrieg, aber auch schon in der Zeit davor, in Europa, vor allem aber in den

[27] Roger Goepper: *Die Sammlung Preetorius*. In: *Kunst des Ostens. Sammlung Preetorius. Ausstellungen im Hamburgischen Museum für Kunst und Gewerbe und im Staatlichen Museum für Völkerkunde.* Hg. von Andreas Lommel. München 1958, S. 9–27, hier S. 9.

[28] Albert Lutz: *Emil Preetorius als Sammler chinesischer Malerei.* In: *Emil Preetorius. Ein Leben für die Kunst (1883–1973).* Hg. von Michael Buddeberg. München 2015, S. 90–98.

[29] Wiederholt in dem repräsentativen und reich illustrierten Band *Kunst des Ostens. Sammlung Preetorius* (1963).

USA, sehr bedeutende private und Museumssammlungen entstanden, die Goeppers Einschätzungen, und damit natürlich auch die monetäre Bewertung der Sammlung, relativieren mögen. Das Resümee von Albert Lutz lautet:

> Was bleibt? Eine bedeutende kleine Sammlung vornehmlich älterer chinesischer Malerei, die, wenn auch manche der Werke in nicht sehr gutem Erhaltungszustand sind, als eindrückliches Dokument und als Resultat einer frühen Sammlungstätigkeit eines enthusiastischen, mit Leidenschaft sammelnden Künstlers gewertet werden kann.[30]

Dies mag, bezogen auf die ca. 60 Objekte chinesischer Malerei zutreffend sein, berücksichtigt aber natürlich nicht die gesamte Kollektion, die mit der Malerei Japans, japanischen Farbholzschnitten – hier sind insbesondere die berühmten Schauspielerporträts von Sharuka zu erwähnen – chinesischer Grafik, tibetischen Thangkas, persischen und indischen Miniaturen, Textilien, Porzellan, Keramik, chinesischen Teppichen und weiterer kleiner Kostbarkeiten – insgesamt knapp 700 Objekten – eine selten in einer einzigen, privaten Sammlung anzutreffende Vielfalt repräsentiert. Dem Freistaat Bayern ist daher – auch aus heutiger Sicht – zu gratulieren, diese Sammlung 1960 erworben zu haben.[31]

Was bleibt

Die Sammlung Preetorius schlummert im Depot des Museums Fünf Kontinente, einem der weltweit bedeutenden ethnologischen Museen mit dem deutlichen Schwerpunkt auf außereuropäischer Kunst. Die

---

[30] Lutz 2015, S. 97.

[31] Der Vertrag des Jahres 1960 enthielt einige ungewöhnliche Vertragsbestimmungen, wie etwa die Ausstellungsverpflichtung oder das Recht von Emil und Lilly Preetorius, zahlreiche der veräußerten Objekte in ihrer Wohnung zu behalten und einiges mehr. Die Folgen, Differenzen zwischen den Vertragsparteien, die Idee der Errichtung der Preetorius Stiftung durch gemeinschaftliches Testament von Emil und Lilly Preetorius, die Gründung der Stiftung nach dem Tod von Lilly Preetorius (1997) und die Aufgaben und Tätigkeit der Stiftung sind nachzulesen in meinem Symposiumsbeitrag *Die Preetorius Stiftung – Aufgabe und Tätigkeit*.

Verpflichtung des Freistaates Bayern aus dem Vertrag von 1960, »die Sammlung in angemessenem Umfang der Öffentlichkeit zugänglich zu machen und hierfür entsprechenden Raum im Bereich der staatlichen Museen und Sammlungen ständig bereit zu stellen«, ist längst vergessen. Seit mehr als 25 Jahren hat es keine Ausstellung der Sammlung Preetorius, auch nicht von Teilen, gegeben. Die beschränkten finanziellen, vor allem aber räumlichen Gegebenheiten des Museums Fünf Kontinente, dessen repräsentative Räume im Erdgeschoss zum großen Teil durch den thematisch so gar nicht zum Kontext des Museums passenden Berufsverband bildender Künstler (BBK) besetzt sind, haben jeden Gedanken an eine solche Ausstellung trotz der durch die Preetorius Stiftung für Restaurierung und ausstellungsgerechte Aufbereitung von Malerei und Grafik aufgewendeten Mittel verhindert. Ich möchte diesen Beitrag daher mit einem Appell an alle zuständigen Entscheidungsträger schließen, die Voraussetzungen für eine Ausstellung der Sammlung Preetorius zu schaffen – damit die Spuren von Emil Preetorius in München wieder deutlich sichtbar werden.

Emil Preetorius

Epitaph für Karl Wolfskehl zum 75. Todestag

Das Grundwesen Karl Wolfskehls war das des echten Dichters, des geborenen Künstlers: es erweist sich in seinem Schrifttum, erwies sich in seiner Rede, in seinem äußeren Leben, seiner inneren Natur. Über einem ungewöhnlichen Verstande, über einem nahezu unbegrenzten Wissen stand noch sein künstlerischer Spürsinn, die geheime Fühlsamkeit für die tiefen Triebkräfte, wo auch immer sie wirken, die stete Verbundenheit mit den unteren Mächten. Und diese Doppelheit, dies Zwiefältige, dies Bei- und Ineinander von luzidestem Kopf, gebildetstem Geist, sicherster Formungskraft mit den dunklen formsprengenden Gründen einer fast chaotischen Lebensfülle: dies Schweifen in zwei Sphären, dies Zusammen von Klarheit und Dämmer, dies Gegenspiel von Feste und Gelöstheit, von Grenzung und Übergang: das macht die eigentliche, die staunenswerte Besonderheit dieses Mannes aus in seinem Leben wie in seinem Werk, eine Besonderheit, die freilich verwirren und manchen wohl auch gefährden konnte. Daher kam es, daß Wolfskehl nicht festzulegen war auf ein Woher und Wohin, daß er schlechthin alterslos erschien, früh und spät, Kind und Weiser in einem, ganz Trieb und ganz Geist, die im dramatischen Gegeneinander sein mächtiges Antlitz bewegten. Und daher kam es, daß er bald als verspäteter Romantiker gesehen wurde, bald als glänzender Humanist, übriggeblieben aus einer reicheren, festlicheren Zeit, bald aber wieder als ein ganz neuer Mensch voll geheimer Witterung für alles Werdende. Kraft seiner unheimlichen Doppelgesichtigkeit hat Wolfskehl schon um die Jahrhundertwende, als alles noch so üppig, so gesichert, so geordnet schien, mit voller Klarheit und untrüglicher Spürkraft die ganze, heraufkommende Krise dieser Zeit greifbar vor sich gesehen, ihr anarchisch unseliges Gemenge von Geist und Drang, von Technik, Ratio und losgelassenen Süchten, ihr ohnmächtig ringendes Nicht-Mehr und Noch-Nicht mit Tod, Elend, Qual und Zerstörung. Immer wieder, jäh angefallen von dieser dunklen Vision, hat er sie mit beklemmend

erregten Worten beschworen: die hohe Gestalt emporgereckt, den blei-
chen Kopf mit dem strähnig-dunklen Haar und der kühnen Adlernase
gebieterisch zurückgeworfen, die halbblinden, schreckhaft geöffneten
Augen beschattend mit der Hand, schauend ins Irgendwo verhangener
Künfte: das lebendig gewordene Bild eines der großen Propheten seines
alten Volkes. Aber in ihm war auch wie kaum in einem zweiten der
weite Atem, vom Gestern ins Morgen zu rufen, waren Macht und Wil-
le, die ewigen Werte fest zu bewahren, hinüberzuretten aus dem gott-
und ratlosen Heute in die Zukunft einer sich erneuernden Menschheit.
»Wagt ihn«, so ruft er einmal aus, »den Sprung ins Helle, das Euch
heute tiefer ist, geheimnisschwangerer wie ehedem irgend Schau und
Schauer der Nacht; Tagtraum, gerufen vom Geist aus dem Geist, die
zweite Urzeugung entringt sich dem neuen Chaos, und wieder scheint
das Sein ›im Anfang‹.«

So bedeutsam, ja in manchem einzigartig das Werk Wolfskehls auch
ist, des Dichters wie des Denkers, es bleibt gemessen an seiner lebendigen Person doch nur wie ein Nebenher, es ist ein Tropfen aus einem
brandenden Meere. Die quellende Fülle seiner Gedanken, Ahnungen,
Gesichte, das stete ruhelose Innesein eines gleichzeitigen Gesamt im
hastenden Wirbel des Nacheinander, des Künftigen im Gegenwärtigen,
des Ganzen im Teilhaften, des Eins im Widersprechenden: das war
nicht zu verfesten ins geschriebene Wort, nicht zu bannen in George-
sche Formenstrenge. Die erregende Besonderheit Wolfskehlscher Verse
und Prosa rührt daher: die Bedeutungsdichte, die andrängende Bil-
derfülle, das dunkel Urgründige und überhellt Gesehene im sprung-
haften Wechsel, das gewaltsam Gebändigte, in die Form Gezwungene
einer atemlos gejagten, rastlosen inneren Bewegtheit. Vom erstaun-
lichen geistigen Reichtum dieses Menschen war nur etwas zu fassen
im persönlichen Gegenüber, im unmittelbaren Hin und Wider, im
lebendig beschwingten Wechsel fließender Rede. Unvergeßlich bleiben
die Gespräche mit ihm, die sich anspannen bei allen nur denkbaren
Gelegenheiten, zu allen Tages- und Nachtstunden, und die vielfach mit
Späßen und Neckereien begannen, wobei Wolfskehl überfloß an überraschenden Einfällen, witzigen Zitaten und schlagenden Wortspielen.
Aber dann, entzündet an einem konkreten Anlaß, einem Ereignis, Bil-
de, Widerspruch, hub er mit einem Male zu strömen an: im überspan-
nenden Blicke verband er das Naheste mit dem Fernsten, das Uralte mit
dem dämmernd Neuen, drang vom Besonderen zum Allgemeinen und

riß, vom Spüren der Zusammenhänge, Beziehungen, Entsprechungen erfaßt, das Weltgesamt in seine imaginäre Schau. Geschah das in großer Gesellschaft, so war immer wieder zu erleben, wie alsbald jedes sonstige Gespräch verstummte, und mochten bedeutende, der Rede mächtige und willige Menschen zugegen sein: sein Wort beherrschte den Raum, ihm nur wollte man lauschen, mitfliegen in die unbegrenzten Weiten aller Denkbarkeiten, eintauchen ins Jenseits aller greifbaren Wirklichkeiten. Aber auch das Gespräch gab den ganzen Wolfskehl noch nicht: den vollen Umfang, die unglaubliche Vielfalt dieses außerordentlichen Geistes konnte am Ende nur erleben, wer das Glück hatte, ihm Freund zu sein durch viele Jahre, diesem Freund aller Freunde, nach dem das Heimweh nimmer aufhören wird, nur wer das Glück hatte mit ihm zu wandern und zu reisen, zu schauen und zu hören, zu denken und zu träumen, zu lachen, zu weinen, zu lieben und zu schwelgen: nur der hat sie wirklich erfahren, die schier unermeßliche Weite seines Wesens, das alles umschloß, was Gott erschaffen, das dem Einfachsten, Pflanze, Tier und Kind so innig verbunden wie inmitten war der weitgespanntesten, entrücktesten Bezirke; nur der hat gewußt, um all' seine Regungen, seine Schwärmungen, seine Flüge, um den überraschend jähen Wechsel seiner tausendfältigen Stimmungen und Ausbrüche, ums unvermittelte Nacheinander feierlich schreitender Gehobenheit und darmstädtisch privater Selbstverspottung, dumpfer Vergangenheit und sprühender Helle, verschlossener Unnahbarkeit und rührend umfangener Wärme. Und wie konnte dieser überströmende, gedankenschnelle, expressive Mensch auch wieder still verharren, aufnehmen, aufhorchen, sich eindenken, einfühlen in jede Überlegung, in jede Seelenlage, jede Gefühlsregung eines Jeglichen. Wie wußte er oftmals besser, klarer, tiefer, was gedacht, gemeint, gewollt war, als der Denkende, Meinende selber. Wie faßte er auch das ihm fernste Problem mit einer rätselhaften Sicherheit in seinem Kerne und brachte eine Fülle neuer, fruchtbarer Aspekte dazu. Wie konnte er mit jedem Menschen, welcher Art, Herkunft, Tätigkeit auch immer in jeweils seiner besonderen Sprache sprechen, als seis die seine seit eh' und je: mit dem weltfern in Begriffen hangenden Denker, mit dem schwärmenden oder dem dumpfen Künstler, dem sachlichen Geschäfemacher, dem bäuerlich schlichten Menschen und dem echten, handfesten Spießbürger.

Karl Wolfskehl war gewiß einer der merkwürdigsten Menschen, die zu denken sind, merkwürdig in seiner äußeren Erscheinung, in der Art seiner ausfahrend mächtigen Bewegungen, seines unsichtig witternden und doch alles auf eine rätselhafte Weise erfassenden Blickes, in der Schnelligkeit seiner Reaktionen, der Schlagkraft seiner Repliken, in seiner bald sprudelnd, überstürzten, bald stotternd gehemmten Rede, die auch im beherrschten, pathetischen Vortrage den Darmstädter Landsmann noch heimatlich anklang. Er war ein Wesen, jenseits alles Üblichen, ungebunden, außer der Regel, er war aber auch einer der freiesten, selbstsichersten, souveränsten Menschen, der wie der fahrende Sänger seine Sach' buchstäblich auf Nichts gestellt hat, der überall zu Hause war und nirgends. Und daß er sein unstet schweifendes und doch so reiches, hundertfach erfülltes Leben fern von allen Freunden und der geliebten Heimat, am Rande der Welt, in Not, Trübsal und Schmerzen beschließen mußte, auch das gehört sinnvoll in das besondere, schwere Schicksal dieses besonderen Menschen.

Ernst klingt es und bitter, aber doch auch stolz und fest in einem Briefe vom Anfang vorigen Jahres: »Ich habe alles verloren, nämlich die Heimat. Weißt Du, was das heißt für einen Dichter? Die Heimat habe ich verloren, darin mein Geschlecht seit Karl dem Großen im gleichen Rhein-Main-Eck ansaß. Ich habe den Rhein in mir so wie das Mittelmeer, dem ich entstamme, dem ich neu verbunden bin, rundend den Kreis. Aber mehr noch habe ich verloren: die Stätte, wo ich gewirkt ein langes Menschenalter, Stätte der Arbeit, der Freundschaft, der Liebe, des Überschwangs. Ich habe mir selbst Welt werden müssen, Geistraum, Wiege des Wortes. Doch über all' das rufe ich aus: ich preise mein Schicksal, ich liebe was mir widerfuhr, ich lebe das Fatum. Und eines noch hält mich im Licht: noch bin ich ein Schaffender, ein Kündender, ein Bildner: das Werk geht weiter.« Dunkel aber ist es um ihn geworden und in ihm, da er auf wiederholte, drängend besorgte Anfrage in einem seiner letzten Briefe offen bekennt: »Wo soll ich anfangen, der ich gleich aufhören müßte! Das Herz, freilich gebrochen genug, versagt. Alles Weitere male Dir aus: zehn Jahre heimatlos, selbst der Eifer am eigenen Werk von außen nicht gesichert. Alles erschwert, das Ökonomische bitter. Ich habs getragen wie nur einer und gestaltet bis in die Letztzeit: vieles bleibt posthum, die Spätphase im Exil, ganz aus dem Eigenen, steht mir zu oberst im gesamten Lebenswerk. Was aber Einsamkeit heißt, Vereisung, wer weiß es, wenn nicht ich. Die tote Luft um mich entsaugt mir das Mark, zerspellt den Baum in der Wüstenei. In einer Lebens- und Schaffenszeit, da einer wieder

Brutwärme braucht, mitschwingende Einung, bin ich völlig allein, bin todesmatt. Ich schriebe das alles nicht, wollte ich nicht Dir, meinem Liebsten, Verstehendsten, deutlich machen, wies mit mir ist, was ein Wort von Dir, was jede Deiner Sendungen mir Gutes tut. Es hilft mir fort über Einsamkeit, Körperschwäche, Schmerzen, Unverständnis und Barbarei. Hier noch ein Bild von mir, das erste, seit ich froste im Exil, ich weiß es wohl, es wird das letzte sein.«

Mit Karl Wolfskehl ist mehr noch dahingegangen als ein bedeutender, verschwenderisch begabter Mensch, nämlich eine einzigartige Gestalt: einzigartig als Geist und Natur, als Lebensfülle und Spürkraft, als ahnungsvoll seherisches Dunkel und blitzende Verstandeshelle. Er war ein Jude und ein Deutscher, beides im vollen, großen Sinne des Wortes genommen, und das will heißen ein wahrer Weltenbürger. Er war eine Gestalt, die aus dem kargen, harten Heute gesehen schon umwittert ist vom Geheimnis und Zauber des Mythischen. *(1948)*

Aus: Hans Lamm: *Juden in München*. München 1958, 2. Auflage 1959. Der Abdruck erfolgt mit freundlicher Genehmigung der Preetorius Stiftung, Starnberg.

Vera Botterbusch

»Ich bewege mich in Sätzen auf mich zu«.

Zum 80. Geburtstag (2. Mai 2023) Erinnerungen an den am 31. Oktober 2019 verstorbenen Münchner Schriftsteller Klaus Konjetzky. Ein Essay

Unvorstellbares ist Grundlage unserer Existenz. Das Vorstellbare der Existenz ist Literatur. … Vielleicht ist, was du lebst, nur eine Nebenwirkung, schreibt Klaus Konjetzky im Vorwort zu *Voices*, einer Prosa-Suite, die ihn als »Nachlass zu Lebzeiten« seit 1985 beschäftigte, ja innerlich gefangen hielt. *Voices* als das Vorspiel einer Philosophie der literarischen Existenz, als Versuch einer »Selbstvergewisserung«. Schon in dieser Vorbemerkung offenbart sich Klaus Konjetzky als ein Poet, dessen Weltwahrnehmung mittels der Sprache zur Anschauung kommt, zur Ver-Dichtung: *Es ist die Metamorphose des unbegreiflichen »Was« zum »Wie« und des sagbaren »Wie« zu einem »Was«, die unsere Existenz zum Bewusstsein, also zur Sprache bringt.* Oder anders gesagt: *Ich bewege mich in Sätzen auf mich zu.*

Die Devise einer Weltwahrnehmung also, die sich mittels der Poesie, der Sprache artikuliert, steht als Motto über dem gesamten Werk eines auch malenden und komponierenden Autors, den die Visionen der Sprachgebung von Traum und Wirklichkeit begleiteten, die Visionen einer Realität, einer Gesellschaft, die immer wieder an die Grenzen der Humanität stößt und dem Individuum selten den Raum gewährt, in dem Menschsein in seiner ganzen Vielfalt möglich ist.

Es gibt Wörter, die lösen ein Heimweh aus, Wörter, die wie gelebt sind: Böhmerwald, Dreisesselberg, Schlehenbusch, Altwasser. Dahinter tönt der Stephansdom und plätschert der Sankt-Anna-Brunnen. Meine Wortlandkarte grenzt mich ein. An manche Wörter haben Bücher und Bilder angelegt wie Schiffe. Manche wurden aufgefüllt mit Musik. Sie wurden schwerer. Bei einem Wort könnte ich in Tränen ausbrechen, ein anderes beruhigt. Die Wörter haben eine Geschichte. Es ist meine Geschichte. In meiner Geschichte läuten die Glocken vom

Wiener Stephansdom bis zur St.-Anna-Kirche in München. In ihrem Geläut strömt das Volk in Moskau, wo ich nie war, an den Sarg des Zaren und gehen die Bauern zur kleinen Dorfkirche in Kelheimwinzer an der Donau. In meiner Geschichte singen die Wälder und in diesem Gesang ist Eichendorff, Adalbert Stifter und Mussorgski.

Ich lernte Klaus Konjetzky 1974 kennen, als er schon seinen ersten Gedichtband *Grenzlandschaft* (1966) veröffentlicht hatte sowie den Erzählband *Perlo Peis ist eine isländische Blume* (1971), wo sich in den einzelnen Geschichten – wie z. B. *Kleine Asphaltschritte* oder *Andalusische Nachtigallen* – sein Hang zur genauen Beobachtung des Alltagsgeschehens, verbunden mit poetisch-surrealer Überhöhung, ablesen lässt.

1979, © Vera Botterbusch

Der Anfang ist unsicher. Da ist noch alles drin. Etwas bewegt sich. Das kommt von innen. Töne und Farben. Einzelheiten. Bilder wachsen von unten. Alles wird deutlicher, alles wird schärfer. Es steht fest und ist ganz klar. Römö. Langsam werde ich. Alle Möglichkeiten erreichen mich. Ich bewege mich. Ich gehöre dazu. Gut. … Manchmal geht es nicht weiter. Manchmal müßte es anders sein als es ist. Da kann ich nichts machen. Es bleiben Einzelheiten; die lassen sich nicht verbinden. … Es gibt nur Einzelheiten. Später wird daraus eine Geschichte.

1973 folgte (zusammen mit Manfred Bosch) *Für wen schreibt der eigentlich?*, eine Dokumentation der Gespräche mit lesenden Arbeiterinnen und Arbeitern über ihre Lektüre und Fragen nach den Adressatinnen und Adressaten ihrer Literatur an Autorinnen und Autoren. Letztlich der Versuch, Schreibende und Lesende nach ihren Bedürfnissen und Erfahrungen zu fragen, nach den Möglichkeiten und Notwendigkeiten realistischer Literatur. Fragen nach den kulturellen Bedürfnissen des Menschen vor dem Hintergrund seiner sozialen und wirtschaftlichen Situation. So stellt z. B. F. C. Delius fest:

Da ich Literatur als Mittel gegen Abstumpfung und Entfremdung verstehe, das (sowohl mir als auch) dem Leser zur Ermutigung, Information, Provokation und zum Vergnügen dient ... verdränge ich die Frage nach »meinen Lesern« nur selten.

1975 erschien *Das Poem vom grünen Eck*, eine Mischung aus lyrischem Tagebuch und lyrischer Lebenslinie in Form einer Verserzählung. Der Versuch, den Weg von innen nach außen zu beschreiben, eine Welt, die noch von der Zeit nach dem Zweiten Weltkrieg geprägt ist und dann bis in die Zeit der 68er-Bewegung führt, in ein waches politisches Bewusstsein für eine Gesellschaft, die von sozialer Ungerechtigkeit geprägt ist:

Ja, meine Versäumnisse
sind groß und lächerlich.
Ein paar Schritte vor mehreren Jahren.
Doch die Verhältnisse,
Sie wissen schon,
verstellten den Weg:
zu mir,
zu den Eltern,
den Nachbarn.

Mir war die Freiheit zugedacht,
die kafkaschen Geschwüre
im Kopf
für unheilbar zu halten,
mich an die Schmerzen zu gewöhnen
und Recht auf Leid
so hoch zu schätzen
wie das Recht auf Glück.

So bewegt sich das *Poem vom Grünen Eck* zwischen Erinnerungen an die Zeit des Krieges, der Flucht und der Angst des kleinen Ich-Erzählers bis hin zu den Forderungen der 68er zu einer freieren und gerechteren, menschlicheren Gesellschaft.

Eine Biografie hat man halt schon
mit achtundzwanzig,
eine Vergangenheit, mein ich,
weswegen manches Überwindung braucht
oder auch gar nicht geht.

Gespräche im Schwabinger Lokal Das grüne Eck beim ›Bier-skat‹ über die da unten und die da oben, manchmal auch zwischen Studierenden einerseits und Arbeiterinnen und Arbeitern andererseits, kritische Überlegungen über eine reine Geldgesellschaft, wo der Einzelne mit seinen Bedürfnissen eher stört – ein Zustand, der sich bis heute zuspitzt. Und das Gefühl: *In Gedichten geht vieles, was morgen erst geht.* Poesie und Politik gehören zusammen. In der Reihe »Bücher beim Wort genommen« des Bayerischen Fernsehens konnte ich das *Poem vom Grünen Eck* mit einem Filmbeitrag würdigen. Martin Walser betont in seinem Nachwort:

> Klaus Konjetzky singt ein langes Poem. Er erzählt nicht, er singt. In mehreren Tonarten. ... Es gibt zur Zeit keinen konkreteren Gesang ... Und seit Enzensberger das Singrisiko verbissen meidet, ist Konjetzky der erste, der Lyrik als öffentlichen und höchstpersönlichen Gesang probiert. ... Konjetzkys Erniedrigte und Beleidigte sind Objekte einer bestimmten kapitalistischen Bedingung. ... Gesänge wie der von Konjetzky öffnen die Literatur, erinnern an die frühesten und wichtigsten Aufgaben der Literatur: es sind rein gesellschaftliche und überhaupt nicht isolationistische.

1977 erschien *Was interessiert mich Goethes Geliebte? Tendenziöse Gedanken und Gespräche über Literatur und Wirklichkeit*, wie z. B. mit Jörg Drews, Elisabeth Endres, Max von der Grün, Günter Herburger, Horst Holzer, Joachim Kaiser, August Kühn, Walter Müller-Seidel, Marcel Reich-Ranicki, Erika Runge, Uwe Timm und Martin Walser. Mit Fragestellungen, die einmal mehr Klaus Konjetzkys gesellschaftliches Engagement verdeutlichen, seinen Impuls, wachzurufen in einem Land, das den Holocaust hinter sich hat und nun insgesamt den Menschen nicht als Menschen würdigt, sondern als Teil eines Wirtschaftsimperiums, dem man zu dienen hat. Mit Fragen nach dem Zusammenspiel von Kunst und Politik, Ästhetik und Rezeption, Fragen nach der Aufgabe der Germanistik, der Literaturkritik, der *Literatur im Verhältnis zu den Verhältnissen*, im Sinne von ›Kann und will Literatur die Welt verändern‹: *Literatur als Waffe zur Veränderung oder als Gartenlaube zur Verinnerlichung.*

1979 erschien der Gedichtband *Die Hebriden* – mit Aquarellen des Autors. Der Titel verweist nicht nur auf die Konzertouvertüre von Felix Mendelssohn-Bartholdy *Die Hebriden* als Sinnbild eines romantischen

Archipels, sondern auch auf eine gemeinsame Schottland-Reise 1976, auf die sich auch einige Gedichte beziehen, wie *Schottisches Hochland* oder *Jacks Rock Road*. Das Ganze ist ein Amalgam von Anschauung und Erinnerung, von Wahrnehmung und Analyse, von Widersprüchen gelebter Wirklichkeit und visionären Geflechten, Gesprächen mit sich selbst.

Vision I

Wenn man erwachen könnte.
Wenn man sich dehnen könnte
und strecken und der Traum
abfiele wie trockener Ton.
Wenn ein Augenaufschlag
Ein abgesprochenes Zeichen wäre
Für die Männer hinter der Bühne,
die karge Leinwand hochzuziehn
und ein ruhig blühendes Land
freizugeben.
Wenn dies das Land der Väter wär
und meins und das der Kinder.

»Ich habe meiner Schwäche
Blumenkränze geflochten
und Nester gebaut
in meine Ohnmacht.«

Sie schauen mich an, wie wir
damals die schuldigen Väter,
die wir fragten: »und ihr?
Habt ihr die Zäune nicht gesehn?
Und nicht die Schüsse gehört?
Habt euch da rausgehalten, wie?«

»Ich kämpfte,
doch ich kämpfte mit Schwert-
lilien.
Andere Waffen zwangen die Mehrheit.
Also erklärten sie Lilien
zum Symbol des Aufruhrs.
Für Aufrührer gabs keine Mehrheit.«

»Metaphorisch«,
sprechen sie im Chor
und übergeben mich den Annalen
bevor ich erwachen kann.

1979 und 1982 konnten Klaus Konjetzky und ich uns mit je einem Dop-
pelgedicht an den beiden von Jan Hans herausgegebenen Anthologien
beteiligen: *Aber besoffen bin ich von dir. Liebesgedichte* und *Seit du
weg bist. Liebesgedichte danach.* 1981 wurde in Ingolstadt unter der
Regie von Erich Seiltgen sein Theaterstück *Hauskonzert in h* uraufgeführt, die Dramatisierung eines Konflikts in einem Mietshaus, ein
Konflikt verteilt auf drei Stockwerke und damit letztlich ein Blick auf
menschliche Defekte, wie Egomanie und Rücksichtslosigkeit, in Verbindung mit Vereinsamung und Ängsten, ja irgendwie Trostlosigkeit.
Im selben Jahr erschien der Roman *Am anderen Ende des Tages*, der
in München spielt. Eine Liebesgeschichte und doch keine. Mit Wenzel
Wobrowski als quasi Nicht-Held, ein unsicherer Zögerer, der sich vor
dem Leben versteckt, einer, der abwartet und zwischen seinen Sehn-
süchten und Erfahrungen hin und her pendelt und nicht weiß, wo er
hinmöchte.

Deshalb hatte er sich Gesten zugelegt. Deshalb hatte er bestimmte
Bewegungen trainiert. Kopfdrehungen, Augenbrauenhochziehen bei
gleichzeitigem Absenken der Mundwinkel durch eine leichte An-
spannung der Unterlippe. Aber traurig ist Wenzel nicht gewesen.
Eher verdächtig. Wenzel verbarg seit Jahren seine Tatenlosigkeit,
indem er sich tatenlos gab. Das glaubte niemand. ... Schien an Wo-
chenenden die Sonne, war es zum Davonlaufen.

Klaus Konjetzky wurde am 2. Mai 1943 in Wien geboren. 1946 kam er
über die grüne Grenze nach Gollnerberg in Niederbayern, ganz nah am
bayerischen Böhmerwald – auch Adalbert-Stifter-Land genannt. 1949
kam Klaus Konjetzky dann nach einer Zwischenstation in Kehlheim-
winzer nach München, zunächst ins Lehel, später nach Schwabing –
alles Orte, die zu seiner »Wortlandkarte« geworden sind. Er besuchte in München die Herrnschule, später das Luitpoldgymnasium und
studierte Germanistik, Geschichte, Philosophie und Geografie an der
LMU. Er war Mitbegründer der *Wortgruppe München* (zusammen mit
Dagmar Ploetz, Roman Ritter, Jürgen Peter Stössel und Uwe Timm) sowie Mitherausgeber der *Literarischen Hefte*. Im Rahmen der *Autoren-*

Edition gab Klaus Konjetzky mehrere Anthologien heraus: 1975 *Auf Anhieb Mord*, zusammen mit der *Wortgruppe München*, 1976 *Keine Zeit für Tränen. Liebesgeschichten*, zusammen mit Dagmar Ploetz, 1979 *An zwei Orten zu leben. Heimatgeschichten*, zusammen mit mir. Und da er sich wegen meiner Filmarbeit (wir hatten 1976 geheiratet) zudem intensiv um unsere 1977 und 1980 geborenen Töchter Laura und Anna kümmerte, veröffentlichte Klaus Konjetzky (zusammen mit Josef von Westphalen) 1983 die Anthologie *Die stillenden Väter*, ein ungewöhnlicher, ja sehr bemerkenswerter Denkansatz in einer Zeit, in der für die Frau nur ›Küche und Kinder‹ vorgesehen waren.

Seit Mitte der 1960er-Jahre war Klaus Konjetzky zunächst Redakteur und dann Mitherausgeber der Literaturzeitschrift *Kürbiskern* – und edierte dort auch die *Zeit-Gedichte*. Doch der *Kürbiskern* war eine linke Literaturzeitschrift, die leider zunehmend nicht mehr in ein Land passte, in dem man sich das »Berufsverbot« bzw. den »Radikalenerlass« ausgedacht hatte, um die Gefahr »linken Gedankenguts« möglichst auszumerzen. 1987 wurde der *Kürbiskern* eingestellt. Klaus Konjetzky schreibt im letzten Heft *Abschied und Aufbruch* vom *Versagen nicht nur der Literatur, sondern der ganzen Kunst und Kultur* und fragt, *ob eine noch so aufklärerische und der Humanität verpflichtete Literaturzeitschrift auf dem Hintergrund einer waffenstarrenden Welt überhaupt noch etwas anderes als Drittrangiges zu vermitteln vermag*, um dann festzustellen: *Auch jetzt vermag ich Literatur nicht anders zu verstehen, als etwas, das einen lebensrettenden Zusammenhang herstellt und in einem lebensgefährlichen Zusammenhang steht.*

Mit dem Ende des *Kürbiskern* begann eine jahrelange intensive Zusammenarbeit mit dem Bayerischen Rundfunk, mit Sendungen vor allem für *Land und Leute*, für *Musik der Welt* und *Diese unsere Welt*. Es entstanden beeindruckende Reiseimpressionen in Wort und Klang, wie z. B. aus der Südsee, von La Réunion und der Osterinsel, aus Ungarn, Finnland, Spanien, Böhmen etc. – Klangfeste, die sowohl in die Provence wie bis nach Madagaskar führen und die zeitgenössische Avantgarde der Musik mit ihren traditionellen Riten verbinden. So entstanden Hunderte von Hörfunkproduktionen für den BR, dazu Lesungen seiner eigenen Werke – gesprochene Langgedichte und klingende Essays.

Auch ein 45minütiger Film über Adalbert Stifter wurde für das Bayerische Fernsehen realisiert: *Da geht ein Mann nach Schwarzbach*. Außerdem gibt es filmische Impressionen aus Breitenberg/Gollnerberg, seinem Sehnsuchtsort, an den er als Dreijähriger von Rainbach im Mühlviertel gekommen war und wo er seitdem immer die Schulferien verbracht hatte und sich auch später regelmäßige niederbayerische Auszeiten gönnte und wo wir seit 1992 auch in einem alten Bauernhof wohnten. Dieser wurde neben München eine zweite Heimat für ihn, mit der auch viel beachtete wunderbare Gedichte und Sprüche in bayerischer Mundart verbunden sind, veröffentlicht unter dem Pseudonym Gotthelf Gollner: *A oide Lindn is a Gschicht* (1981) und *Wennsd nix brauchst, höifan Da olle* (1988).

Zudem war Klaus Konjetzky in den 1980er- und 1990er-Jahren mit journalistischen Arbeiten über Musik und Literatur für die *Süddeutsche Zeitung* beschäftigt. Er schrieb Konzert- und Buchkritiken oder Essays, wie etwa über den polnischen Schriftsteller Witold Gombrowicz, *Zündstoff langwieriger Prügeleien, Eine Art Testament des W. G.*: als ein *Provokateur, der jegliche politische Gesinnung ins Lächerliche zog*. Und natürlich auch auf den *Spuren Adalbert Stifters im Böhmerwald* und dabei letztlich auch auf seinen eigenen Spuren, für den der Böhmerwald sein *Arkadien der Phantasie* war.

1988 erschien die Erzählung *Die Lesereise*, eine Innenschau über die Möglichkeiten der Verlautbarung von Literatur – letztlich immer verbunden mit den Fragen: ›Wen will, wen soll Literatur erreichen?‹ und ›Wie stellt sich der Schreibende den Lesenden vor?‹

Klaus Konjetzky arbeitete an zwei bisher noch nicht aufgeführten Theaterstücken: *Das Porträt. Fuge für zwei Frauen und zwei Männer* und *Die Gesellschaft oder Der Fall in Oberblauberg. Ein bürgerliches Kriminal-Trauerspiel in 8 Szenen* nach der gleichnamigen Erzählung aus *Perlo Peis ist eine isländische Blume*. Außerdem vertonte er die Lyrik seines *alter ego*, des bayerischen Mundartdichters Gotthelf Gollner, in denen Sehnsucht nach Heimat und Wehmut von Heimatlosigkeit aufscheinen. Es entstanden Gedichtzyklen, angelehnt an Reisen nach Lissabon, Frankreich und vor allem Griechenland. Die Novelle *Clarissa* ist ein weiterer Spiegel seiner inneren Nähe zu Adalbert Stifter und dessen wehmütig-poetischer Prosa, die in dessen Romanen und Erzählungen wie auch in den Essays aufscheint und mit der sich Klaus Konjetzky verbunden, ja geradezu vertraut fühlte. Außerdem beschäftigten ihn seit den 1990er-Jahren literaturphilosophische Notizen: *Bal-*

thasar oder Die Schwerkraft des Kopfes, die schließlich *Voices* werden. *Voices. Eine Suite* als das Vorspiel einer Philosophie der literarischen Existenz und *Nachlass zu Lebzeiten*, wie er es nannte: *Ich beginne mich in Wörtern wahrzunehmen. Manchmal habe ich mich in den Wörtern.*

2011, © Vera Botterbusch

Klaus Konjetzky schrieb auch lange Essays für die Katalogbücher zu den Ausstellungen meiner Fotografien, die noch einmal seine besondere Fähigkeit zeigen, im Angeschauten die Durchlässigkeit zum Nichtangeschauten aber Vorgestellten zu spüren und in Worte zu fassen:

> Die Fotografien ... geben der Natur der Dinge, wie sie mir in der Welt erscheinen, etwas von ihrer Magie, ihrem Zauber, ihrer Ungeheuerlichkeit zurück, die dort verloren gegangen sind, wo mir die Dinge aus Gewohnheit und Gewöhnung gewöhnlich geworden sind.

Über allem steht eine Poetik, die im Sagbaren das Unsagbare durchscheinen lässt, um der Gefühlswelt den Schutzraum der Sprache zu bieten, um in der Sprache durchlässig zu bleiben für das Unsagbare und Ungefähre. Literatur als eine Verschlüsselung des Lebens.

Die Angst. Die Angst krümmt sich aus dem Ungeheuren zurück in die Sätze, aus denen sie kommt. Manche Sätze sind schwer von Angst. Schwer wie ein Anker. ... In Sätzen aufbewahrt, ist die Welt zu haben. Die nicht erinnerbare Welt gibt es nicht. Im Bild von ihr wird entziffert. Die tausend Stücke des zersprungenen Himmels. ... Was sich ereignet, verändert sich in Sätzen. Die spiegeln und sind das Gespiegelte. Nichts ist, bevor es in der Sprache wird. Nichts wird außerhalb der Grenzen eines Satzes. ... Jeder Satz sichert und steckt Raum ab. Die Bühne. Auf die Bühne treten die Gerufenen. Einer bin ich. Ich, als ein Zusammenhang von Sätzen, als ein Begehren nach Sätzen, als ein Begehren, gelebt zu haben.

So sind die bisher zum Teil unveröffentlichten Romane entstanden, wie *Quartett zu dritt, Der Fall Franz, Kowalek*. Alle nach *Die Hebriden* entstandenen Gedichte hat Klaus Konjetzky unter dem Titel *39,4 oder Mich bringt, was mich rettet um und andere Gedichte* gruppiert. Es handelt sich um eine Lyrik, die einmal mehr diese besondere Mischung aus Realität und Surrealität zeigt.

Das Unbekannte

Tagsüber hockt es
in der Höhle des Blaus
und brütet und schweigt.

Nachts schleicht es
im Windschatten der Zeit
hinaus in die Dörfer.

Andere wieder sagen,
es redete auch am Tag
mit den Leuten.

Gedichte, die poetische Chroniken und Tableaus ergeben, in denen sich Wahrnehmung und Erinnerung, Gesagtes und Angedeutetes zu eigenwilligen Sprachwirklichkeiten verbinden. Unterteilt in verschiedene Kapitel wie *I. Vielleicht ist was du lebst nur eine Nebenwirkung, II. Die Farben des Niegesehenen verblassen im Angeschauten, III. Eine Klarinette entzündet die Nacht.* Gedichte, die uns nach Böhmen führen und nach Griechenland, nach Paris und Cabourg, nach Lissabon und Sizilien und die sich letztlich doch immer wieder in den Innenräumen eines sensitiven Gemüts ausbreiten, dem die Wirklichkeit ein Tor zu einem Gefüge erstaunlicher und bedrängender Bildwelten ist.

Gnossiennes

Eine Sirene von weither mündet
in die Ellipse einer Empfindung.
Was auf mich zukommt und über mich
wächst, zieht von mir weg ins
Verhangene.

Sekunden, Jahre und Jahre ein-
geschmolzen in Unersättlichkeit
vergehen lautlos in einem Augen-
Blick schlimmer Begierden.

Eine blutige Spur führt zu mir.
Die Mädchen aber ziehen sich
ins Leben zurück. Der Schmerz,
etwas wie Trost schneidet ins
Vergangene.

Klaus Konjetzky war ein Mensch voll intellektueller Sprengkraft und scheuer Herzlichkeit. Er bewegte sich in dem, was er schrieb, in und neben der Wirklichkeit. *Ich bin ein Lebender und ein Gelebter.* Sein poetisches Wesen lebte in zwei Welten. Er verband emotionale Zartheit mit genauem, analysierendem Blick auf die Verhältnisse. Ein distanziert-warmer, humorig-illusionsloser Blick auf die Gesellschaft, die Menschen, die Unmenschlichkeit. Auf eine abgründige Realität. *Die Verbindung von innen und außen ist eine Wunde.* Seine existenziellen Beobachtungen, seine sensible Nähe zur realen Welt vermischte sich mit der inneren Flucht aus dieser Welt, dem Gefühl der Fremdheit, das zu Visionen führt, in denen man sich heimisch fühlen kann. Und: *Gedichte schreiben heißt Widerstand leisten.* Dieser Satz steht über dem gesamten lyrischen Werk von Klaus Konjetzky, ja eigentlich über allem seinem Schaffen: der Widerstand. Die Wahrnehmung von Impulsen, Trennungen, Aufbrüchen, Unvereinbarkeiten, Hoffnungen, Verzweiflung, Enttäuschungen. Herzens- und Verstandesregungen. Widerspiegelungen. *Nichts gleicht der Erinnerung.* Reaktionen auf eine auch beängstigende Realität. *Die Verbindung von innen und außen ist eine Wunde.*

Nie wusste ich mehr. Nie war weniger zu verstehen. Alles ist angedacht, will etwas. Alles will etwas darstellen, ausdrücken, will festhalten, erfassen, zeigen. Alles will mich beteiligen, will mitteilen, will mich ergreifen. Wissen und Wahrnehmung, Anschauung und Empfinden driften auseinander. Religion, Künste, das Bruttosozialprodukt, Literatur, Wissenschaft, die Schuldenfalle, der Börsenkurs, die Vernunft, die Einzelhandelsbilanz, die Phantasie, der Intellekt, das Bankgeheimnis, der Geschäfts-Klima-Index und die Intuition ziehen und zerren in verschiedene Richtungen. Die Magenschleimhaut spürt es, die Milz reagiert gereizt. Mein unaufhaltsames Abrutschen hat das Nierenbecken erreicht. Die Lächerlichkeit sinkt als feiner Schmerz in den Hoden. Kein Halten.

Dann und wann mildert und verlangsamt eine Verschreibung, oder der Klang eines Verses. Manchmal, für Augenblicke, erlöst Musik. Sie erlöst, weil sie nichts will. Ihr einziger Sinn ist meine Wahrnehmung. Ihre einzige Erklärung bin ich.

Ein Ton lässt sich nicht beim Wort nehmen. Aber dann passiert es. Der innere Bilderreigen, die Empfindungen, die Erinnerungen, die Glücksgefühle und die dunklen Wolken am Horizont der Psyche sind der Klang. Was ich höre, ist was ich empfinde. Was ich empfinde, ist was ich denke, was ich denke, ist was ich höre. Und nur beim Hören von Musik kann es für Augenblicke passieren, dass ich bin was ich höre. Der Grund der Musik ist der Urgrund allen Seins.

Leselandschaften nannte Klaus Konjetzky gern seine Bilder. Leselandschaften sind auch seine Gedichte, Orte des Verweilens, der Rückkehr, der Erinnerung, Orte traumverlorener Wahrnehmung eines poetisch durchtränkten Lebens: im *metaphysischen Blau der Ägäis* das *Echo der Dinge*.

Vita

Angeschwemmtes Treibgut,
verhakt, vernetzt, zusammen-
geballt zu kleinen Inseln.

Stürme gingen darüber hin
und glätteten und füllten
die Risse und Löcher.

So habe ich mit den Jahren
ein Aussehen bekommen
und eine Geschichte.

Mit Klaus Konjetzky haben wir einen Schriftsteller und engagierten Zeitgenossen verloren, der sich mit den Worten verabschiedet: *In allem Beginnen ist ein Vergehen, in allem Vergehen ein Anfang.*

Gekrümmter Raum

Der unwahrscheinliche Fall
eines Geschehens,

in dem so viel Nichts ist
wie Welt, deren Volumen

und Tiefe ich bin,
deren Oberfläche ich habe,

vor einem Hintergrund, den
ich mir weine.

Dort, wo das Gefundene
mich sucht, nimmt mich das Wahr-

Genommene wahr und das An-
Geschaute schaut sich in mir

und vergisst mich nicht.
Es redet mich in den Dingen.

Bibliografie

Grenzlandschaft. Gedichte. München: Relief-Verlag, 1966.

Perlo Peis ist eine isländische Blume. Erzählungen. München: Piper, 1971.

Für wen schreibt der eigentlich? Dokumentation zus. mit Manfred Bosch. München: Piper, 1973.

Poem vom Grünen Eck. Mit einem Nachwort von Martin Walser. München: Piper, 1975; Berlin: Aufbau, 1977.

Was interessiert mich Goethes Geliebte? Tendenziöse Gedanken und Gespräche über Literatur und Wirklichkeit. München: C. Bertelsmann, 1977.

Die Hebriden. Gedichte. München: Piper, 1979.

Am anderen Ende des Tages. Roman. München: Piper, 1981; DTV, 1983. Übersetzungen ins Polnische, Ungarische und Rumänische.

Hauskonzert in h. Theaterstück. Frankfurt a. M.: Suhrkamp Theaterverlag, 1981. Uraufführung im Stadttheater Ingolstadt 1981.

Die Lesereise. Erzählung. Leonberg: Ulrich Keicher, 1988.

39,4 oder Mich bringt was mich rettet um und andere Gedichte. Freiburg: Kulturmaschinen Verlag, 2023.

Voices. Eine Suite. Freiburg: Kulturmaschinen Verlag, 2023.

Der Fall Franz. Roman. Freiburg: Kulturmaschinen Verlag, 2023.

Einzelne Gedichte wurden ins Englische, Französische, Rumänische, Tschechische, Serbokroatische, Makedonische, Polnische und Niederländische übersetzt.

Mitherausgeber folgender Anthologien

Auf Anhieb Mord. Kurzkrimis. (*Wortgruppe München*). Königstein/Ts.: AutorenEdition, 1975.

Keine Zeit für Tränen. Liebesgeschichten. Zus. mit Dagmar Ploetz. Königstein/Ts.: AutorenEdition, 1976.

An zwei Orten zu leben. Heimatgeschichten. Zus. mit Vera Botterbusch. Königstein/Ts.: Autoren Edition, 1979.

Die stillenden Väter. Zus. mit Joseph von Westphalen. München: C. Bertelsmann, 1983.

www.klauskonjetzky.com

Literatur in Bayern

Detlef Garz

Constanze Hallgarten und ihr Manuskript
Im besetzten Paris

Zur Einführung

Constanze Hallgarten (1881–1969),[1] eine genaue und kluge Beob-
achterin der gesellschaftlichen Entwicklung, beschreibt in ihrem
Manuskript *Im besetzen Paris* die Zeit, die sie in der Stadt zwischen
dem 3. Juni 1940 und ihrer Abreise nach Marseille am 14. Januar 1941
verbrachte.[2] Als engagierte Frauenrechtlerin und überzeugte Pazifistin
war sie Mitglied zahlreicher Organisationen und geriet daher schon
früh in den Blick des Nationalsozialismus, sodass sie Deutschland bereits am 14. März 1933 verließ und wie so viele andere politisch Unlieb-

---

[1] Vgl. ihren Beitrag zum wissenschaftlichen Preisausschreiben der Harvard
University, Hallgarten: *Biographische Skizze* (als Buch: Constanze Hallgarten: *Als Pazifistin in Deutschland*. Stuttgart 1956). Zum Preisausschreiben
insgesamt vgl. Detlef Garz: *Von den Nazis vertrieben. Autobiographische
Zeugnisse von Emigrantinnen und Emigranten. Das wissenschaftliche
Preisausschreiben der Harvard Universität aus dem Jahr 1939*. Opladen
2021; Kristina Kargl: *Pazifistische Gesinnungsgenossinnen. Constanze
Hallgarten und Erika Mann im Spannungsfeld ihrer Familien*. In: *Jahrbuch der Freunde der Monacensia 2019*, S. 118–147, hier S. 143ff.

[2] Das Manuskript *Im besetzten Paris (Aufzeichnungen vom Sommer 1940)*
befindet sich in der Widener Library der Harvard University unter der Signatur D811.5.H275. Es existiert ein Datumsstempel der Bibliothek vom
26.7.1976. Laut Auskunft des Bibliothekars Joshua Lupkin vom 6.2.2023
finden sich keine weiteren Hinweise, wann und von wem das Manuskript
eingereicht wurde. Ein auf Seite zwei mit der Hand eingefügtes Datum,
der 26/11/69, könnte darauf hindeuten, dass das Manuskript nach dem
Freitod von Constanze Hallgarten am 25.9.1969 – eventuell durch ihren
Sohn Wolfgang, der seit 1938 an verschiedenen Universitäten in den USA
als Historiker tätig war – der Bibliothek übereignet wurde.

same bzw. Verfolgte nach Frankreich, zunächst nach Versailles, emigrierte.[3] Nach einem Umzug lebte sie zeitweise zusammen mit ihrem Bruder Erich Wolff in Paris. Im August 1933 folgte ihr Sohn Wolfgang, und auch ihre Mutter Philippine Wolff-Arndt traf noch 1933 in Frankreich ein und wohnte überwiegend bei ihr. – Die folgenden Hinweise sind dazu bestimmt, ihren Text zu kontextualisieren und damit zu einer verständlichen Lektüre beizutragen.

Zum Manuskript

Nach dem frühen Verlust ihres Mannes im Jahr 1924 und nach dem Freitod ihres Sohnes Richard (›Ricki‹) am 5. Mai 1932 hatte Constanze Hallgarten seit dem Tod ihrer Mutter am 4. Juni 1940 als familiäre Bindung nur noch ihren Sohn Wolfgang (›Wo‹), der allerdings nach einem Aufenthalt in England seit 1938 in den USA lebte, sowie ihren jüngeren Bruder Erich (geb. 1883), der aus Berlin ebenfalls nach Paris emigriert war.

Für einige Zeit wohnten die Geschwister zusammen mit ihrer Mutter und Erichs Frau Tibel. Das Zusammenleben gestaltete sich jedoch als

---

[3] Christiane Henke weist darauf hin, dass ihr Name zusammen mit anderen prominenten Frauen der pazifistischen Bewegung am 9.11.1923, dem Tag des versuchten Putsches in München, auf einer ›schwarzen Liste‹ stand. Vgl. Christiane Henke: *Anita Augspurg*. Reinbek bei Hamburg 2000, S. 116. In ihrem autobiografischen Manuskript schildert Constanze Hallgarten, wie am 9.11.1923 drei Angehörige der Hitlerjugend in ihr Haus eindrangen und nach ihr suchten (Hallgarten: *Biographische Skizze*, S. 48f.; Hallgarten: *Als Pazifistin in Deutschland*, S. 62f.). Die Bedrohung setzt sich auch nach 1933 fort. Ihre Haushälterin führt aus, dass sie im August 1933 von drei Kriminalbeamten (»Kriminalern«) aufgesucht worden sei, die sie ausführlich befragten und viele der eingelagerten wertvollen Gegenstände aus dem Besitz von Frau Hallgarten ›konfiszierten‹. Vgl. *Antrag nach dem Bundesentschädigungsgesetz, Constanze Hallgarten*. Bayerisches Hauptstaatsarchiv München. BEG 83.720, S. 19. Die Kriminalpolizei München antwortete am 2.6.1960 auf eine Anfrage der Entschädigungsbehörde, dass sich in der Personalakte »der blaue Hinweisbogen befindet, wonach für die Antragstellerin bei der ehem. Bayer. Politischen Polizei ein Sonderakt bestand. Daraus ist zu schließen, dass für Hallgarten staatspolizeiliche Vorgänge existierten. Unterlagen dieser Art wurden bekanntlich im Jahre 1945 alle vernichtet.« *Antrag nach dem Bundesentschädigungsgesetz, Constanze Hallgarten*. Bayerisches Hauptstaatsarchiv München. BEG 83.720, S. 31.

schwierig, sodass Constanze Hallgarten gemeinsam mit ihrer Mutter im Oktober 1939 eine möblierte Wohnung bezog. An ihren Sohn schrieb sie im Hinblick auf ihren Bruder (»dieser Kerl«): »Das vergangene Jahr war das *hässlichste Jahr meines ganzen Lebens.* ... Nie habe ich mich entwürdigt gefunden wie in Erichs Haus.«[4] Durch diese Trennung wurde auch der Kontakt zwischen den Parteien sehr eingeschränkt, sodass die im Manuskript geschilderte Situation, dass Constanze Hallgarten vom Verbleib ihres Bruders nichts wusste, eintreten konnte.

Der Tod der »geliebten Mutter« hat Constanze Hallgarten sicherlich schwer getroffen. Umso mehr überrascht es, dass sie hier wie schon in ihrem autobiografischen Bericht – sie selbst spricht von ihren Memoiren – nicht auf die Bedeutung ihrer Mutter, die als Malerin viele gesellschaftliche Hindernisse zu überwinden hatte und bereits früh energisch für die Rechte der Frauen eintrat, für ihre eigene biografische Entwicklung eingeht. Philippine Wolff-Arndt betont ihr Engagement noch in ihrem im hohen Alter für das Harvard-Preisausschreiben verfassten Beitrag, in welchem sie hervorhebt:

Ich war folglich am 9. Oktober 1939 *neunzig* Jahre alt. [...] Mir hatte sich die benachteiligte Stellung der Frau gegenüber dem Mann schon von meiner Künstlerlaufbahn her aufdrängen müssen. Von hier aus lernte ich verstehen, wie dringend eine anders gestaltete Frauenbildung und damit der Frauenarbeit geworden war, und wie die logische Entwicklung dieser Forderung auch die Forderung der politischen Gleichstellung der Frau im Gefolge haben musste.[5]

Stellten der Zwist mit ihrem Bruder und der Tod ihrer Mutter für Constanze Hallgarten persönliche Schicksalsschläge dar, so bedeutete der am 14. Juni 1940 erfolgte Einmarsch der nationalsozialistischen Truppen in die Stadt Paris, nur wenige Wochen nach Beginn der deutschen Offensive, eine gesellschaftliche, eine lebensbedrohliche Gefahr. Dies wird an zahlreichen Stellen ihres Beitrags offensichtlich. Neben den vielen plastischen Schilderungen der Gefährdung, der Bedrückung, des Kampfes um das alltägliche Leben – und Überleben – gibt es einen

---

4   Constanze Hallgarten an George Wolfgang Hallgarten, 3.10.1939. Stanford University, Hoover Archive, Collection Number 42013.

5   Philippine Wolff-Arndt: *1940*. Harvard University, Houghton Library, Collection: My life in Germany contest papers. Box: 23, Identifier: MS Ger 91 (246), Einleitung, S. 9.

weiteren Aspekt, den sie jedoch nicht anspricht, sondern ›auf Distanz‹ hält – sowohl sprachlich als auch inhaltlich. Dieser Aspekt betrifft ihre Einstellung zu ihrer jüdischen Herkunft. – Beide Elternteile waren jüdisch und ließen sich im November 1889 evangelisch taufen. An den entsprechenden Stellen des hier abgedruckten Manuskripts findet das keinen Niederschlag. Stattdessen finden sich Äußerungen der ›Nichtzugehörigkeit‹. So schreibt sie etwa: »Die armen jüdischen Emigranten, deren wenige in Paris geblieben waren, waren wie aufgescheuchte Vögel. Sie kolportierten Schauermärchen, mit denen sie sich gegenseitig Angst machten und sahen sich schon mit gelben Armbinden in Paris spazieren gehen«, um dann relativierend hinzuzufügen: »Ich hatte ja in Deutschland nichts dergleichen gesehen, hatte wirklich nicht die rechte Erfahrung.«[6]

Gegen Ende des Manuskripts nimmt sie diesen Faden noch einmal auf und gesteht ihre Fehleinschätzung der Entwicklung explizit ein, ohne jedoch ihre Distanz aufzugeben. »Im Oktober setzt eine starke Judenhetze ein. So sollten die armen jüdischen Emigranten, deren sich bei der Ankunft der Deutschen eine solche Panik bemächtigt hatte, doch recht behalten.«[7] Was sie an dieser Stelle wie im Manuskript insgesamt allerdings überhaupt nicht in den Blick nimmt, ist die Tatsache, dass sie für die deutschen Besatzer weiterhin als Jüdin galt, obwohl sie getauft war. Dass ihre Haltung nicht nur auf Lippenbekenntnissen beruht, sondern ihr Leben bestimmt, erweist sich daran, dass sie dem teilweise intensiven Kontakt mit den deutschen Behörden nicht ausweicht, sondern ihn jeweils erneut selbstbewusst herstellt. Es ist nicht einfach, diese ›Abspaltung‹ der Gefahr zu erklären. Offensichtlich sieht sie sich einzig als eine aus politischen Gründen Geflüchtete, nicht als eine aufgrund ihrer jüdischen Abstammung Gefährdete. Wie auch schon in ihrem umfangreichen autobiographischen Manuskript verbindet sie an keiner Stelle ihre Herkunft mit ihrer Lebenssituation. Dass ihr die Ambivalenz zwischen ihrem Selbstverständnis und der Zuschreibung durch den Nationalsozialismus jedoch durchaus bewusst war, geht aus einem Brief an ihren Sohn hervor, den sie bereits zu Beginn des Jahres 1939, als die Verlängerung ihres Passes in Paris anstand, verfasst hatte:

---

[6]   Constanze Hallgarten: *Im besetzten Paris*, hier S. 182.
[7]   Hallgarten: *Im besetzten Paris*, hier S. 194.

»Ich würde mir vor dem Konsulat kein Gewissen draus machen, mich als ›arisch‹ zu bezeichnen.«[8]

Die Position als politisch Verfolgte des NS-Regimes vertritt sie dann konsequenterweise auch in ihrer »Anmeldung von rückerstattungsrechtlichen Geldansprüchen gegen das Deutsche Reich« bei der Wiedergutmachungsbehörde Oberbayern vom 31. März 1958. In einer Anlage lässt sie durch ihren Anwalt erklären: »Die Antragstellerin war eine bekannte Gegnerin des Hitler Regimes. Aus diesem Grunde verließ sie im März 1933 Deutschland.«[9] Hinweise, dass sie aufgrund der nationalsozialistischen Zuschreibung als Jüdin gefährdet war, finden sich nicht.

Schluss

Meine Übersicht sollte darauf verweisen, dass neben vielen gelungenen Beobachtungen und Beschreibungen in dem sehr instruktiven Bericht auch drei Themenkomplexe nicht weiter angesprochen werden. Es sind dies das Verhältnis zu ihrer Mutter, das Verhältnis zu bzw. die Vorgeschichte mit ihrem Bruder sowie, vor allem, ihr Verhältnis zum Judentum.

Dass ihr Pazifismus, der Kristallisationspunkt ihres Lebens, in der Zeit des Nationalsozialismus und während der Zeit des Krieges schließlich generell einer Bewährungsprobe unterzogen wurde, geht aus mehreren Aussagen hervor. So schreibt sie im März 1939 an ihren Sohn: »Selbst ich friedliebendes Geschöpf habe meinen Pazifismus revidiert.«[10] Und in ihrem autobiographischen Manuskript notiert sie unter der Überschrift »Widerspruchsvoller Pazifismus« im Hinblick auf die ›Machtübernahme‹ Hitlers:

Von hier ab datiert die Änderung unserer Haltung – nicht im generellen Sinne; unsere Ziele bleiben unverrückbar dieselben – wohl aber waren die Wege und Methoden, die wir für diesen ganz speziellen

---

8 Constanze Hallgarten an George Wolfgang Hallgarten, 16.1.1939. Stanford University, Hoover Archive, Collection Number 42013.
9 *Antrag nach dem Bundesentschädigungsgesetz, Constanze Hallgarten.* Bayerisches Hauptstaatsarchiv München. BEG 83.720, S. 5.
10 Constanze Hallgarten an George Wolfgang Hallgarten, 16.3.1939. Stanford University, Hoover Archive, Collection Number 42013.

Einzelfall – um Schlimmeres zu verhüten – befürwortet haben, nicht mehr rein pazifistischer Natur.[11]

Dass eine pazifistische Haltung für ihre weitere Lebensgestaltung aber dennoch leitend war, geht aus einer Anekdote hervor, die ihr Großneffe, der Arzt Denis Drew, beschreibt. Und selbst wenn sich dieser Teil der ›Familiengeschichte‹ so möglicherweise nicht halten lässt, geht auch aus den amtlichen Unterlagen hervor, dass sie ihren friedliebenden Standpunkt massiv vertreten hat. Zunächst zur Geschichte.

Nach ihrem Umzug in die Vereinigten Staaten beschloss sie in Absprache mit ihrem Sohn Wolfgang (George) und meiner Tante Kathrine, die amerikanische Staatsbürgerschaft zu beantragen. Als sie den Antrag stellte, der auch den Einbürgerungseid auf die Vereinigten Staaten von Amerika enthielt, entdeckte sie, dass ein Teil des Eides beinhaltete, »dass ich im Namen der Vereinigten Staaten von Amerika Waffen tragen werde, wenn es das Gesetz verlangt; dass ich in den Streitkräften der Vereinigten Staaten von Amerika einen Dienst ohne Kampfeinsatz leisten werde, wenn es das Gesetz verlangt«. Als sie dies erfuhr, verweigerte sie den Eid und lehnte die Staatsbürgerschaft ab, was schließlich zu ihrem Entschluss führte, zurück nach München zu ziehen.[12]

Unterstützt wird diese Erzählung zunächst durch die vorliegenden Unterlagen zur Einbürgerung.[13] Ihren Antrag reichte sie am 5. Februar 1943 in San Francisco ein.

Erst über fünf Jahre später findet sich ein Dokument, das auf diesen Antrag Bezug nimmt und ihr eine Zuwanderungsnummer zuweist.[14] Allerdings findet sich am oberen Rand des Dokuments ein handgeschriebener Vermerk, der zumindest auf Schwierigkeiten innerhalb des Verfahrens hinweist. Er lautet: »Betreff: Ausbürgerung, siehe das

---

[11] Hallgarten: *Biographische Skizze*, S. 89; Hallgarten: *Als Pazifistin in Deutschland*, S. 106.

[12] E-Mail von Denis Drew vom 9.6.2021 (meine Übersetzung).

[13] Siehe US-Einbürgerungsliste, Nordkalifornien, 1852–1989 – Berta Constance Hallgarten.

[14] Ihrem Sohn war schon 1942 die US-amerikanische Staatsbürgerschaft zuerkannt worden.

mit der Petition eingereichte Schreiben.« Und am unteren Rand heißt es: »Siehe beiliegende Erklärung«. – Diese liegt allerdings nicht vor. Die Dauer des Verfahrens, vor allem in Verbindung mit dem Hinweis »Expatriation«, lässt erkennen, dass das Verfahren der Einwanderung keineswegs problemlos ablief.

HALLGARTEN, Berta Constance

Declaration   **118193**   Petition

Date   Feb. 5, 1943

Nationality

FP1—LK—10-26-42—15M—80-99n

Rel Expatriation, See letter filed with petition

No. 6911524 aps.

Name   HALLGARTEN, Bertha Constance

residing at   521 Fulton St., Palo Alto, Calif.

Date of birth   Sept. 12, 1881   Date of order of admission   AUG 9 1948

Date certificate issued   AUG 9 1948   by the

    U. S. District   Court at   San Francisco, California

Petition No.   86383

Alien Registration No.   7651884

x *Bertha Constance Hallgarten*

(Complete and true signature of holder)

jcb

No AER - See Authority attached hereto

Dass ihr die US-amerikanische Staatsbürgerschaft dann doch, aller Wahrscheinlichkeit nach, zuerkannt wurde, geht aus den Einreisedokumenten einer Schiffspassage von Bremerhaven nach New York, die sie mit ihrem Sohn im März 1950 unternommen hat, hervor. Auf der Liste wird sie als US-amerikanische Staatsbürgerin geführt. Schließlich gibt sie selbst einen Hinweis: Als Mitte der 1950er-Jahre die Wahl zur Vorsitzenden der Münchner Frauenliga anstand, lehnte sie eine Kandidatur mit der Begründung ab, dass sie »als Amerikanerin« für das Amt vollkommen ausscheide.[15] *Last but not least*: In ihrer »Anmeldung von rückerstattungsrechtlichen Geldansprüchen gegen das Deutsche Reich« schreibt sie in der Rubrik Staatsbürgerschaft: »USA«.[16] Dass sie als Beruf angibt: »Soziologin und Schriftstellerin«,[17] ist sicher ein weiterer interessanter Aspekt im Hinblick auf das (Selbst-) Verständnis ihrer Lebensgeschichte.

Zur Edition

Constanze Hallgartens Manuskript *Im besetzten Paris (Aufzeichnungen vom Sommer 1940)* ist maschinenschriftlich, mit handschriftlichen Anmerkungen, überliefert. Für die Edition wurden die Rechtschreibung und Interpunktion übernommen, offensichtliche Schreibfehler stillschweigend berichtigt. Hervorhebungen im Manuskript sind einheitlich kursiviert. Die Edition dokumentiert nur das Ergebnis, nicht den Prozess des Schreibens. Verschreibungen werden nicht mit ediert, sondern nur die entsprechenden Verbesserungen, Einschübe werden ohne weitere Kennzeichnung an der von Constanze Hallgarten markierten Stelle in den laufenden Text eingefügt, Streichungen werden nicht eigens kenntlich gemacht. In manchen Fällen sind die handschriftlichen Anmerkungen aufgrund der Qualität des überlieferten Manuskripts nicht gut lesbar, hier wird jeweils die wahrscheinlichste Lesart ediert, ohne weitere Kennzeichnung.

Archivmaterial

Constanze Hallgarten: *Als Pazifistin in Deutschland. Biographische Skizze.* Houghton Library, Collection: My life in Germany contest papers. Box: 8, Identifier: MS Ger 91 (87). https://hollisarchives.lib.harvard.edu/repositories/24/top_containers/141284.

---

[15] Vgl. Detlef Garz / Anja Knuth: *Constanze Hallgarten. Porträt einer Pazifistin.* Hamburg 2004, S. 134.

[16] *Antrag nach dem Bundesentschädigungsgesetz, Constanze Hallgarten.* Bayerisches Hauptstaatsarchiv München. BEG 83.720, S. 3.

[17] *Antrag nach dem Bundesentschädigungsgesetz, Constanze Hallgarten.* Bayerisches Hauptstaatsarchiv München. BEG 83.720, S. 3.

Constanze Hallgarten: *Im besetzten Paris (Aufzeichnungen vom Sommer 1940)*. Widener Library, Harvard University, Signatur D811.5.H275. Permalink: https://id.lib.harvard.edu/alma/990023996810203941/catalog.

Antrag nach dem Bundesentschädigungsgesetz, Constance Hallgarten. Bayerisches Hauptstaatsarchiv München. BEG 83.720.

Philippine Wolff-Arndt: <ohne Titel>. Houghton Library, Collection: My life in Germany contest papers. Box: 23, Identifier: MS Ger 91 (246). https://hollisarchives.lib.harvard.edu/repositories/24/archival_objects/601149

Constance Hallgarten

Im besetzten Paris

(Aufzeichnungen vom Sommer 1940)

A m dritten Juni des Jahres 1940 wurden Bomben über Paris abgeworfen. Sie trafen unser Quartier (Auteuil) und umschwirrten im vollen Sinne des Wortes das Sterbelager meiner geliebten Mutter. Ich war beruhigt, als ich wahrnahm, daß die Gute nicht mehr bei Bewusstsein war und das Pfeifen der Abwürfe nicht mehr hörte. – Ich selbst konnte sie nicht verlassen; ich schickte die Pflegerin in den Keller und schützte mich, indem ich mich auf mein Bett mit dem Kopf so weit wie möglich vom Fenster entfernt legte. Es war ein Uhr mittags; man hörte die Einschläge aus nächster Nähe, die Fensterscheiben klirrten und das Haus wurde geschüttelt. Es wurden viele Häuser im nächsten Umkreis schwer getroffen. Die grosse Apotheke, in der ich vor 15 Minuten die letzten Medikamente gekauft hatte, war fast ganz zerstört, die beiden Schaufenster lagen in tausend Scherben und Splittern mit allen medizinischen Produkten auf der Strasse.

Am 4. Juni entschlief meine Mutter, d. h. ihr Herz hörte auf zu schlagen nach einer Bewusstlosigkeit von 48 Stunden – so stark war dieses Herz. Sie, die als siebzehnjähriges Mädchen, im Jahre 1866, den Einzug der Preussen in die freie Stadt Frankfurt erlebt und als treue Bürgerin miterlitten hatte – wie oft hatte sie uns das erzählt – ihr war es erspart geblieben als Greisin im Jahre 1940 den Einzug der Hitlerarmeen in das Frankreich der »liberté, égalité, fraternité« noch mit eigenen Augen zu schauen. – Der Tod hob sie sanft über diesen Schmerz, über diese Brutalität des Weltgeschehens hinweg.

Am 5. Juni sagt man mir auf der »préfecture« (Stadtverwaltung), daß ich mich im »Camp hypodrome d'hiver«[18] zu melden habe.

Am 6. Juni begleiten wir, meine Freundin Elisabeth Bab und ich, mein totes Mütterlein auf dem Weg zur Einäscherung auf den Père Lachaise. Noch hatte ich gehofft, meinen Bruder dort zu finden. Ich hatte ihm durch ein pneu (Telegramm) ins Camp Buffalo von der Stunde der Ein-

---

18   Hier meint die Autorin vermutlich das Vélodrome d'Hiver.

äscherung Mitteilung gemacht. Mein Bruder war erst seit kurzer Zeit in Paris – er war aus Berlin geflohen, weil einer der Angestellten seiner eigenen Firma ihn bei »der Partei« wegen »übler Nachrede« gegen die Partei angezeigt hatte. Doch zur Einäscherung kam er nicht – wir blieben allein – Paris war von allen verlassen, die Orgel im Crematorium spielte, spielte – auch noch, als wir längst gegangen waren. Die Sonne schien heiss auf Gräber und Bäume, ein reiches Leben war ausgelebt und ein langes Leiden war ausgelitten ... . und zurück blieb eine grosse Liebe.

Nun folgten aufregende Tage. Wir, Elisabeth Bab und ich, meldeten uns in Büro des Camp hypodrome d'hiver[19] – es war geschlossen und man gab eine andere Adresse durch Anschlag am Tor bekannt. Wir hatten erneuten alerte (Alarm) und nachts hörte man heftig schiessen. Am 10. und 11. Juni erlebten wir eine schwarze Vernebelung – es regnete Russ und der schwach von Sonne beleuchtete Himmel schien schwarz. Benzintanks hatte man bei Rouen in die Luft gesprengt.

Am Morgen des 11. Juni wurden wir im Büro des Camp Eblé endgültig abgewiesen – es wurde niemand mehr empfangen. – Auf meinem Heimweg in der métro (Untergrundbahn) tausende von Flüchtlingen, Proletarierfrauen und Kinder mit armseligem Gepäck eilten in langen Zügen nach allen Richtungen. An den Kreuzungen in den Métro-Tunnels wiesen ihnen Polizisten freundlich und hilfsbereit den Weg.

Zuhause angelangt – um 6 Uhr abends, sagt mir unsere concièrge (Hausmeisterin), daß ein Gendarm dagewesen sei mit der Weisung, daß alle sich noch im Hause befindenden Bewohner (es waren meist Pariser) heute Abend zwangsweise evakuiert werden würden – sodaß sie sich mit einer kleinen Reisetasche mit dem Nötigsten bereithalten sollten. – Unten auf der Strasse sah man schon offene Lastwagen, auf denen dicht aneinander gedrängt Frauen und Kinder sassen, traurig einherziehen. Auf diese Weise sollten auch wir auf die Landstrasse hinaus vor Paris gerollt werden. – Mir schauderte und, am ganzen Körper zitternd, holte ich einen warmen Mantel aus dem nach Campfer duftenden Winterkoffer aus dem Keller herauf und packte mit vor Aufregung glühenden Wangen das Nötigste zusammen – »Herr, ist es möglich, so gehe dieser Kelch von mir.« Er ging von mir – um 10 Uhr abends verkündete das Radio, daß diejenigen, die noch in der Stadt seien, bleiben sollten. – Es

---

[19]   Vgl. Anm. 18.

war in dieser Stunde die Nachricht eingetroffen, daß Paris als »Offene Stadt« erklärt worden sei und nicht beschossen würde. Man solle den herannahenden Deutschen nicht lauter leere Wohnungen überlassen.

Genau das Gegenteil von vorher wurde verkündet. – Die Vorsehung hatte es wieder einmal gut mit mir gemeint; noch nie habe ich mein Bett so hoch geschätzt wie in dieser Nacht. Gott sei Lob und Dank, daß ich nicht auf der Landstrasse vor Paris liegen musste! Es wurde eine kalte Nacht.

Nun hörte man aber doch, die Deutschen rückten immer näher, wären möglicherweise schon am nächsten Tag in Paris. Es war der 13. Juni. Morgens um 8 Uhr will ich versuchen, am »Gare St. Lazare« einen der letzten Züge zu erwischen, um nach Vaucresson zur Villa unseres französischen Freundes Louis Launay durchzukommen. Doch ... der Bahnhof ist gesperrt, kein Zug wird mehr abgelassen. – Hunderte, wenn nicht tausende von Flüchtlingen warten auf der Strasse nach einer Fahrgelegenheit – umsonst – die wenigen Autos sind alle überbesetzt und grosse Wagen, um die vielen Menschen zu transportieren, gibt es nicht mehr in Paris. Ich beschliesse zu Fuss die Landstrasse nach Vaucresson zu erreichen – möglicherweise mache ich einen Auto-stop und einer wird mich dann im Vorüberfahren schon mitnehmen? Doch mein Gepäck, das ich selbst trage, drückt mich nieder – ich fahre zurück im Métro nach meiner Wohnung in der Avenue Mozart, wo unterdessen Elisabeth Bab eingetroffen ist.

Am 13. Juni laufe ich zum Innenministerium, um eine carte d'identité als Französin zu erbitten. Die deutschen Truppen stehen vor Paris – »nous les aurons les boches« sagen die Leute voller Bitterkeit. In meiner begreiflichen Angst trage ich einen Brief bei mir an den Minister des Innern. Zwischen 5 und 6 Uhr nachmittags finde ich das Ministerium Faubourg St. Honoré fest geschlossen. Das Ministerium sei abgereist! Man riet mir, mit meinem Anliegen nach dem Militärbüro des Invalides zu gehen. – Ich eile quer durch Paris bei erneuter »Verneblung«; man sprengt wieder Öltanks in die Luft, es ist dunkel und regnet in Strömen. Gegen 5 Uhr nachmittags renne ich entlang des Champs Elysées gegen den Pont des Invalides mutterseelenallein – sodaß das Klappern meiner Schuhe widerhallt – zwei Gendarme auf Rädern rufen mir auf meine Frage nach dem Weg freundlich Auskunft zu; sonst treffe ich mitten in der Riesenstadt am hellichten Tag keine Menschenseele.

Etwas Leben herrscht vor dem Büro des Militärministeriums des

Invalides. Offiziere in Autos kommen an, doch für Zivilisten gibt es keinen Einlass.

Schon ist mir, als hörte ich aus der Ferne Musik, man hat den Eindruck, als ob die deutschen Vorhuten eintreffen. Es herrscht grösste Beklommenheit. Keiner spricht ein Wort. – Ich fahre mit meiner Eingabe unverrichteter Dinge mit der Métro nach Hause.

Am 14. Juni hört man während der Nacht unablässig Flieger über unseren Köpfen; im Unterbewusstsein weiss man, daß es deutsche Flieger sind. Früh am Morgen wollen wir – Frau Bab ist in das leer gewordene Zimmer meiner Mutter, also in meine Wohnung gezogen – uns unter den Schutz des amerikanischen Konsuls stellen, wo man uns wegen unserer in Aussicht stehenden Reise nach U.S.A. kannte. Vor dem Prachtbau der amerikanischen Botschaft auf dem Place de la Concorde hält unter den hohen dunklen Bäumen ein grosses, feldgraues Auto – Soldaten mit Helmen stehen ringsum – ich sehe genauer hin – das Blut stockt mir: »Helme mit Hakenkreuzen« und noch ein Auto und weiter, immer mehr und viele Feldgraue mit Stahlhelmen und Hakenkreuz ringsum. Alles geht still, fast lautlos vor sich. Doch bringt es einem fast das Herz zum stillstehen.

Im Vorzimmer der amerikanischen Botschaft sagt man uns, daß man vorläufig für uns nichts tun kann – man ist dort selbst konsterniert, man muss erst sehen, wie die aufregenden Dinge da draussen sich entwickeln. Man rät uns, zu Hause zu bleiben und nicht auszugehen.

Wir gehen durch die stillen, sonst so über alles belebten Strassen nach der préfecture an der Cité, wo wir hoffen, irgendeinen Ausweis für unseren Schutz zu erhalten. Doch auch hier sind alle Büros verlassen. – Die Fensterläden zu, alle Verkaufsläden geschlossen. Paris ist eine tote Stadt. Nur Handkarren mit vielen Bananen, gut und enorm billig – dazwischen immer neue Autos und Wagen aller Gattungen, Motorräder mit deutschen Soldaten. Kein Laut ist zu hören – einige Zuschauer umsäumen die Fahrstrasse – es sind dies nur vereinzelte Neugierige.

Am 15. Juni wieder auf der amerikanischen Botschaft – man macht uns dort ein klein wenig Hoffnung für ein aussergewöhnliches Visum – vielleicht sieht man am 1. Juli klarer – da sollten wir wieder nachfragen.

Allmählich fangen die Deutschen mit Massregeln an:

Abends nach 8 Uhr darf sich niemand mehr auf der Strasse sehen lassen. Die schönen hellen Sommerabende verbringen wir still auf unserem guten Balkon hoch über den Dächern von Paris – wenn das Signal

5 Minuten vor 8 Uhr ertönt, sitzen wir oben unter freiem Himmel und sehen, wie die armen unfreien Menschen ihren Wohnungen zueilen. Die Zeit wird geändert – die deutsche Sommerzeit, eine Stunde vorgelegt, wird eingeführt. Tag und Nacht brummen die schwarzweissen deutschen Flugzeuge mit ihren gewaltigen Motoren dicht über unseren Köpfen. Sie fliegen viel tiefer als die französischen und die englischen, sie rasieren die Dächer und ich gebe ihnen den Namen »raze vite« (Bezeichnung für eine Rasierklinge).

Am 17. Juni kommen schon langsam Flüchtlinge wieder nach Paris zurück. Die zu Fuss oder mit Rädern, beladen mit Säcken, Schachteln und Körben sind die »Pariser«, .. die Wagen mit Heu und Stroh, mit Pferden, Kühen und toten Hühnern, vielen Kindern und schmutzigen Eltern kommen aus dem französischen Kriegsgebiet, wo sie ihre Farmen verlassen haben. – Es soll auf den mit Flüchtlingen übersäten Landstrassen namenloses Elend, besonders Hunger und Schmutz, herrschen. Es wird anempfohlen, daß wir in Paris die Milch abkochen und nur abgekochtes Wasser trinken wegen Seuchengefahr durch die heimkehrenden Flüchtlinge.

Immer mehr deutsche Soldaten beleben das Strassenbild. Frühmorgens im Bett dringen bereits sächsische Heimatklänge von der Strasse herauf an mein Ohr: »Da missmer zurigg« – unten stehen fünf Lastwagen mit Soldaten und fassen Proviant zum Abzug – immer wieder Wagen mit Soldaten und viel Material aller Art. Eine unwiderstehliche Macht liess mich hinunterspucken.

In den Läden des Vororts Passy machen Soldaten Einkäufe – bewundern »echten Schnaps«, betragen sich ruhig und manierlich.

An 20. Juni auf der préfecture verweigert man mir die Verlängerung meiner Aufenthaltsbewilligung, »Sie müssen sich wieder vorstellen«. Ich gehe zu Fuss über den Bou-Mich – Châtelet, Rue de Rivoli – allenthalben deutsche Soldaten, Camions und Autos, Motorräder, Rotkreuzwagen jeder Art und Grösse. Je weiter hinaus die Rue Rivoli, destomehr Soldaten und Offiziere.

Die getauschte Grussform scheint ungezwungener, der Verkehr zwischen Offizier und Soldat kameradschaftlicher als früher. Ein einziges Mal sehe ich den Hitlergruss mit erhobenem Arm. Auch die Hakenkreuzfahne wird sparsam gezeigt, kein Auto ist beflaggt. Offenbar wird alles Provozierende vermieden. Das Benehmen der vielen, meist sehr jungen Soldaten ist bescheiden, korrekt, ihre Mienen freundlich. Sie machen einen guten Eindruck auf die Pariser Bevölkerung, was sicher beabsichtigt. Es sind alles grosse, blonde Kerle – speziell für den Zweck des Eindruckmachens ausgewählt. Ich gehe weiter an den Tuilerien entlang nach dem Place de la Concorde, komme durch ein förmliches Feldlager vor dem Ausmarsch. Tornister und Gepäck liegen geordnet am Boden. Vor den grossen Hotels unter den Arkaden, in denen die Soldaten logieren, halten zwei Feldküchen, und die Mannschaften trinken aus ihren Gefässen Suppe oder sonst ein heisses Getränk – nach Kaffee riecht es nicht – und essen mit Appetit französisches Weissbrot. Am Concorde ist der Weg durch französische agents gesperrt – bis hinauf zur Madeleine stehen die deutschen Autos. Mit meinem geplanten Besuch des Café Weber wird es nichts – ich nehme die Métro und fahre heim.

Den 21. Juni – deutsche Truppen ziehen ab – französische Flüchtlinge in ihren traurigen Zügen kehren zurück. Die Pariser Bevölkerung erwartet mit Ungeduld die Unterzeichnung des Waffenstillstandes – alles andere ist den Leuten gleichgültig. »Wir sind von unsrer Regierung belogen, verraten und verlassen worden – unter einem anderen Régime wird es uns auch nicht schlechter gehen – die Hauptsache ist, daß wir Frieden haben« – die Gleichgültigkeit ist erschreckend. Aber – das muss hier betont werden – massgebende Franzosen sind ja nicht anwesend – es herrscht »le régime des concièrges«. In den Häusern sind allenthalben nur die concièrges zurückgeblieben und geben den Ton an.

Die Fliegerei über unseren Köpfen nimmt groteske Formen an – ein chasser-croiser der schwarzen Todesvögel mit ihrem grollenden Motorenlärm ohne Unterbrechung von und nach allen Himmelsrichtungen bedeutet neue und erhöhte Schlachtentätigkeit – wo? Die kleinen Zeitungen, die zusammengeschrumpften Boulevardblätter »Le Matin« oder »La Victoire«, die ganz von den Deutschen redigiert, jeden Morgen und Abend feilgeboten werden, melden nichts.

Abends die Radiomeldungen, die wir bei einer uns befreundeten tschechischen Emigrantin eine Etage unter uns nachts um 11 Uhr hören, berichten plötzlich aus London in deutscher Sprache von dem energischen Willen Englands zum Durchhalten bis zum Ende der europäischen Schreckensherrschaft. Wir atmen auf – die seelischen Depressionen der letzten Wochen werden ein wenig leichter – man schöpft neue Hoffnung. Winston Churchill hält die Wacht.

Wir beginnen die Geldknappheit mehr und mehr zu spüren, haben gar keine Eingänge mehr. Ich probiere wieder eine Verbindung mit

Vaucresson herzustellen, wohin mein Sohn seine Geldüberweisungen via Louis Launay leiten wollte. Auf dem Pariser Postbüro sagt man mir, daß keinerlei Verbindungen herzustellen seien. Telefon, Telegraph zerschnitten, Zuggleise zerstört. Zivilpersonen dürfen ausserhalb der Bannmeile von Paris nicht verkehren. – Es dürfen nur Ärzte, Hebammen und Wagen für das »ravitaillement« (die Verpflegung) die Landstrasse und auch nur mit ausdrücklicher Genehmigung der Deutschen passieren.

Man riet mir, mich auf der Kommandantur zu melden und mich dann mit einem deutschen Camion nach Vaucresson mitnehmen zu lassen. Das aber wollte und durfte ich noch nicht riskieren. Ich kannte die neuen Herren noch zu wenig. – Durch Vermittlung von Bekannten konnte ich einem Motorradfahrer, der mit Gemüse täglich in die Gegend von Vaucresson fuhr, meinen Brief an unseren Freund mitgeben. Der Brief wurde vom Bruder unseres Freundes beantwortet. Launay und Gattin wären abwesend, befänden sich »quelque part en France« – meine Hoffnung auf finanzielle Hilfe schwand dahin.

Nun geht das Gelaufe um Geld an. Die wenigen Freunde, die noch in Paris geblieben sind, werden angepumpt und einige hundert francs helfen über die nächsten Wochen hinweg. Dann ist es alle und ich erkundige mich auf der Amerikanischen Botschaft über ev. Bankverbindungen nach USA. Es gibt keine – nirgends ein Lichtstreifen zu erblicken. Aber die Lloyd's Bank (zufällig ist es die Bank, auf die meine amerikanischen Anweisungen von Hallgarten und Co. immer kamen) sei nun der Sitz der Deutschen – dort gäben sie vielleicht an deutsche Staatsbürger Kredit. – Ich laufe zur Lloyd's Bank – Über dem Eingang ein Schild: Deutsche Kreditkasse. Ich passiere den deutschen Wachposten, zum ersten Mal – ich ahnte nicht, wie viele deutsche Wachposten ich in den nächsten Wochen noch passieren würde. An den Schaltern, an denen man mir sonst immer mein Geld ausgezahlt hatte (oft sprach der bedienende Beamte ein Französisch mit englischem Akzent, denn die Lloyd's Bank ist eine englische Bank), sind alle diensttuenden Beamten nun in feldgrauer Uniform und sprechen deutsch in allen Mundarten. Ich gehe an einen der Schalter und spreche deutsch, zum ersten Mal. Ce n'est que le premier pas qui côute – ich erhalte freundliche Antwort und man sagt mir, daß diese Kasse nur an die deutschen Soldaten auszahle – aber einige französische Beamte der Bank seien noch da, man nannte mir einen Namen. Da könnte ich doch vorsprechen. Auf der deutschen Seite, ganz im dunkelsten Hintergrund amteten dann auch einige verdrückte französische Angestellte, und ich konnte den momentanen Leiter kurz im Dunkeln sprechen. Er war sehr höflich, meine Unterlagen und Papiere machen sichtlich Eindruck, besonders mein »Bankname«; und er bat mich, am nächsten Tag wiederzukommen. Er gab mir dann zuvorkommenderweise 200 frcs., die 4 Tage reichten. Wir versuchen es weiter bei den deutschen Behörden – gehen direkt auf die Kommandantur. Die Offiziere sind von ausgesprochener Höflichkeit. Wir, Elisabeth Bab und ich, sind Reichsdeutsche, haben gültige deutsche Pässe, die bis jetzt noch niemand zu sehen verlangte. Man muss mit den Wölfen heulen, es nützt nichts, hier das störrische Kind zu mimen – sie sind nun einmal die Herren – »ils sont les maîtres« hörte ich auch auf der Strasse sagen. – Doch kann ich mir kleine ironische Eskapaden nicht versagen.

Auf der Kommandantur – ihren Sitz hat sie in der Chambre des Députés – wo denn sonst? – kommen wir dank unserer guten Pässe sehr bald an und werden in das Büro für finanzielle Angelegenheiten im zweiten Stock verwiesen. Die beiden diensttuenden Offiziere sind von ausgesuchter Höflichkeit. Ich erkläre kurz, schon um die Herren nicht aufzuhalten, daß ich meine Einkünfte monatlich aus USA zu erhalten pflege und daß ich nun durch die Absperrung in grosser Geldverlegenheit sei – ob ich vielleicht als deutsche Staatsangehörige einen momentanen Kredit erhalten könne – das Geld könnte ich pünktlich zurückzahlen – es käme von der Bank meines Namens aus New York. »Ob ich nicht schnell eine Filiale der Bank in Paris aufmachen könnte?« war die freundliche Frage – sie selbst hätten gar keinen Fonds für so einen Kredit – ich sollte doch mit meinem Anliegen auf die deutsche Botschaft gehen. Ich war höchst erstaunt, daß es in diesem Moment in Paris eine deutsche Botschaft geben sollte, und ich sprach mein Erstaunen darüber aus. In meinem eher politisch geschulten Gehirn gehörte zu »einer Botschaft« doch eine Landesregierung und die gab es ja eben in Frankreich nicht. Ich hütete mich, das auszusprechen. Ich sagte nur noch, daß alle meine französischen Freunde von Paris abwesend seien – es wäre mir sonst ein Leichtes gewesen – einen Kredit zu erhalten. Dann gingen wir.

Am Eingang der deutschen Botschaft im bekannten Haus Rue de Lille, sagen uns die postenstehenden Soldaten, daß in der Botschaft kein Mensch anwesend sei – dacht' ich mir's doch! – daß alle Geschäfte im deutschen Konsulat Rue Huysmanns erledigt werden würden. Also auf zum Konsulat. – Am Konsulat steht eine lange Schlange ziemlich abgerissen aussehender Männer. – Eine freundliche Wache sagt uns, es seien befreite Kriegsgefangene, die in ihre Heimat zurück wollten. Ich belausche »zu meiner Orientierung« die Gespräche vor dem Eingang, ausserhalb der Schlange. Ein Deutscher, Beamter in Zivil, jung, sehr blond, gut aussehend, stellt sehr scharfe Fragen an einen Mann österreichischer Staatsangehörigkeit: »Warum haben Sie sich nach dem Anschluss nicht gemeldet? Ha, ha, Sie wollten kein Deutscher sein!« Zweimal wiederholte er das. – Hier war meines Bleibens nicht. Ich werde in Zukunft diese Stätte meiden.

Elisabeth Bab und ich sitzen auf der Terrasse des Café de la Paix – dem Rendezvousplatz der deutschen Offiziere – dicht neben uns am Tisch – man reibt sich fast die Schultern – Offiziere. Wir sprechen französisch. Soldaten gehen hackenschlagend grüssend vorbei: »Mais ce sont des gosses« (ganz Junge) rufe ich erstaunt aus – so viel verstehen selbst die Stursten. – Kleine aufgeputzte Pariserinnen und Spiesser flanieren vor dem Café, es ist ja das »régime des concièrges« unter dem wir leben. »Mais naturellement ce n'est pas l'élégance de Paris – ce n'est que le prolétariat qui va se promener ici!« – Ein grosses Schild auf Front und Rücken, ein sogenannter Sandwichman geht vorüber: »Brasserie Alsacienne« gute Weine, gute Biere, »Juden unerwünscht!«– »Maintenaut c'est la culture sublime qui arrive à Paris« sagt meine Freundin. Der neben mir sitzende Leutnant verstand ganz gut; sein Französisch, das er mit dem Kellner verzapft, ist nicht ganz schlecht – auch liest er ein Boulevardblatt, also hatte er verstanden. »Hätt' ich doch meine Freude dran«.

Nach und nach sieht man in den Zeitungskiosks die deutschen Blätter: »Der Völkische Beobachter« mit seinem charakteristischen roten Strich, die »Kölnische«, die »Berliner Illustrierte«, »Der Stürmer«, die »Frankfurter Zeitung«. Im Pariser Métro sitzen deutsche Soldaten und lesen den »Völkischen Beobachter«, gibt es Groteskeres? Widersinnigeres? – Die anfängliche »Freundschaft« zwischen den Soldaten und der Bevölkerung, die wohl mehr Neugier war, hat sich rasch gelegt. Die Feldgrauen gehen, meist zu dreien oder vieren, recht isoliert und vereinsamt durch die Strassen oder stehen im Métro. Es ist erstaunlich, welche Virtuosität im »Nichtbeachten« die Pariser entwickeln.

Paris sieht in diesen Sommertagen bezaubernd aus. Das satte üppige

Grün der Anlagen des Luxembourg, der Tuilerien, des Parc Monceau und all der Squares und Boulevards mit ihren entzückenden bunten Blumenbouketts ist wie das Kleid einer Braut vor Empfang des Bräutigams. Nur die streng geschlossenen Fensterläden, die heruntergelassenen Stores der meisten Kaufhäuser, die geschlossenen Tore der mondänen Restaurants – das gänzliche Fehlen jeglicher Eleganz, legen beredtes Zeugnis ab von der schamhaft spröden Abwehr gegen den liebenden Bräutigam. Gar nicht gefallen will diese Abwehr den Deutschen – und die Worte des Oberleutnants, die er bei meinem zweiten Besuch auf der Kommandantur für diese Geste der Pariser findet, klingen recht bitter: »Nun haben Sie noch kein Geld, Sie mit Ihren guten Beziehungen hier? Die Pariser hätten nicht fortzugehen brauchen, sie hätten hierbleiben sollen, wie es ihre Pflicht gewesen wäre.« Ich erwiderte, ob die Berliner angesichts der Bomben, die doch schon geflogen seien, dann ruhig in Berlin geblieben wären. – »Wir haben ja den Franzosen den Krieg nicht erklärt – sie haben uns den Krieg erklärt – sie hätten es anders haben können!« Ich schwieg. Im übrigen bewies der Herr Oberleutnant ein bemerkenswertes Gedächtnis. Als er mich im Halbdunkel auf dem Corridor erblickte, fragte er sofort nach meinem Geld aus Amerika. Dann, in seinem Zimmer rektifizierte er seine Bemerkung von meinem ersten Besuch bezüglich der »Deutschen Botschaft«. Meine Bitte, mir ein Kabel nach USA zu gestatten, könnten sie »heute noch nicht« erfüllen – das sei noch etwas früh – er sähe wohl ein, daß ich schwere Unannehmlichkeiten deshalb hätte – es wäre eben Krieg. »Leider« sagte ich mit Betonung.

Was uns deutsche Emigranten in diesen Tagen des »gouvernement des concièrges« so abstösst, ist die Hetze gegen England, die von den Nazis betrieben, bei dem Pariser Pöbel, der es nicht besser weiss, auf fruchtbaren Boden fällt. Man sieht wieder einmal, wohin man die Massen leiten kann, wenn die Führung fehlt. Der treue Verbündete von gestern, der Engländer, mit dem man den ganzen Winter über gut Freund war, mit dem man in den Cafés der Boulevards getanzt und wechselseitig die Nationalhymnen gesungen hatte, er ist heute der Erzfeind, der Teufel in Menschengestalt, der das arme französische Volk samt seiner gutgläubigen Regierung verführt hat. Trotzdem, die Nazi übertreiben ihre Pressehetze – die Nummern des »Matin« mit Hetzartikeln gegen den Ministerpräsidenten Paul Reynaud fliegen demonstrativ aufs Pflaster – man sieht ganze Nummern auf die Strasse geworfen.

Nach und nach hört man Worte wie: »ils font que des mensonges«. An den Mauern hängt ein neues Plakat, – ein deutscher Soldat umringt von armen französischen Kindern: »Population abandonnée, faites confience aux soldats allemands« (Verlassene Bevölkerung, vertraut den deutschen Soldaten). Diese Plakate werden viel abgerissen. Haltet doch die Franzosen nicht für so dumm – allmählich kommen ja nun die geistigen Führer zurück. Das Lob, das der Humanität und der Hilfsbereitschaft der Deutschen für die französische Bevölkerung in den Boulevardblättern unaufhörlich gespendet wird, begegnet einem ironischen Lächeln. – Viel schwerer und weniger »human« wiegt der Nahrungsmangel. Wochenlang fehlt es am nötigsten – Kartoffeln, Butter, Eier – und vor allem Milch. Die Schlangen vor den Läden wachsen – »faire la queue« gehört zur täglichen Quälerei der Frauen aller Stände. – Es wird erzählt, daß die Deutschen täglich Eisenbahnzüge, beladen mit Nahrungsmitteln, vom »Gare St. Lazare« direkt nach Berlin ablassen. Um nur einige Beispiele anzuführen: Von 1.400 mottes Butter (eine motte = 20 Kilo) nahmen die Deutschen 1.100 für sich und liessen 300 für Paris. Von 19 Kisten (die Kiste zu 1.000 Eier) nahmen die Deutschen 14 (14.000 Stück) und liessen für die Pariser Bevölkerung 5 Kisten = 5.000 Stück Eier. Es fehlt an Kaffee, Cacao, Chokolade, Oel. Die Ernährung, die in Paris immer glänzend war, wird ungeheuer mager und dürftig dank der deutschen Invasion. Bezahlt wird mit den deutschen Papierscheinen – RM 1.- zu 20 frcs.! – Die Läden von ganz Paris, besonders Stoffe und Kleidung aller Art, Wäsche, Schuhe werden geplündert, wenn auch bezahlt – mit französischem Geld!

Inzwischen nehmen die Kriegshandlungen ihren Fortgang. Der Feldzug gegen England ist ins Stocken geraten – er sollte viel schneller vor sich gehen. Die Flieger kreisen gleich Todesvögeln über unseren Köpfen. Viele camions, mit Soldaten eng besetzt, verlassen Paris. Wenn diese Ladungen mit den todestraurigen Soldaten zum Abtransport durch die Strassen fahren, wenn ich sehe, wie die Augen dieser jungen Burschen stumm und starr auf dem pulsierenden Leben der Stadt ruhen, füllen sich meine Augen mit Tränen – O Welt! Man erzählt, daß man viele Soldaten abends betrunken sieht und daß sie sagen: »morgen geht es gegen England – dann ist alles egal – wir fallen ins Meer«. Einer soll gesagt haben »wenn zwanzig von uns nach England ausziehen, kommen nicht mehr als zwei wieder«. Sehr viele sollen sich geweigert haben, die Todesfahrt anzutreten. Viele seien füsiliert – andere mit vorgehaltenen Pistolen in den Zug auf dem Gare Montparnasse gezwungen worden. In unserem Quartier soll ein Soldat bitterlich geweint haben. Er habe aus Deutschland mit der Feldpost die Nachricht erhalten, daß seine Frau bei einem Bombardement getötet wurde. Das ist das Neue in diesem Krieg »die Männer ziehen hinaus und die Frauen sterben im eigenen Land durch feindliche Bombenangriffe«. Die Kämpfe gehen weiter – der Krieg ist noch lange nicht aus.

Am 8. Juli kam einer der deutschen Schriftsteller, der bis an die Loire geflüchtet war, wieder nach Paris zurück – Alfred Wolfenstein, bekannt durch gute Lyrik und besonders durch seine Anthologie lyrischer Dichter. Er hat viel erlebt, ist aber noch zu ergriffen, um über all das Schauerliche zu sprechen, was er auf den Landstrassen gesehen hat. Er kommt, als Freund von Frau Bab, von nun an öfters zum Abendessen auf unseren Balkon.

Am 23. Juli kommt auch Herr Julius Bab aus Bordeaux nach Paris zurück. Unser Balkon belebt sich. Nachts hören wir den englischen Sender – dort spricht u. a. der französische Befehlshaber für »la France libre«, der General de Gaulle, ein gewandter und kluger Redner, der mit Überzeugungskraft für die »armée française libre« zu werben versteht. Er wendet sich in scharfen Worten gegen General Pétain, der den vorläufigen Waffenstillstand zwischen Frankreich und Deutschland unterzeichnet hat – »Tout le monde a pu signer cet acord mais pas vous mon général!« – diese Worte klingen mir immer noch im Ohr. Die concièrges sind wenig erbaut von General de Gaulle: »Il veut continuer la guerre et il va de nouveau prendre nos gosses« (uns unsre jungen Söhne wieder nehmen). Was aus Frankreich wird, ist ihnen höchst gleichgültig.

Am 28. Juli erhalte ich – o Glück – durch das »Internationale Rote Kreuz« einen Brief aus Amerika, in dem mein Sohn um Nachricht bittet, besonders um meine Adresse – er weiss ja nicht, daß ich die ganze Zeit über in Paris geblieben bin. Auch eine »aide financière quelconque« wird darin angeboten. Wie wohl tut eine solche Fürsorge! Zuerst erhalte ich mit diesem Brief noch einmal einen Kredit von 300 frcs. auf der Lloyd's Bank. Dann komme ich auf den Gedanken, den Rotkreuzbrief meinem mir bekannten Oberleutnant auf der Kommandantur einzureichen und damit meine Bitte, kabeln zu dürfen, zu wiederholen.

Die Formalitäten am Eingang des Place du Palais Bourbon sind diesmal sehr verschärft. Franzosen werden überhaupt nicht zugelassen –

allenfalls Reichsdeutsche. In der Vorhalle wird zum ersten Mal mein Pass einer strengen Kontrolle unterzogen. Dort sitzt nicht mehr, wie in den früheren Tagen, ein Reichswehroffizier, sondern ein Beamter der Gestapo, der Herr trägt Zivil mit Hakenkreuz im Knopfloch – mein Pass geht durch. »Sie können Ihr Gesuch schriftlich einreichen – Sie können es gleich hier schreiben – dann erhalten Sie eine ›convocation‹.« Der Hakenkreuzherr bedient sich des französischen Ausdrucks, spricht überhaupt – er ist wohl Elsässer – fliessend französisch.

An 1. August finde ich in der immer noch leerstehenden Wohnung meines Bruders bei der concièrge Korrespondenz, Briefe und Karten von ihm und seiner noch im Camp der Basses Pyrenées weilenden Frau. Aus einer Karte ersehe ich zu meinem Schrecken, daß mein Bruder bereits in Paris, aber in deutscher Militärgefangenschaft sich befindet »Rue Cherche-Midi«. Eine Postkarte, die ich sofort dorthin richte, bleibt unbeantwortet. Ich gehe selbst an die angegebene Adresse »Ja« heisst es dort, er wäre da, aber heute könne ich ihn nicht sprechen, ich solle in einigen Tagen wiederkommen. Bei meinem zweiten Besuch erhalte ich zur Antwort, sie zögen gerade um, ein grosser camion am Hofeingang wird eben mit Tischen und Stühlen beladen – ich solle nächste Woche hinaus nach Frèsnes in das dortige Militärgefängnis kommen – vielleicht könne ich dort etwas Näheres erfahren – eine freundliche Ordonanz hält mir eine Landkarte hin und zeigt mir, daß Frèsnes ein Ort Richtung Sceau – aber weiter weg, auch keine Bahnstation, sei – ich müsste dann noch ca. zwei Kilometer zu Fuss gehen. – Ich habe das auch pflichtschuldigst getan. Aber mein Bruder wurde auch dort nach drei vergeblichen Besuchen nicht gefunden – inzwischen waren schon vier Wochen seit meiner ersten Recherche vergangen. Mir war das sehr arg, das einzige, was mich auf diesen vergeblichen Reisen interessierte, war die Unterhaltung mit verschiedenen Offizieren und der Einblick, den ich bei meinen Besuchen in der Anstalt, in deren inneren Räumen ich, dank meinem deutschen Pass, als einzige von allen anderen Besuchern warten durfte, gewann. – Das Hackenzusammenschlagen und Gewehrpräsentieren waren mir als Deutsche altvertraute Mätzchen – aber da war eine Nuance im Verkehr, die ich früher nicht kannte. Es war von den unteren Stellen eine Art stummer Auflehnung und von den oberen Chargen eine Neigung zum bittenden Kommando. Ein sehr scharfer und energischer Leutnant hatte sich schon ein zärtliches am Arm fassen beim Erteilen von Kommandos angewöhnt – er wiederholte es bei jedem Mann. Ein junger Gefreiter beklagte sich bitter über das viel zu lange Ausbleiben von Post – »man wisse ja gar nicht, was draussen vorging«, »unsere Frauen weinen, so geht das nicht weiter«. »Na, gehen Se man rein und beschweren Se sich«, damit zeigte der Leutnant auf die Zimmertür, die die Aufschrift »Anstaltsleitung« trug. So was gab's früher nicht. War es ein Zeichen von Unsicherheit? Keinesfalls von absoluter Autorität. Die acht gefangenen Soldaten, die vor ihrer Freilassung wartend in einer Reihe standen, hoben in einem unbewachten Moment, einer nach dem anderen höhnisch den Arm zum Hitlergruss, so die anderen nachäffend und auslachend.

Schliesslich war mein Bruder, trotz aller Mühe, die sich ein Unteroffizier mit Suchen gab, in Frèsnes nicht zu finden, deshalb fuhr ich noch einmal nach dem Ausgangspunkt, in der Rue Cherche-Midi. Dort sagte man mir, daß es noch eine Möglichkeit gäbe, das Untersuchungsgefängnis »la Santé«. Das war für mich kein unbekannter Begriff.

Am 27. August[20] hatten wir Alfred Wolfenstein zum Abendessen auf unserem Balkon erwartet. Er kam nicht und auf den Telefonanruf bei ihm rührte sich nichts. Als Herr und Frau Bab sich daraufhin noch abends spät auf den Weg in seine Wohnung machten, sagte man ihnen dort, daß Wolfenstein vor drei Tagen von der Gestapo verhaftet worden sei. Das war eine beunruhigende Nachricht. Wolfenstein war gewiss kein Politiker, er gehörte auch nicht zu den politisierenden Schriftstellern – trotzdem hat er immer zur strengen Hitleropposition gehört und war, aus Deutschland stammend, bereits aus der ersten Emigration Prag in die zweite Emigration Paris geflüchtet. Nun hatten sie ihn in Paris festgenommen – und er war und blieb spurlos verschwunden.

Auch von anderen Verstössen der Gestapo wurde gesprochen – so waren sie in Châtenay-Malabry, wo eine ziemlich grosse deutsche Sozialistenkolonie existierte, vorgefahren und hatten sich Einsicht in die Wohnungslisten verschafft. Die Bewohner der Wohnungen waren aber alle nicht in Paris. Die politischen Emigranten wussten, daß sie Paris streng meiden mussten. Eine jüdische Emigrantin hatten sie wegen Steuerflucht verhaftet usw.

Die armen jüdischen Emigranten, deren wenige in Paris geblieben waren, waren wie aufgescheuchte Vögel. Sie kolportierten Schauermär-

---

20 Hier hat sich die Autorin offensichtlich beim Datum vertippt, da sie ansonsten chronologisch berichtet. Sie meint vielleicht den 2. oder den 7. August.

chen, mit denen sie sich gegenseitig Angst machten und sahen sich schon mit gelben Armbinden in Paris spazierengehen – das mindeste war ihre Evakuierung nach der polnischen Kolonie Lublin ins Arbeitslager. Als ich einem dieser Armen sagte, daß nach meinem Dafürhalten alles, was jetzt vor sich ginge, ein Provisorium sei, dass nichts bliebe und sich die Dinge noch nach ganz anderer Richtung entwickeln könnten, er möge doch nicht Schauermärchen verbreiten und solle lieber seine Freunde – es waren meist Frauen – beruhigen, sah er mich ganz ungläubig staunend an. Er würde das, was ich sagte, ja so gern glauben – aber sie hätten eben alle so grosse Angst. Ich hatte ja in Deutschland nichts dergleichen gesehen, hatte wirklich nicht die rechte Erfahrung.

Am 10. August wird der Bois de Boulogne von der Kommandantur für jeden Verkehr geschlossen – mitten im heissesten Sommer wird die Pariser Bevölkerung dieser herrlichen Waldzuflucht beraubt. Die tollsten Gerüchte über die Beweggründe werden in Umlauf gesetzt – am plausibelsten scheint aber die Motivierung, daß deutsche Verwundete in solchen Massen von den Kriegsschauplätzen eintreffen, daß, wie es notorisch der Fall ist, sie in den Hospitälern wegen Überfüllung nicht mehr Platz finden, im Bois de Boulogne in schnell aufgestellten Baracken untergebracht werden.

Am 14. August war bei uns wieder einmal Schmalhans Küchenmeister. Daß wir überhaupt fast immer wieder Geld hatten und nie hungerten, ist eines der grössten Wunder. Es war uns zu Ohren gekommen, daß in der »NSDAP-Volkswohlfahrt« Avenue Foch man nach einer Gratismahlzeit noch gratis Käse und einen halben Laib Brot erhalte. Elisabeth Bab und ich machen uns also auf den Weg zu unseren »chers compatriotes« (lieben Landsleuten). In der früheren Ausstellungshalle des Handwerks »des Artisans« hat die Volkswohlfahrt nach dem Muster des dritten Reichs ihre Zelte aufgeschlagen. Unsere deutschen Papiere wurden am Eingang scharf kontrolliert. Die Franzosen, für die das ganze eigentlich bestimmt war, kamen ohne Kontrolle hinein – es wurde von der Bedienung auch französisch gesprochen, doch war die geräumige Halle mit ihren sauberen langen Tischen und Stühlen merkwürdig schwach besucht – doppelt merkwürdig, wenn man bedenkt, daß ein grosser Teller Nudelsuppe und Brot, darnach noch eine Schale Kaffee gratis ausgeteilt und noch Brot und Käse mit auf den Heimweg gegeben werden. In einer Fensterseite des Saales sassen deutsche Rotkreuzschwestern und männliche Angestellte bei einem besseren Menu mit Wein. Einige neue Besucher hoben beim Kommen den Arm zum Gruss. Diesen Gruss, den man am Anfang kaum sah, sieht man nun immer häufiger, besonders bei den zahlreichen Personen in Zivil, die nun mit gelber Armbinde bedruckt mit »Deutsche Wehrmacht« das Pariser Pflaster treten – meist wenig amöne Gestalten.

Auch deutsche Frauen sieht man jetzt oft, plumpe, jugendliche Erscheinungen, meist bunt gekleidet (die Französinnen tragen viel mehr schwarz) mit Engelfrisuren und Brille. Ebenfalls feldgrau uniformierte Mädchen mit Käppis, bei Hitze schwitzend in ihren grauen Lodenjacketts – Telefonistinnen und Büroangestellte, wie man uns sagte, zieren die Strassen von Paris. Die deutsche Sprache beherrscht fast die Boulevards. Was früher das Kennzeichen der deutschen, meist jüdischen Emigration war, die deutsche Sprache, hat sich plötzlich in das Gegenteil verwandelt. Es ist die Sprache der deutschen Soldaten und der dazugehörigen Frauen, und die französische Bevölkerung gewöhnt sich immer mehr an die deutschen Klänge. Auch Elisabeth Bab und ich, die wir früher vermieden, auf der Strasse deutsch zu sprechen, tun uns keinen Zwang mehr an, sprechen wieder deutsch, die Sprache der »envahisseurs«, der Sieger.

Die wohlgenährten Soldaten und die gemästeten Offiziere, die anfangs so auffielen, werden immer seltener, machen normaleren Erscheinungen Platz, überhaupt, gewechselt wird unaufhörlich – sicher kaum einer, der anfangs im Juni dabei war, ist heute Anfang August noch in Paris. Mit Wehmut hört man, wie einer der Vielen in einem ganz netten Französisch, das manche intelligent sich ein bisschen aneignen, sagt: »Paris est belle (er sagt beau), mais s'il n'était pas Calais!« (Paris ist schön, wenn darnach nicht Calais käme).

Mitte August ist vorbei – wir haben schon den 20sten, als ich um die Mittagszeit zufällig allein zu Hause, auf das Schellen am Eingang hin die Haustür öffne. Eine Dame mit Brille, französisch sprechend, steht draussen mit einer Mappe untern Arm: »Ich komme wegen Ihres Briefes vom Roten Kreuz, Sie brauchen doch wohl eine ›aide financière‹, vielleicht wünschen Sie zu kabeln?« Ich traue meinen Ohren nicht – »Ja, wenn ich nur könnte – wollen Sie nicht näher treten?« »Gern«, dabei reichte sie mir aus ihrer Mappe als Legitimation ein weisses Papier, das den etwas gekürzten Text des Rotkreuzbriefes meines Sohnes enthält. Wir lassen uns auf dem Balkon nieder und die Dame schreibt gleich den Text eines Kabels, gerichtet an meinen Sohn in Californien, nach meinem Diktat, nieder. »Wir haben morgen einen Kurier gehen, der Ihr Kabel mitnimmt. In zwei Tagen wird es an Ort und Stelle sein«. Ich wundere mich weiter und gebe ihr schnell den Antwortbrief an das Rote Kreuz, der fertig und geschlossen dalag, aber wegen der vollkommenen Postsperre nicht abging. Sie nimmt diesen Brief etwas zögernd, aber schliesslich doch; dann geht sie ziemlich schnell, ohne den finanziellen Punkt des Kabels auch nur zu berühren. Da war sie schon zur Tür hinaus, ehe ich noch fragen konnte, von welcher Rotkreuzstelle sie eigentlich käme.

Am 20. August ruft plötzlich Wolfenstein bei uns an. Er ist frei und wird am nächsten Tag alles erzählen. Wir sind sehr froh und atmen erleichtert auf.

Am 23. August erhalten Elisabeth Bab und ich unsere Clippers (Luftpostbriefe), die wir am 11. Juli nach USA abgeschickt hatten, als »non admis« zurück – nach sechs Wochen! All unsre Hoffnung, daß die Verbindung mit unseren Söhnen hergestellt sei, war trügerisch. Mein armer Sohn hat noch kein Wort gehört. Vielleicht nun das Kabel? Doch kann ich's kaum glauben. Auch aus Vaucresson vom Bruder Launay's erhalte ich dieselbe Auskunft, daß alle Versuche Louis Launay's (der sich in irgendeiner Funktion im Innenministerium in Vichy befindet), eine Verbindung mit meinen Sohn nach Californien herzustellen, gescheitert wären, ebenso kam sein »Clipper« nach Amerika zurück. Auch von Launay kann ich keine Geldhilfe mehr erwarten.

Am 24. August nehmen die Schlangen am Markt in Auteuil beängstigende Formen an. Stundenlang ab früh 6 Uhr stehen die Frauen in Morgenkälte, um ein paar Eier und ein halbes Pfund Butter. – Wenn, was oft vorkommt, die Händler mit Butter und Eiern überhaupt nicht erscheinen, und die Frauen nach stundenlangem Warten mit leeren Taschen abziehen müssen, wächst die Erbitterung gegen die deutsche Invasion zusehends. Alle Läden – nicht nur die von Paris, sondern von ganz Frankreich – sind geplündert. Es gibt keine Strümpfe, keine Seife, keinen Wein, keinen Kaffee, keine Chokolade – die Preise für Kleiderstoffe und Schuhe und für hundert unentbehrliche Dinge steigen ins Hoffnungslose; wenn überhaupt noch etwas zu haben ist. Wie die Heuschreckenplage das alte Ägypten, so haben die deutschen Soldaten das fruchtbare Frankreich heimgesucht.

Am Nachmittag des 24. August fahre ich auf Anraten eines Feldwebels im Militärgefängnis Cherche-Midi, nachdem ich meinen Bruder fünf Wochen lang vergeblich gesucht hatte, ins Untersuchungsgefängnis »La Santé« und finde ihn dort. – Ein Unteroffizier bei der »Surveillance allemande« gibt mir Auskunft und sagt: »Ach das ist der, der immer sagt, daß sich gar niemand um ihn kümmere – Sie wollen ihn wohl gern jetzt sprechen?« »Ja, bitte, das wäre sehr freundlich«, ich weiss, daß keine Besuchsstunde ist. Der menschlich fühlende Unteroffizier geht weg und holt meinen Bruder selbst in sein Bürozimmer; was ganz gegen das Reglement verstösst, das streng von der französischen Verwaltung gehandhabt wird. – Nun kommt mein Bruder schon auf dem Gang mir entgegen. Sehr blass, sehr soigniert rasiert, wie immer adrett gekleidet. Wir können uns im Zimmer der Surveillance nebeneinander sitzend, ganz gut unterhalten. Seit Monaten hatten wir uns nicht gesehen und keiner wusste vom Aufenthalt des anderen – er war im Camp und von mir nahm er an, daß ich aus Paris evakuiert gewesen sei. Wir waren recht ergriffen, aber nun war wenigstens jemand da, der sich um ihn kümmern konnte – er war nicht verhört und niemand wusste, weshalb man ihn suchte von Berlin aus, wie es hiess. Seine Frau befand sich noch im Camp de Gurs in den Basses-Pyrénées und hatte keine Möglichkeit, nach Paris zu gelangen. Ihre angstvollen Karten, in denen sie immer und immer wieder um Nachricht von Erich bittet, sind erschütternd. – Für ihn und sie hatte ich nun zu sorgen. Ich war froh in dem Bewusstsein, ihm beistehen zu können und ich sah, wie ihn meine Gegenwart tröstete. Die folgende Nacht konnte ich aber doch vor Aufregung kein Auge zu tun. Von da ab ging ich jede Woche in die Santé, sprach auch öfters mit den diensttuenden Offizieren. Bei solchen Unterhaltungen hat man immer denselben Eindruck. Eine Art biederer Naivität verbunden mit einem ans Bornierte grenzenden Glauben an die eigene Unbesiegbarkeit. Aber fast alle haben das Bedürfnis zu erklären, daß ihnen die Sache keine Freude mache und daß man nur nicht glauben solle, daß sie gern hier in Paris sässen und nicht viel lieber bei sich zu Hause. Aber lange könne es ja nicht mehr dauern – England würde bald besiegt – das müsse nur noch gut vorbereitet werden und dann dauere es nur ein paar Tage! Auf solche Bemerkungen hüllte ich mich in Schweigen, ich dachte bei mir, daß, nach dem allnächtlichen Abhören des englischen Senders, man einen ganz anderen Eindruck hatte – »Wenn Ihr Euch nur nicht schneidet!«

Wieder versuchen wir Briefe durchzubringen – zuerst durch eine französische Frau, die sich um ein laisser-passer für die unbesetzte

Zone bemüht, Briefe nach USA, nach Vichy, nach Gurs an meine arme Schwägerin, die, hilflos und ohne Geld, dabei von Angst um ihren Mann, von dem sie nur das eine wusste, daß er von den Deutschen verhaftet worden war, bedrückt, vermutlich noch im Lager in Gurs ihre Tage verbringt. Die Französin erhält das laisser-passer nicht. Wir versuchen es mit einem Bäcker, der für das »ravitaillement« hinausfährt und Post mitnimmt. Wir sind schon zu lange abgeschnitten ......

Es ist, als ob alles mit einem dicken Nebel überdeckt wäre und man könnte vor Angst schreien, wenn man an das denkt, was sich hinter dem Vorhang dieses undurchdringlichen Nebels draussen in der Welt abspielt. – Allein und abgetrennt von aller Freude – aber auch von vielem Grauen – so leben wir im abgeschlossenen Paris.

Die Geldnot wird immer bedrohlicher. Am 26. August suchen wir unsere letzten Gold- und Silbersachen zusammen und Elisabeth Bab erhält auf dem »Crédit municipale«, dem Leihhaus, 400 frs. Wieder können wir eine Woche essen – sehr bescheiden – es ist alles zu teuer. Dann leben wir wieder eine kleine Weile von den kleinen Erträgnissen der englischen Sprachstunden, die Elisabeth Bab an Kinder gibt, sie gibt auch französische an alte Leute. Hier und da erhalten wir 50 oder 100 frs. von Bekannten geliehen.

Am 5. September schellt es nachmittags an unsrer Eingangstür, die ich, da allein zu Hause, öffne. Vor mir steht ein baumlanger eleganter deutscher Offizier, der sich tief verneigt und sich vorstellt. »Hauptmann ...«, den Namen verstehe ich nicht – er brächte Grüsse aus Hamburg für Elisabeth Bab. Ich erkenne die Fliegeruniform und, da er meine zögernde, nicht gleich begreifende Haltung bemerkt, nennt er den Namen der Hamburger Freunde, der mir dann auch bekannt war. So überwand ich meine anfängliche Scheu und bat ihn einzutreten – ein deutscher Fliegerhauptmann bei uns oppositionellen Emigranten; es war mehr als komisch! Ich führte ihn auf unseren Balkon. »Unser Balkon«, na, er imponierte dem Herrn Hauptmann nicht ganz so sehr, wie er unseren sonstigen, mehr sterblichen Bekannten imponierte. Er liess sich nieder und erzählte gleich sehr nett und zwanglos, daß er in einem wunderbaren Schloss zwischen Paris und Fontainebleau residiere, wie ein Fürst haushielt, so üppig wie er es in seinem Leben nicht gehabt hätte – alle Vorräte stünden ihnen als requiriert zur Verfügung, nicht zu vergessen der herrliche Weinkeller, es sei eben Krieg! Er sei von den Freunden von Frau Bab beauftragt worden, sich nach unserem Ergehen zu erkundigen, die Freunde hätten schon vor längerer Zeit durch einen Brief gehört, daß sie nötig Geld bräuchte – er flöge »morgen« auf Urlaub nach Hamburg und würde dort alles ausrichten. Ich bot ihm Cigaretten an – er sagte lachend, eher könne er uns wohl einige dalassen, es seien »englische«, requirierte: sie waren herrlich. Ich erzählte ihm von unserer Misere, die hervorgerufen sei durch das gänzliche Abgeschnittensein und er versprach, von Hamburg aus an meinen Sohn nach Californien zu kabeln und machte gleich dazu die nötigen Notizen. – – – Die Woche darauf kam er zu einem zweiten Besuch – diesmal direkt aus Deutschland und brachte für Frau Bab 50 RM = 1.000 frs. von ihren Hamburger Freunden, ausserdem für unseren Haushalt 6 Büchsen englische Conserven – für mich hatte er nach USA kabeln lassen.

Wir unterhielten uns lange. Die Stimmung in Deutschland sei sehr flau – der kalte nasse Sommer mache die Leute ganz niedergeschlagen und die Luftangriffe seien schlimm. Die Soldaten, die aus dem Krieg in Urlaub kämen, seien sehr schlechter Laune zu Hause. – Trotzdem glaube man an den deutschen Sieg – was keiner, wenigstens in der Reichswehr, vorher für möglich gehalten hätte. »Hermann« hätte ja mit seinen Fliegern immer geblufft – die Zahl, die er anfänglich angegeben hätte, wäre nie vorhanden gewesen – und nun hätten sie's doch geschmissen. Keiner wage jetzt etwas dagegen zu sagen. Ich fragte, ob er sich denn ein Europa vorstellen könne, in dem dieser Geist die Vormacht hätte? Er sagte ganz ehrlich »nein«. Am 10. September kam er wieder und brachte uns einen auf der Jagd in Fontainebleau geschossenen Fasan. So kam es, daß ich zu meinem Geburtstag, am 12. September 1940 in Paris, ein von einem deutschen Offizier auf der Jagd in Frankreich erlegtes Wildbret verspeiste. Ob mein guter Sohn, der in Californien sicher liebevoll meiner gedachte, sich das heute träumen lässt?

Die tausend Francs aus Hamburg waren zu Ende, zumal davon noch 300 frs. für ein Rückantworttelegramm nach Berlin erledigt werden mussten, um Babs endlich die lang erwarteten Nummern für ihre amerikanischen Visa zu verschaffen. So streckte ich meine Fühler aus für neue Geldmittel. Mir fiel meine gute und verehrte Freundin, Madame Eidenschenk-Patin, ein, meine französische Mitarbeiterin, die Gründungspräsidentin der Ligue des Mères et des Educatrices pour la Paix. Ich wusste, daß sie ihr Landgut in Aisne lange verlassen hatte – dort hatten die Deutschen gleich anfangs gehaust. Ich erreichte sie nun telefonisch bei ihrer Tochter in Chatou, wo sie *seit zwei* Wochen aus

Mittelfrankreich angekommen war. Man hatte den lokalen Verkehr in der nächsten Umgebung von Paris nun etwas gelockert. Ich fahre am Nachmittag des 20. September Richtung St. Germain nach Chatou, einem hübschen Villenort an der Seine. Dort finde ich in einem schönen geräumigen und mit guten antiken Möbeln behaglich ausgestatteten Landhaus in grossem Garten, in dem das reife Obst an den Bäumen hing, meine Freundin. Sie war in diesen Monaten des Schreckens und des nagenden Kummers eine Greisin geworden. Tränen traten ihr in die Augen, als sie von dem Verrat sprach, dem Frankreich zum Opfer gefallen war. Sie, die überzeugte, aktive Pazifistin, sie hoffte noch auf einen Sieg *Englands*! Sie gehörte nicht zu denen, die sich mit einem durch Hitler errichteten Frieden, in einem von Hitler geschlagenen Frankreich zufriedengaben. Ich war glücklich in dem Bewusstsein, daß wir erneut durch die vollkommene Harmonie unserer politischen Anschauungen verbunden waren, und mit Freude und Dankbarkeit nahm ich die mir dargebotene Hilfe von tausend Francs an.

Wieder hatten wir zehn bis zwölf Tage lang zu leben, und ich konnte einige dringende kleine Einkäufe für den Winter machen – einen Hut modernisieren, einen Jumper schwarz färben, ein Paar Schuhe besohlen lassen. So sieht die Herstellung meiner Wintergarderobe aus!

Am 22. September hört man viel von englischen Luftsiegen. London wird wohl auch heftig bombardiert – aber Berlin nicht minder und viele deutsche Industriezentren und militärische Stützpunkte. Trotz der Dürftigkeit der Nachrichten – unsere mickerigen Boulevardblätter bringen kaum mehr als Lokalanzeigen, ausserdem den deutschen Heeresbericht, sickert es immer mehr durch »les allemands sont cuits« (die Deutschen sind fertig). Die Landungen in England sind missglückt und damit die Marneschlacht 1940 geschlagen. Deutsche, mit Brandwunden bedeckte Soldaten, deren Schmerzensschreie weit im Umkreis zu hören sind, füllen die Spitäler von Paris. Es heisst, daß die Engländer die Deutschen bei den Landungsversuchen mit brennendem Mazout (Oel) empfangen.

Eines tritt in der von den Deutschen kontrollierten Boulevardpresse mehr und mehr in den Vordergrund – eine regelrechte Judenhetze, ein deutliches Zeichen für das zunehmende Absinken der deutschen Kriegserfolge. Die Familie Rothschild wird ausgebürgert, ihr Vermögen konfisziert. Andere reiche Juden werden enteignet. Die französischen Geschäfte werden arisiert – Juden erhalten nun auch in Frankreich keine Arbeit mehr – so befiehlt es das deutsche Kommando.

So hatte die anfängliche Angst der deutschen jüdischen Emigranten doch ihre Berechtigung. Ich, die ich das alles noch nie mit angesehen, da ich Deutschland vor der Judenverfolgung verlassen hatte konnte mir das anfangs nicht recht vorstellen. Jetzt, zum ersten Mal, sah ich die Angst und das Entsetzen der betroffenen Familien oder auch nur einzelner Menschen, die herumliefen und nirgends mehr zur Arbeit zugelassen wurden, eine ungeheure Rohheit und Grausamkeit, die nun wieder – genau wie in Deutschland – ein ganzes Volk mitmacht. Nun werden die Franzosen wohl verstehen, warum sie sich in den ersten Jahren immer fragten, wie das ein ganzes Volk mitmachen könne! Nun haben sie's im eigenen Lande und sie benehmen sich um keinen Deut besser .....

Jetzt halten es die »Autorités allemands« an der Zeit, daß man sich von Konsulats wegen um die deutschen Emigranten kümmert – bis jetzt ist man ihrer nicht recht habhaft geworden – die wohnen zu verstreut und sind schwer zu fassen. Aber nun wird's ernst – man versucht's durch den Magen – mit der Lebensmittelkarte – da müssen sie kommen, ob sie wollen oder nicht. Raffiniert ist man ja im Reiche Göbbels immer gewesen. Also – »alle in Paris ansässigen Deutschen müssen sich ab 25. September zwecks Lebensmittelverteilung im deutschen Konsulat Rue Huysmanns melden«.

Mir war's fatal – so ungeniert und zwanglos ich bei den Stellen der Reichswehr, ja der Gestapo, aus- und einging, das Konsulat hätte ich gerne gemieden. Meine Heimatstadt München hätte ich lieber geheim gehalten. Na, da hilft alles nichts – ich muss mich melden.

Vor dem Eingang an der Strassenecke Rue Huysmanns und Rue Duguay-Trouin steht ein langer Queue – ziemlich abgerissenes unschönes Publikum, Juden sind keine zu erkennen, vor mir zwei Oestereicherinnen, die nicht zusammengehören, aber miteinander reden. Man wartet und spricht deutsch – ich habe Zeit, mir den Sinnspruch über der Eingangstür zu notieren. Er lautet:

Wer Wachen und Streifen bei der Ausübung ihres Dienstes behindert oder ihren Befehlen Widerstand leistet, wird festgenommen.
Wachen und Streifen sind angewiesen, sich bedingungslos, nötigenfalls mit der Waffe durchzusetzen.
Kommandant der Stadt Paris.

So ganz leicht und fröhlich scheint die Arbeit für die Deutschen in Paris nicht zu sein …

Nach ziemlich langer Wartezeit ruft ein Herr in Zivil aus der Tür, vor der, wie vor allen von den Deutschen besetzten Gebäuden, ein Soldat Wache steht: »Diejenigen, die Arier sind, können jetzt eintreten«. Ich trat mit der Mehrzahl ein und dachte bei mir: »So eine Unverschämtheit – da haben sie schon wieder zweierlei Mass für ihre sogenannten Rassenunterschiede, und das hier in Paris!« Drin erhält man eine Stammkarte für Lebensmittel und dann »die Zweite Unverschämtheit«: die Arier erhalten eine Zusatzkarte zur *französischen* Ration: 1½ Pf. Butter, 1 Pf. Zucker, 1½ Pf. Fleisch pro Monat. Dann erhält man »die dritte Unverschämtheit« einen Fragebogen mit mindestens fünfundzwanzig Fragen mit nach Hause zum Ausfüllen. Der Kopf trägt die Aufschrift NSDAP, Auslandsstelle Volkswohlfahrt. Es ist Volkswohlfahrt wie sie es auffassen. *Alles* wird da gefragt: Nach Voreltern, nach Kindern, was, wieviel, wo Vermögen – nach Kriegsdienst, nach Arbeitsdienst, nach Zugehörigkeit zu Organisationen, nach Berufsplänen usw. In meinem Leben habe ich so eine Schnüffelei nicht gesehen.

Ich ziehe die Sache etwas hinaus und gehe mehrmals dorthin, um mich über die Beweggründe der fragenden Stelle zu orientieren und merke bald, daß es hier um nicht mehr und nicht weniger geht, als um die möglichst vollständige Liquidierung der gesamten deutschen Emigration, und darüber hinaus um die Rückführung der seit Jahren in Paris ansässigen Deutschen überhaupt. Arier werden, wenn sie jung sind und Kinder haben, kostenlos nach Deutschland zurückgebracht. Für Juden sieht man vorläufig noch nicht klar – man hört von drohenden Konzentrationslagern, dieser »humanen« Errungenschaft unseres Jahrhunderts. Am einfachsten und schnellsten wickeln sich die Dinge für diejenigen ab, die auf ihrem Fragebogen selbst ihre beabsichtigte Ausreise aus Frankreich anmelden. Zu diesen gehörte ich und der Ausruf der gewandten Sekretärin beim Anblick meines ausgefüllten Fragebogens »Bei Ihnen ist ja alles in schönster Ordnung« erregte die Neugierde und den Neid der Umstehenden.

Deprimierend war der Eindruck, den man von einigen halb ängstlichen, halb geschmeichelt blickenden älteren jüdischen Ehepaaren gewann. Da sie anständig behandelt wurden, benahmen sie sich wie Hunde, die die Hände derer lecken, die sie früher schlugen – nicht genug konnten sie sich bedanken und mit freundlichen Gesichtern kleine Verbeugungen machen. Es ist eine Schande, wie man diesen Menschen mitgespielt und sie so weit gebracht hat, bis sie selbst an ihre eigene Inferiorität glauben.

Ganz anders benehmen sich viele der arischen Deutschen. Sie machen, wenn auch vorsichtig, kein Hehl daraus, daß es ihnen gar nicht um eine Rückwanderung zu tun sei, man hört sehr viele »Aber«. »Ich habe hier meine Arbeit«, »Ich bin hier verheiratet«, »Ich habe hier mein Geschäft«. Ein Arbeiter, der noch auf vier Wochen seine Arbeitskarte verlängert bekommt und dann eventuell mit der Deutschlandfahrt rechnen muss, sagte zu seinen umstehenden Kollegen mit Hohn »also heim in's Reich!« Dem diensttuenden Herren mit Brille, im klaren Gefühl der Opposition, mit der er hier täglich zu kämpfen hat, ist gar nicht wohl. Solche Opposition nehmen sie als persönliche Kränkung übel.

Unser Gas wird in der Küche abgestellt – eine schlimme Massnahme, die von unserem Hausherrn, der im unbesetzten Gebiet, also abwesend ist, ausging, weil ich seit Monat Juni die Miete schuldig bin – wer will's ihm verargen?? .....

Paris, das schöne Paris, beginnt zu verproletarisieren. Wir selbst haben uns an die Veränderung, die sich nach und nach vollzog, schon gewöhnt. Aber jeder, der von auswärts kommt, ist entsetzt und bedrückt. Die französischen Soldaten, die nun in Scharen als Gefangene der Deutschen vom Kriegsgebiet heimkommen, hört man rufen »Mais c'est formidable comme Paris est changée – c'est bien triste!« Es fahren weder Autobusse noch Autodroschken – ganz vereinzelt Privatautos – die elegantesten sind mit deutschen Offizieren besetzt, versteht sich. Diese fahren ein so rücksichtloses Tempo und wissen nicht, daß es in Paris Sitte ist, in allererster Linie Rücksicht auf die Fussgänger zu nehmen. Die Verkehrsunfälle häufen sich in nie dagewesener Weise, bis auch *das* organisiert und reglementiert wird. Denn Ordnung muss sein, wo die Deutschen sind. Daran ist nicht zu rütteln. Auch die mit deutschen Aufschriften versehenen Wegweiser und Orientierungsschilder im Riesenformat und mit grossen, graphisch gemalten Buchstaben, die in erster Linie für die deutschen Soldaten die Orientierung bei der Ankunft mit den Autos durch die Einfahrtstrasse – es kommen ja täglich mehr an – erleichtern sollen, geben der Stadt etwas von deutscher Ordnung und Exaktheit. Es passt eigentlich nicht in den

Rahmen dieser Stadt, es wirkt, als sollte der ésprit français irgendwie verpreusst werden.

Das Fahrrad beherrscht die Strasse, und ich fühle mich plötzlich um Jahre zurückversetzt. Ich erlebe im Geiste das Frühjahr 1906, als ich, als junge Frau an der Seite meines Gatten, Paris kennen lernte – auch damals beherrschte das Fahrrad die Strasse – es war die grosse Mode. Es wimmelte von Rädern und das Überqueren der Fahrbahn war grauenhaft unsicher.

Damals, vor nunmehr fünfunddreissig Jahren, logierten wir im Grand Hôtel neben der grossen Oper. Jeden Abend besuchten wir ein Theater, die Oper oder ein Cabaret und gingen darnach in grosser Toilette in die eleganten Restaurants soupieren. Es herrschte zu jener Zeit die kleidsamste, stilvollste Frauenmode, die ich je erlebt habe. Die Abendkleider waren aus weicher Seide, in matten Pastellfarben der lange fliessende Rock mit der etwas gekürzten Taille. Dazu trug man grosse weiche Filzhüte mit Straussenfedern, den sogenannten »Pleureusen«. Wie Bilder von Reaburn und Gainsborough wirkten die entzückenden Pariser Frauen, wenn sie zu später Nachtstunde die hell erleuchteten Restaurants an der Seite ihrer befrackten Gatten und Cavaliere betraten – und ich durfte, noch in der Blüte meiner Jugendjahre, selbst gekleidet mit auserwählter Eleganz mit ihnen konkurrieren. Paris war bezaubernd, war luxuriös und wunderbar. – Wir machten Einkäufe in den schönsten Läden und waren uns nicht einmal bewusst, daß es sicher nicht viele Menschen gab, die so sorglos leben und ihr Leben geniessen konnten wie wir.

Und heute? Quelle différance! Man plagt sich durch, weiss oft nicht, wovon man morgen das Brot bezahlen soll, Theater und Konzerte kennt man nur noch aus den Zeitungsanzeigen. Daß die Autodroschken jetzt seit dem Krieg verschwunden sind, merken wir kaum, da wir sie in den »Friedensjahren« der Emigration ja auch nicht benutzen konnten. Aber ist das Leben deshalb ärmer, ist es weniger wert geworden? Es ist in vieler Beziehung reicher – reicher an Problemen, reicher an Ideen, reicher an Kräfteeinsatz. Das Leben ist Kampf und wird schliesslich Sieg sein. Das Leben hat an Intensität gewonnen.

Am 29. September arrangieren wir in unserer Wohnung einen Empfang, wo Julius Bab Goethes »Faust« vortrug. Dreissig Personen lauschen gespannt dem Vortragenden, der sein Publikum mit jedem Satz zu fesseln wusste. Ein zweiter Vortrag folgte vierzehn Tage später –

diesmal »Shakespeare«. Ein hohes Niveau, Reichhaltigkeit der Thematik, einprägsames Zeitkolorit, gute Charakterisierung, machen den etwas zu langen Vortrag bis zum letzten Wort unterhaltend.

Wie mancher der deutschen Offiziere, die jetzt in den Mauern von Paris sich namenlos langweilen, denn von den »gebildeten Franzosen« und den »upper ten« ist ja zu ihrem Leidwesen kein Mensch anwesend, wäre überglücklich gewesen, einen solchen Vortrag in deutscher Sprache von dem deutschen Emigranten Julius Bab hören zu dürfen. – Aber die Deutschen haben sich selbst in diesen verhängnisvollen sieben Jahren um ihr kostbarstes Gut gebracht. – Durch die Austreibung der jüdischen Intellektuellen ist eine weitgehende Entgeistigung Deutschlands durchgeführt und hat der totalen Mobilmachung Platz gemacht.

Trotzdem – der Bildungstrieb und Bildungshunger liegt den Deutschen im Blut und äussert sich auch jetzt mitten im Krieg, in oft ganz naiver und primitiver Weise. Auf Schritt und Tritt ist er zu erkennen. Was sie für ihre Soldaten tun, um sie zu unterrichten, zu bilden, zu unterhalten, ist entschieden imposant. Auf Schritt und Tritt Lesestuben, Soldatenkinos, Soldatentheater, Bücherstuben. Führungen durch Ausstellungen und Museen. All das ist hier in Paris für die Feldgrauen auf's beste eingerichtet. Vor den Museum Caillaux, dem früheren Trocadéro, wo eine ständige Ausstellung »L'Homme« gezeigt wird, halten täglich und zu jeder Stunde grosse Militärcamions. Dort werden die Soldaten herumgeführt und belehrt. Von dem Platz vor dem Museum hat man einen schönen Blick auf den Eiffelturm. Da stehen sie nun auch anbetend davor, ohne recht zu wissen, was an diesem nüchternen hohen Eisengerüst so staunenswert ist. Ich sah eine Gruppe von Offizieren sich aus einem »gedruckten Führer« die Geschichte des Turmes vorlesen, und ihre Soldatenchauffeure durften ganz nett dabeistehen und am Unterricht teilnehmen. Es hatte etwas Rührendes, dieser Bildungshunger am untauglichsten Objekt, dem Eiffelturm.

Die grösste und schönste Buchhandlung in der Rue Rivoli ist zur »Deutschen Buchhandlung« umgewandelt. Die fünf bis sechs grossen Schaufenster übersichtlich ausgelegt mit Nazischriften. So viel und so reichhaltig, daß ich oft interessiert davorstand und mir manches gern »geliehen« hätte. Aber Geld dort auszugeben, hätte mir widerstanden. Imposant ist der Bienenfleiss, mit dem im dritten Reich gearbeitet wird. Da waren Bücher über alles und jedes – über Geschichte, Geographie, Geopolitik, Kriegsgeschichte, Sagen, Romane, Novellen, Bücher für

Militär, für die Jugend, für Erzieher und Schüler. Alles von mir unbekannten, wohl meist jungen Autoren. – Vor diesem reizvollen Laden standen oft Riesenautos mit der Aufschrift »Deutsche Feldbücherei«. Grossartig – kriegen die das in's Feld geschickt? Ob so etwas die Anderen, die »Verlierer« auch eingerichtet haben? Von Anfang an sicher nicht. Mir ist nur ein »Frontkino« der Franzosen bekannt, das die Gattin des Generals Wegand eingerichtet hatte.

An 30. September erhalte ich von meinem Sohn durch einen Herrn vom Genfer Internationalen Roten Kreuz einen Brief aus Californien – den zweiten seit Monat Juni. Gott sei Dank! Er hat Nachricht von mir und kennt nun meine Adresse (die alte). Das Gefühl, daß er sich um mich ängstigen muss, das für mich so niederdrückend war, ist von mir genommen. Auch stellt er Geldsendungen in Aussicht. Nun wird's leichter werden – ich atme wieder freier.

In der ersten Oktoberwoche wohnten wir in der grossen Comédie Française einer Aufführung von Edmond Rostand's Cyrano de Bergerac bei.

In der am weitesten ausladenden Loge sass der deutsche Kommandant von Paris, Monokel in's Auge geklemmt, General Gerd von Rundstedt mit seinem jungen Adjudanten. Es war eine brillante Wiedergabe der Geschichte eines anderen Generals, aus der französischen Gascogne. Ich, die ich nicht weit von seiner Loge entfernt sass, dachte darüber nach, was wohl die Gedanken von Rundstedts sein mochten, der da mit Stolz auf das ganze französische Publikum zu seinen Füssen herabsah: »Dies alles ist mir untertänig« – das waren wohl seine Gedanken – und ich bemerkte meiner Begleitung zugewandt: »Wie lange noch? Sicherlich nur für kurze Zeit!«

Im Oktober setzt eine starke Judenhetze ein. So sollten die armen jüdischen Emigranten, deren sich bei der Ankunft der Deutschen eine solche Panik bemächtigt hatte, doch recht behalten. Die Verfolgung wird regelrecht von nun an in Frankreich in Szene gesetzt. Man fängt an mit der Aburteilung oder Festsetzung der früheren französischen Staatsmänner und Politiker, die Juden sind; allen voran der verhasste, weil seinerzeit beliebteste Léon Blum, dann George Mandel, Jean Zaym, alle jüdischen Parlamentsmitglieder usf.

Dann kam das drakonische »Judenstatut« nach dem genau wie im III. Reich verfahren wurde. Die deutschen Juden mussten sich auf dem Konsulat melden und bekamen ein J in ihren Pass gemalt. Dasselbe geschah mit den französischen Juden, denen jeweils auf dem Kommissariat ihres Wohnbezirkes gleich ein ganzes »juif« oder »juive« verabfolgt wurde. Nun erhob sich die furchtbare Frage der Arbeitsverweigerung. Wie viel Angst, wie viele Sorgen, wie viele Tränen habe ich mit angesehen bei armen Menschen, Deutschen und Franzosen, die über Nacht ihrer Stellung, ihrer Arbeit, ihres Brotes beraubt, die Basis ihrer ganzen Existenz verloren. Eine grössere Grausamkeit ist nicht denkbar.

Die Läden wurden arisiert – die jüdischen Geschäfte mussten gelbe Zettel an ihre Schaufenster kleben »Entreprise juive«.

Wie reagierte nun die Pariser Bevölkerung auf die Judenhetze? In der ersten Zeit bestimmt oppositionell – sie lag ihnen nicht und sie sahen ja auch darin eine »deutsche Mache«. Ich hörte einen jungen Mann zu seiner Frau sagen: »Wenn ich nur gerade einen Anzug brauchte, ich möchte ihn mir gleich in diesem Geschäft mit der Aufschrift ›entreprise juive‹ bestellen.« Es wurde allgemein Brauch, nun erst recht in diesen Läden zu kaufen, und die Juden machten gute Geschäfte. Garnicht selten sah man deutsche Soldaten diese Geschäfte betreten, die sich wenig um das Schild kümmerten oder taten, als verstünden sie's nicht.

Na – und gekauft musste ja werden. Die letzten Reste wurden von den Deutschen gekauft. Die Warenhäuser sahen wie ausgeraubt aus. Man konnte es verstehen. 20 frs. = 1 RM, die in Papierscheinen bis zu 1.000 RM in den Handel kommen; das waren 20.000 frs. Dafür konnte man schon allerhand erstehen! Ich selbst kaufte noch im »Trois Quartier«, dem eleganten Warenhaus an der »Madeleine«, ein Sommerkleid für 400 frs., das in anderer Farbe in der Kabine nebenan ein deutsches feldgraues Mädchen für 20 RM einheimste! – So gegen Weihnachten bekam die Sache stark inflatorischen Charakter.

Langsam setzt nun doch, trotz des grossen Überflusses, der im Vergleich zu Deutschland in Frankreich noch vorhanden gewesen war und die Soldaten, besonders die Offiziere, trunken vor Kauflust gemacht hatte, eine grosse Pleite ein.

Ich war besonders schadenfroh, als ich im »Bon Marché«, einem der grössten Pariser Warenhäuser, noch in letzter Minute einen wundervollen Luftflugkoffer, dunkelblau, fast gewichtslos, lang mit Reissverschluss das allerletzte Stück, habe kaufen können.

Nun, da ich über einen Kredit zur Ausreise und ein gutes Gepäckstück verfügte, ging ich daran, meine Ausreise aus Paris und der besetzten Zone fieberhaft zu betreiben. Mit viel Überlegung und einigen raffinierten Tricks gelang es mir, nach Marseille, ins Gebiet des unbesetzten Frankreich, durchzukommen. Somit war ich in die freie Zone gerettet, von wo aus ich mich nach einigen Monaten Aufenthaltes in Marseille, merkwürdigerweise in einem Flugzeug der deutschen Lufthansa, über Madrid nach Lissabon und von da aus nach USA einschiffen konnte.

Zwei Wochen nach meiner Ankunft bei der stock-amerikanischen Familie der Frau meines Sohnes in San Franzisco, geschah der Überfall der Japaner auf Pearl Harbour und als Folge davon der Eintritt Amerikas in den zweiten Weltkrieg.

Ich mochte nicht darüber nachdenken was mein Schicksal geworden wäre, wenn ... ... Glück muss der Mensch haben .... und das hatte ich. – – – – –

Constance Hallgarten

Gabriele von Bassermann-Jordan

Franz Kafka als Autor der Münchner Zweimonatsschrift *Hyperion*

D ie frühesten Publikationen Franz Kafkas sind in der Münchner Zweimonatsschrift *Hyperion* erschienen. Im ersten Heft des *Hyperion* (März 1908) veröffentlicht Kafka acht Prosaminiaturen unter dem Titel *Betrachtung*, im März- / Aprilheft 1909 folgen das *Gespräch mit dem Beter* und das *Gespräch mit dem Betrunkenen*. Im März 1911 publiziert er in der Prager Tageszeitung *Bohemia* eine Rezension auf den *Hyperion*, nachdem die Zeitschrift im März 1910 ihr Erscheinen eingestellt hat.

In dieser Rezension, die den Titel *Eine entschlafene Zeitschrift* trägt, würdigt Kafka den Herausgeber Franz Blei als einen »bewundernswerte[n] Mann« und den Verleger Hans von Weber als einen der »zielbewußtesten großen deutschen« Verleger.[1] Zugleich übt er harsche Kritik, die beiden hätten in »begeisterte[r] Verblendung« eine Zeitschrift ins Leben gerufen, die keine »Notwendigkeit« im Literaturbetrieb gehabt habe (S. 416). Eine Veröffentlichung im *Hyperion* habe den Autoren folglich »keinen besondern anderswo nicht zu erreichenden Gewinn« eingebracht, stattdessen hätten sie sogar »peinliche Nachteile« in Kauf nehmen müssen (S. 417f.). Die Zeitschrift sei also ihren Autoren nicht gerecht geworden – eine Veröffentlichung im *Hyperion* habe ihnen sogar geschadet, so Kafka. Dies sind erstaunliche Worte für einen jungen Autor, der dem Herausgeber der Zeitschrift *Hyperion* seine ersten Publikationsmöglichkeiten und damit den Eintritt in das Feld

---

[1] Franz Kafka: *Eine entschlafene Zeitschrift*. In: Ders.: *Drucke zu Lebzeiten*. Textband. Hg. von Wolf Kittler / Hans-Gerd Koch / Gerhard Neumann. Frankfurt a. M. 2002 (= Franz Kafka: *Schriften. Tagebücher. Kritische Ausgabe*), S. 416–418, hier S. 416. – Im Folgenden werden die Nachweise aus *Eine entschlafene Zeitschrift* in den laufenden Text eingefügt.

professioneller Autorschaft verdankt. Zu klären ist also, wie Kafka auf eine solche Argumentation kommen konnte.

In der Forschung fristen Kafkas früheste Publikationen im *Hyperion* und seine Rezension dieser Zeitschrift noch immer ein Schattendasein.[2] Den wenigen Beiträgen zum ›Nachruf‹ auf den Münchner *Hyperion* ist gemeinsam, dass sie Kafkas ungewöhnliche, ja widersprüchliche Argumentation zwar konstatieren, jedoch kaum eine überzeugende Erklärung dafür anbieten. Die ältere Forschung hat an der Rezension Kafkas »innere[] Freiheit« der Zeitschrift gegenüber sowie die Mischung aus »Kritik, Ironie und Bewunderung« betont.[3] In der neueren Forschung hat man die Rezension zum einen biografisch gelesen.[4] Zum anderen ist Kafkas *Hyperion*-Rezension (März 1911) auf das in zeitlicher Nachbarschaft entstandene Schema ‹*Über kleine Litteraturen*› (Dezember 1911) sowie auf den *Einleitungsvortrag über Jargon* (Februar 1912) bezogen worden.[5]

Im Folgenden soll Kafkas Rezension auf die Zeitschrift *Hyperion*

---

2 Die Buchfassung der *Betrachtung* (1913) und die beiden Fassungen A (1904–1907) und B (1909–1911) der zu Kafkas Lebzeiten unpublizierten *Beschreibung eines Kampfes* sind dagegen in den letzten Jahren zunehmend ins Interesse der Forschung gerückt. Vgl. *Kafkas Betrachtung. Lektüren.* Hg. von Hans Jürgen Scheuer u. a. Frankfurt a. M. u. a. 2003; Sophie von Glinski: *Imaginationsprozesse. Verfahren phantastischen Erzählens in Franz Kafkas Frühwerk.* Berlin/New York 2004; Barbara Neymeyr: *Konstruktion des Phantastischen. Die Krise der Identität in Kafkas* Beschreibung eines Kampfes. Heidelberg 2004; Tilly Kübler-Jung: *Einblicke in Franz Kafkas* Betrachtung. *Analyse und literaturgeschichtliche Einordnung.* Marburg 2005; *Kafka und die kleine Prosa der Moderne/Kafka and short modernist prose.* Hg. von Manfred Engel/Ritchie Robertson. Würzburg 2010; *Kafkas* Betrachtung. Hg. von Harald Neumeyer/Wilko Steffens. Würzburg 2013; *Kafkas* Betrachtung. *Neue Lektüren.* Hg. von Carolin Duttlinger. Freiburg i. Br. 2014.

3 Ludwig Dietz: *Franz Kafka und die Zweimonatsschrift* Hyperion. *Ein Beitrag zur Biographie, Bibliographie und Datierung seiner frühen Prosa.* In: *DVjS* 37 (1963), S. 463–473, hier S. 469.

4 Jutta Heinz: *Literaturkritische und literaturtheoretische Schriften.* In: *Kafka-Handbuch. Leben – Werk – Wirkung.* Hg. von Manfred Engel/Bernd Auerochs. Stuttgart/Weimar 2010, S. 134–142.

5 Doreen Densky: *Speaking for Liveliness. Franz Kafka's Obituary for* Hyperion *and his Introductory Speech on Yiddish.* In: *The German Quarterly* 88 (2015). Heft 3, S. 334–354.

---

selbst (die bisher kaum erforscht ist)[6] bezogen werden. Diese Vorgehensweise erfordert es, die Zweimonatsschrift zunächst in Grundzügen vorzustellen und das intendierte, aber nicht verwirklichte Programm zu rekonstruieren. Hinweise darauf lassen sich dem Briefwechsel zwischen Franz Blei und Rudolf Borchardt entnehmen, der im Deutschen Literaturarchiv (Marbach) verwahrt wird. Die (scheinbaren) Widersprüche in Kafkas Rezension des *Hyperion* werden so als eine Ästhetik erkennbar, die neo-romantischen Maßstäben verpflichtet ist.

Ausstattung und inhaltliche Zweiteilung der Münchner Zeitschrift Hyperion

Die Zweimonatsschrift *Hyperion* erscheint von März 1908 bis März 1910 im Hyperion Verlag von Hans von Weber in München. Der für beide Jahrgänge verantwortliche Redakteur, Franz Blei, gibt den ersten Jahrgang gemeinsam mit Carl Sternheim heraus, der das Projekt finanziell mit 10.000 Mark unterstützt. Den zweiten Jahrgang des *Hyperion* gibt Blei allein heraus.[7]

Als Titel der Zeitschrift werden zunächst *Das goldene Vlies, Die Horen* und *Die Hesperiden* erwogen, bevor erst im Februar 1908, also kurz vor der Drucklegung des ersten Heftes, der Name *Hyperion* feststeht.[8] Dieser lässt, wie auch die schließlich verworfenen Titel, den

---

[6] Vgl. Walter Richard Beane: *Solutions for Problems in Prewar Germany. The Journal* Hyperion. Ann Arbor (MI) 1986; Hildegard Nabbe: *Zwischen Fin de Siècle und Expressionismus. Die Zeitschrift* Hyperion (1908–10) *als Dokument elitärer Tendenzen.* In: *Seminar. A Journal of Germanic Studies* 22 (1986), S. 126–143; neuerdings Gabriele von Bassermann-Jordan: *Eine entschlafene Zeitschrift (1911). Franz Kafkas Rezension der Zweimonatsschrift* Hyperion (1908–1910) *als frühe Poetik.* In: *Jahrbuch der deutschen Schillergesellschaft* 63 (2019), S. 313–333.

[7] Im Folgenden beziehe ich mich auf meine Forschungen zum *Hyperion* (Bassermann-Jordan 2019).

[8] Vgl. Franz Blei an Alfred Walter Heymel, 21.12.1907 und 22.12.1907, DLA Marbach, A: Heymel, Briefe von Franz Blei an Alfred Walter Heymel, 1904–1907; Franz Blei an Rudolf Borchardt, 18.1.1908 und [10.2.1908], DLA Marbach, A: Borchardt, Mappe »1905, 1907, 1908« und Mappe »undatierte Briefe«; Paul Raabe: *Franz Kafka und Franz Blei. Samt einer wiederentdeckten Buchbesprechung Kafkas.* In: *Kafka-Symposion.* Hg. von Jürgen Born u. a. Berlin 1965, S. 7–20, hier S. 7.

Anspruch der Herausgeber auf Klassizität erkennen. Dem entspricht die äußere Gestaltung: Von der Auflage von 1.050 Exemplaren werden 1.000 Stück auf Englischem Velin und 50 Stück auf Kaiserlich Japan gedruckt. Die Buchdecken für je 2 Doppelbände werden in der Wiener Werkstätte hergestellt, für die Luxusausgabe in Leder und für die allgemeine Ausgabe in olivgrünem Ganzleinen; sie zeigen in Großformat in Goldfarben den Sonnengott, dessen Beiname »Hyperion« lautet, in seinem Wagen. Der Preis für das Abonnement beläuft sich im Jahr 1908 auf 100 Mark für die Luxusausgabe und auf 48 Mark für die allgemeine Ausgabe, der Preis für die Luxusausgabe erhöht sich im darauffolgenden Jahr auf 120 Mark. Einzelne Hefte können auch im Buchhandel erworben werden.

Inhaltlich ist der *Hyperion* aufgeteilt in einen Literatur- und einen Kunstteil. Der Literaturteil des *Hyperion* enthält lyrische, dramatische und erzählende Dichtung sowie Essays. Blei hat Spürsinn für literarische Talente und wagt es, Werke von jungen oder noch gänzlich unbekannten Autoren erstmals der Öffentlichkeit vorzustellen. Zu diesen Autoren gehören Franz Kafka und Robert Musil.[9] Der Münchner *Hyperion* ist international ausgerichtet und bringt zudem eine Reihe von nichtdeutschen Autoren in Übersetzung.

Der Kunstteil, für den ab dem zweiten Jahrgang Alfred Walter Heymel verantwortlich ist, bringt Bildmaterial der Bremer Kunsthalle in hochwertigen Reproduktionen, was dem Anspruch entspricht, den der Name der Zeitschrift und die äußere Gestaltung vorgeben.[10]

Zum (nicht verwirklichten) Programm des Hyperion

Ein Programm wird im *Hyperion* nicht angekündigt. Es lässt sich jedoch erschließen aus den Briefen von Franz Blei an Rudolf Borchardt.[11]

---

[9]   Robert Musil: *Das verzauberte Haus*. In: *Hyperion*. 1. Band. 6. Heft (1908), S. 105–116; Franz Kafka: *Betrachtung*. In: *Hyperion*. 1. Band. 1. Heft (1908), S. 91–94.

[10] Alfred Walter Heymel an Franz Blei, 13.10.1908, DLA Marbach, A: Heymel, Briefe von Alfred Walter Heymel an Franz Blei, 1907–1914.

[11] Angela Reinthal: »... *um Sie im Lucchesischen auf dem Laufenden zu halten, was das laute Deutschland betrifft*«. *Rudolf Borchardt und Franz Blei*. In: *Rudolf Borchardt*. Hg. von Heinz Ludwig Arnold/Gerhard Schuster. München 2007 (= text + kritik, Sonderband), S. 36–46, hier S. 37, weist auf

Aus diesen Briefen, die zwischen Herbst 1907 und Winter 1909 zum *Hyperion* gewechselt werden, geht hervor, dass Blei ursprünglich beabsichtigt, die einzelnen Beiträge des *Hyperion* ästhetisch um Borchardts Schriften zu zentrieren. Am 20. September 1907 schreibt Blei an Borchardt:

> Dass ich für das nächste Jahr an eine Zweimonatsschrift denke, deren Programm in Ihrer Rede über Hofmannsthal steht, habe ich Ihnen das schon geschrieben? Ja, es soll eine [...] Zeitschrift sein, mit dem verpflichtenden Titel Die Horen [später: *Hyperion*; G.v.B.J.], und soll Ihnen ganz zur Verfügung stehen.[12]

Diese Zeitschrift, so Blei am 23. Oktober 1907, solle sowohl dichterische Arbeiten enthalten als auch »politische« und »religiöse Aufsätze«, die nicht etwa nur ein »*Neben*einander« ergeben sollen, sondern ein »*Mit*einander«, getragen vom »Sinn des Ganzen«.[13] Jedes einzelne *Hyperion*-Heft soll also ein »Ganze[s]« sein, das nicht als bloße Summe der Einzelteile verstanden wird, sondern als eine harmonische Verbindung der einzelnen Beiträge untereinander, die auf vielfältige Weise – sei es inhaltlich, sei es formal – miteinander in Beziehung treten können.

In der von Blei am 20. September 1907 erwähnten *Rede über Hofmannsthal* reflektiert Borchardt im ersten Teil die Gesellschaft und die Literatur um 1900. Die moderne, durch die Revolution von 1848, die Reichsgründung von 1871 und die rasante Industrialisierung hervorgebrachte Gesellschaft befinde sich in einem »chaotischen« Zustand – ihr fehle die »Einheit des Daseins«.[14] Analog dazu zeichne sich die

---

die Briefe Bleis an Borchardt hin, die sich im Deutschen Literaturarchiv in Marbach befinden. Auf die hier im folgenden präsentierten Briefe Bleis an Borchardt geht sie nicht explizit ein. Auch bei Peter Sprengel: *Rudolf Borchardt. Der Herr der Worte. Eine Biographie.* München 2015, kommt Bleis Werbung um Borchardt im Zusammenhang mit der Zeitschrift *Hyperion* nicht vor.

[12] Franz Blei an Rudolf Borchardt, 20.9.1907, DLA Marbach, A: Borchardt, Mappe »1905, 1907, 1908«.

[13] Franz Blei an Rudolf Borchardt, 23.10.1907, DLA Marbach, A: Borchardt, Mappe »1905, 1907, 1908«, Herv. i. O.

[14] Rudolf Borchardt: *Rede über Hofmannsthal.* In: Ders.: *Reden.* Hg. von Marie Luise Borchardt unter Mitarbeit von R. A. Schröder und S. Rizzi.

zeitgenössische Literatur durch den »absoluten Zusammenbruch aller Überlieferung der Formen und der Gattungen, des Urteils und des Geschmackes, des Theaters und des Publikums« aus – die »Einheit des Daseins« vermöge sie folglich nicht zu repräsentieren.[15]

Hugo von Hofmannsthal, so Borchardt weiter, bündele in seinem Werk die zentrifugalen Kräfte der modernen Gesellschaft und suche den ästhetischen Wildwuchs der modernen Literatur zur Einheit zu synthetisieren. So, wie dem »eigenen Dasein[]« Hofmannsthals in verkleinertem Maßstab das »Erhabene wie das Winzige des Menschendaseins« unterliege,[16] kämen im Werk des Dichters die Themen der ganzen Epoche zur Sprache. In Hofmannsthals Werk spiegelten sich, so Borchardt, in unendlichen Verweisungen und Vermittlungen, der Autor, die Konflikte der Zeit und der modernen Literatur, was auch Fragen nach dem Sprachstil und nach der Gestalt des Werkes mit einschließe. Die Tendenzen der modernen Zeit und Literatur (die »freie Vielfalt des Lebens«) kristallisierten sich im Werk Hofmannsthals zu einer lebendigen »Einheit des Lebens«.[17]

Vor diesem Hintergrund lässt sich das Programm der von Franz Blei geplanten Zeitschrift folgendermaßen rekonstruieren: Die Systemstelle, die in der *Rede* Hofmannsthal zukommt, soll im *Hyperion* Borchardt einnehmen. Seine dichterischen bzw. essayistischen Beiträge sollen Kristallisationspunkt des »Ganzen« eines jeden Heftes der Zeitschrift sein und auf vielfältige Weise mit den Beiträgen der weiteren Autoren des jeweiligen Heftes korrespondieren. Im einzelnen denkt Blei etwa an Hugo von Hofmannsthal, Richard Beer-Hofmann, Arthur Schnitzler, Eduard Graf Keyserling, Heinrich Mann, Max Brod, Rainer Maria Rilke, Maximilian Dauthendey, aber auch an die französischen Autoren André Gide und Paul Claudel, an die englischen Autoren George Meredith und Gilbert K. Chesterton sowie an die Gedichte von Alger-

---

Stuttgart 1955 (= Rudolf Borchardt: *Gesammelte Werke in Einzelbänden* I), S. 45–103, hier S. 49 und S. 54; zur Veröffentlichungsgeschichte vgl. ebd., S. 433f.; Sprengel 2015, S. 155f. Die Rede wird am 8.9.1902 gehalten, die Druckfassung liegt erst 1907 vor. – Im folgenden Abschnitt über die *Rede* beziehe ich mich auf Kai Kauffmann: *Rudolf Borchardt und der »Untergang der deutschen Nation«. Selbstinszenierung und Geschichtskonstruktion im essayistischen Werk.* Tübingen 2003, S. 263–268.

[15] Borchardt: *Rede über Hofmannsthal*, S. 49.

[16] Borchardt: *Rede über Hofmannsthal*, S. 91.

[17] Borchardt: *Rede über Hofmannsthal*, S. 66, S. 91.

non Charles Swinburne, Alexander Block, Edgar Allen Poe oder Gabriele d'Annunzio.[18] Die dichterischen Arbeiten sowie die Essays dieser Autoren sollen, nach Blei, die gesellschaftlichen Zustände sowie die Literatur um 1900 abbilden und die verschiedenen Stile, Themen und Debatten der Zeit sowie der Literatur zur Sprache bringen. Zugleich sollen sich diese unterschiedlichen Beiträge eines jeden Hefts in einem Beitrag Borchardts – als Zentrum des »Ganzen« – bündeln, um von diesem Zentrum wieder zurückzustrahlen. Auf diese Weise können die Schriften Borchardts und die der anderen Autoren in einem unendlichen Verweisungssystem auf einander Bezug nehmen und so ein »Miteinander«[19] ergeben. Jedes Heft des *Hyperion* ist somit als eine Repräsentation der »Einheit des Lebens« geplant,[20] im Sinn eines lebendigen »Ganzen«[21]. Die Klassizität des *Hyperion* soll sich also, nach den Vorstellungen Franz Bleis, nicht nur im Namen und in der äußeren Gestaltung der Zeitschrift manifestieren, sondern auch in einer konservativen Ästhetik.

Aber: Borchardt nimmt Bleis wiederholt und nachdrücklich vorgetragenes Angebot, den Textteil des *Hyperion* wesentlich zu bestimmen, nicht an.[22] Als er Bleis Brief erhält, beabsichtigt er, gemeinsam mit Alfred Walter Heymel im Insel Verlag eine eigene Quartalsschrift herauszugeben. Als Titel werden *Hesperus, Heimkehr* und schließlich *Das Schiff* erwogen.[23] Mit den »Plänen einer eigenen Revue« begründet

---

[18]   Vgl. Franz Blei an Rudolf Borchardt, 8.12.1907, DLA Marbach, A: Borchardt, Mappe »1905, 1907, 1908«. In der Tat publizieren diese von Blei ins Auge gefassten Autoren im *Hyperion*.

[19]   Franz Blei an Rudolf Borchardt, 23.10.1907, DLA Marbach, A: Borchardt, Mappe »1905, 1907, 1908«, Herv. i. O.

[20]   Borchardt: *Rede über Hofmannsthal*, S. 91.

[21]   Franz Blei an Rudolf Borchardt, 23.10.1907, DLA Marbach, A: Borchardt, Mappe »1905, 1907, 1908«, Herv. i. O.

[22]   Weitere Briefe Bleis an Borchardt, den *Hyperion* betreffend, werden bei Bassermann-Jordan 2019, S. 322–328, zitiert.

[23]   Alfred Walter Heymel schreibt im Januar 1908 an Richard von Kühlmann: »Rudolf Borchardt [...] war einige Tage bei mir in Bremen und trifft sich mit mir und Schröder am 9. bezw. 10. Januar in Leipzig, um auf das Ernsthafteste und Nachdrücklichste die Gründung der lang geplanten neuen Zeitschrift zu beraten. Die Quartalschrift, die übrigens Hesperus oder Heimkehr heißen soll, soll nicht einen rein literarischen Charakter tragen, sondern wird versuchen politischen Einfluß in unserem Sinne zu gewinnen.« *Rudolf Borchardt. Alfred Walter Heymel. Rudolf Alexander*

Borchardt Blei gegenüber seine Absage.[24] An Rudolf Alexander Schröder schreibt Borchardt über Bleis *Hyperion*-Angebot: »[...] ich arbeite nicht mehr an Zeitschriften die ich nicht mitredigiere«.[25]

Für Franz Blei bedeutet dies, dass sich das geplante Programm, eine um Borchardt zentrierte Zeitschrift herauszugeben, nicht realisieren lässt. Bedauernd spricht er von einem »Torso«, den der *Hyperion* nun, ohne Borchardts Schriften als ästhetisches Zentrum, darstellen müsse.[26] Mit Borchardts Absage fehlt der Zeitschrift ihr ästhetischer Kristallisationspunkt. Blei hält zwar am *Hyperion*-Projekt fest und vermag die Autoren, die er von Anfang an im Blick hat, zur Mitarbeit zu gewinnen. Aber: Diese Autoren, die, bezogen auf den Kristallisationspunkt ›Borchardt‹, ein gemeinsames »*Mit*einander« im »Sinn des Ganzen« hätten bilden sollen, verbleiben nun, unverbunden, in dem von Blei befürchteten »*Neben*einander«.[27] Von Anfang an droht die Zeitschrift zu einem ästhetischen Wildwuchs zu zerfallen.

In dem Umstand, dass der *Hyperion* ein von Anfang an verfehltes Projekt ist, wird man den Hauptgrund dafür erkennen können, dass die Zeitschrift nur zwei Jahre Bestand hat – auch wenn Blei selbst im letzten Heft in seinem Beitrag *Abschied an den Leser* den Sachverhalt so darstellt, als wäre es »vom Beginn an die Absicht gewesen«, die »Zeitschrift zwei Jahre und nicht länger zu führen«.[28]

Schröder. Hg. von Reinhard Tgahrt u. a. Eine Ausstellung des Deutschen Literaturarchivs im Schiller-Nationalmuseum Marbach am Neckar 1978. München 1978, S. 118. Vgl. auch ebd., S. 119.

[24] Franz Blei an Rudolf Borchardt, [10.1.1908], DLA Marbach, A: Borchardt, Mappe »undatierte Briefe«.

[25] Rudolf Borchardt an Rudolf Alexander Schröder, 5.12.1907. In: Rudolf Borchardt/Rudolf Alexander Schröder: *Briefwechsel 1901 – 1918*. Text. In Verbindung mit dem Rudolf-Borchardt-Archiv bearbeitet von Elisabetta Abbondanza. München/Wien 2001, S. 138f., hier S. 139.

[26] Franz Blei an Rudolf Borchardt, 10.1.1908, DLA Marbach, A: Borchardt, Mappe »1905, 1907, 1908«.

[27] Franz Blei an Rudolf Borchardt, 23.10.1907, DLA Marbach, A: Borchardt, Mappe »1905, 1907, 1908«, Herv. i. O.

[28] Franz Blei: *Abschied an den Leser*. In: *Hyperion*. 3. Band. 11./12. Heft (1910), S. 188f., hier S. 188.

Franz Kafkas Rezension des Hyperion: Eine entschlafene Zeitschrift (1911) und die implizierte Ästhetik

Wie eingangs festgestellt – Kafkas Rezension der Zeitschrift *Hyperion* liest sich widersprüchlich. Kafka findet einerseits anerkennende Worte für den Herausgeber des *Hyperion*, Franz Blei, und für den Verleger der Zeitschrift, Hans von Weber – beiden gesteht er »Willen«, »Kraft« und »Opfermut« zu. Andererseits spricht er von ihrer »begeisterte[n] Verblendung« (S. 418). Diese ambivalente Formel wird nur verständlich, wenn man sie auf das ursprüngliche, jedoch nicht verwirklichte Programm der Zeitschrift bezieht. Kafka entwickelt seine kritische Sicht, indem er den *Hyperion* mit der Vorgängerzeitschrift *Der Pan* vergleicht.[29] Als Verdienst des *Pan* hebt Kafka hervor, dass er »die wesentlichen zeitgemäßen, aber noch unerkannten Kräfte einigte und durch einander stärkte« (S. 417). Die Zeitschrift *Der Pan* versteht Kafka also ein ästhetisches »Ganzes«. Ein solches Verdienst komme jedoch dem *Hyperion* nicht zu – dies nennt Kafka den »Irrtum des ›Hyperion‹« (S. 417). In der Tat fehlt jedem Heft der Münchner Zeitschrift ihr ästhetisches Zentrum in Form eines Beitrags Borchardts, in dem sich die Themen, Stile und Debatten der übrigen *Hyperion*-Autoren, also derjenigen, die »die an den Grenzen der Literatur wohnen« (S. 417),[30] nach dem Wunsch Bleis hätten bündeln und auf die einzelnen Autoren wieder zurückstrahlen sollten, um sie so untereinander zu verbinden und zu einer höheren Einheit zu synthetisieren. Die »begeisterte Verblendung« (S. 418), die Kafka Blei und Weber zuschreibt, besteht darin, am *Hyperion* festgehalten zu haben, obwohl sich Borchardt nicht zur Mitarbeit gewinnen ließ und die Zeitschrift damit ein von Beginn an verfehltes Projekt war.

Diejenigen Autoren, die im *Hyperion* publiziert haben, ohne dass die Zeitschrift eine ästhetische Mitte gehabt hätte (und zu denen auch Kafka selbst zählt!), sind folglich nicht in einer höheren Einheit aufgehoben. Daraus folgt zweierlei. Erstens wirken sie sperrig und iso-

---

[29] Die Kunst- und Literaturzeitschrift *Der Pan* wird von Otto Julius Bierbaum und Julius Meier-Graefe gegründet und erscheint 1895 bis 1900 in Berlin.

[30] Densky 2015, S. 337, macht dieses Zitat zum Ausgangspunkt ihrer Argumentation. Der *Hyperion* habe Autoren »an den Grenzen der Literatur« versammelt, dies entspreche insofern der »kleinen Litteratur« und der randständigen jiddischen Sprache.

liert in einer literarischen Umgebung, die kein ästhetisches Ganzes ist (»fremder [...] als sie sind«, S. 417). Zweitens kommen diese Autoren durch eine Publikation im ästhetischen Wildwuchs des *Hyperion* in eine ihren Texten unangemessene Umgebung, sie wecken beim Publikum falsche Erwartungen (sie ziehen »Lügenhaftes an«, S. 418) und erleiden dadurch sogar »peinliche Nachteile« (S. 417). Wenn sie ihren eigenen ästhetischen Intentionen treu bleiben wollen (»wahrhaftig bleiben«, S. 417), ist der *Hyperion* die falsche Adresse. Diesen Nachteilen, die eine Publikation im *Hyperion* mit sich bringt, stehe, so Kafka, kein Vorteil entgegen, der nicht auch in einer anderen Zeitschrift hätte erreicht werden können (S. 418). Der *Hyperion* sei also seinen Autoren, die in der Zeitschrift publiziert haben, ohne Teil eines ästhetischen Ganzen zu sein, in keiner Weise gerecht geworden.

Die in der Forschung konstatierte Ambivalenz im Argumentationsgang von Kafkas ›Nachruf‹ liegt in der Ambivalenz des *Hyperion* selbst begründet: So bemerkenswert die bibliophile Ausstattung und die hochkarätigen Autoren der Zeitschrift sind, so problematisch ist ihr ästhetischer Wildwuchs.

Diese Interpretation wirft die Frage auf, ob Kafka von dem ursprünglich geplanten Programm des *Hyperion* Kenntnis gehabt hat. Schriftliche Belege haben sich dafür bisher nicht finden lassen. Gesprächsweise kann Kafka aber durchaus von Bleis Bemühungen um Borchardt erfahren haben. Auf Vermittlung von Max Brod kommen Kafka und Blei spätestens im Lauf des Jahres 1907, möglicherweise schon in der zweiten Jahreshälfte 1906, in persönlichen Kontakt.[31] Auf eine anhaltend gute Verbindung zwischen beiden deutet hin, dass Kafka, Brod und Blei, dessen Frau und dessen Sohn am Abend des 18. Mai 1910 auf den Laurenziberg gehen, um den Vorübergang des Halleyschen Kometen vor der Sonne zu beobachten, der für Prag für den Morgen des 19. Mai 1910, zwischen 4 und 5 Uhr, angekündigt ist.[32] Im Tagebuch verknüpft

---

[31] Max Brod: *Franz Kafka. Eine Biographie.* In: Ders.: *Über Franz Kafka. Franz Kafka. Eine Biographie. Franz Kafkas Glauben und Lehre. Verzweiflung und Erlösung im Werk Franz Kafkas.* Frankfurt a. M. 1974, S. 9–219, hier S. 61: »[...] Blei hatte sich für mein erstes Buch ›Tod den Toten‹ sehr warm eingesetzt, kam dann öfters nach Prag, ich brachte ihn mit Kafka zusammen [...].«

[32] Eine »beiläufig[e]« Vorstellung von dem, »was gesprochen wurde, oben auf dem Laurenziberg, im Dunkeln«, gibt Reiner Stach: *Kafka. Die Jahre der Entscheidungen.* Frankfurt a. M. 2004, S. 3–7, hier S. 5.

Kafka die Beobachtungen des Kometen mit dem Beginn der Wahrnehmung seines ›Ich‹. »Mit Blei, seiner Frau u. seinem Kind beisammen-
gewesen, mich aus mir heraus zeitweilig gehört, wie das Winseln einer
jungen Katze beiläufig, aber immerhin.«[33] Das ›Ich‹ lässt sich inter-
pretieren als Kafkas Autor-Ich. Im Prozess der Schreibarbeit an den
einzelnen Prosastücken, also seit 1904, beginnt sich dieses Autor-Ich
herauszubilden. Mit der Publikation der acht Stücke der *Betrachtung*
und der beiden *Gespräche* im *Hyperion* wird das Autor-Ich weiter sta-
bilisiert und erhält eine sichtbare Bestätigung. Untrennbar mit Kafkas
Autor-Ich verbunden ist Franz Blei, der die Publikationen erst möglich
macht.

Ob Kafka von Bleis *Hyperion*-Plänen gewusst hat oder nicht – die
Hyperion-Rezension lässt erkennen, dass der zu diesem Zeitpunkt
28-jährige Autor auch für das eigene Schreiben von einer konservativen Ästhetik ausgeht. An ein Kunstwerk stellt er den Anspruch eines
ästhetischen »Ganzen«, dessen einzelne Teile auf vielfältige Weise zuei-
nander in Beziehung stehen und zu einer höheren Einheit synthetisiert
werden.

Franz Kafkas Betrachtung *im ersten* Hyperion-*Heft als Einlösung seiner neo-romantischen Ästhetik*

Kafkas eigener Beitrag zum ersten Heft des *Hyperion* sind acht Prosaminiaturen unter dem Titel *Betrachtung*.[34] Liest man die einzelnen
Stücke nacheinander, so ergeben sie keine zusammenhängende Erzählung. Die einzelnen Stücke sind jedoch untereinander durch forma-
le und motivische Zusammenhänge verbunden, sodass sie in einem
Verweisungssystem aufeinander Bezug nehmen, das prinzipiell unab-

---

[33] Franz Kafka: *Tagebücher*. Hg. von Hans-Gerd Koch / Michael Müller / Mal-
colm Pasley. Frankfurt a. M. 2002 (= Franz Kafka: *Schriften. Tagebücher.
Kritische Ausgabe*), S. 16 (18./19.5.1910).

[34] Franz Kafka: *Betrachtung*. In: *Hyperion*. 1. Band. 1. Heft (1908), S. 91–94. –
Im Folgenden zitiere ich die Stücke aus der *Betrachtung* aus der Zeitschrift
Hyperion und füge die Seitenzahlen in den laufenden Text ein. – Zur Buch-
fassung der *Betrachtung* (in der die *Hyperion*-Stücke enthalten sind) vgl.
Kafka: *Drucke zu Lebzeiten*. Textband, S. 9–40.

schließbar ist. Die einzelnen Stücke der *Betrachtung* können also als ästhetisches Ganzes angesehen werden.

Schon der Titel *Betrachtung* (Singular) signalisiert, dass die einzelnen disparaten Beobachtungen und Reflexionen zu einer übergeordneten Einheit synthetisiert werden sollen.[35] Ein Ich, das in allen Prosastücken präsent ist, verbürgt den Zusammenhang der einzelnen Texte. Dementsprechend legt Kafka auf den korrekten Titel großen Wert: Als Paul Wiegler in der Osterbeilage der *Bohemia* am 27. März 1910 vier der bereits im *Hyperion* erschienenen Prosastücke gemeinsam mit *Zum Nachdenken für Herrenreiter* unter dem (nicht mit Kafka abgesprochenen) Titel *Betrachtungen* (Plural) abdruckt,[36] reagiert der junge Autor verärgert.[37]

Der Titel *Betrachtung* impliziert sowohl die optische Wahrnehmung und Beobachtung der Außenwelt als auch die Reflexion darüber.[38] Dementsprechend finden sich in jedem der acht Prosatexte das Wort-

---

[35] Die Frage, ob der Titel *Betrachtung* die Einheit des Differenten betont oder gerade ihren Zerfall, hat die Forschung immer wieder gestellt. Die neuere Forschung tendiert dazu, die Texte der *Betrachtung* als eine Einheit zu verstehen. Vgl. Gerhard Kurz: *Lichtblicke in eine unendliche Verwirrung. Zu Kafkas* Betrachtung. In: *Franz Kafka*. Hg. von Heinz Ludwig Arnold. 2., gründlich überarbeitete Auflage. München 2006 (= text + kritik, Sonderband), S. 49–65; Barbara Neymeyr: *Betrachtung*. In: Engel / Auerochs 2010, S. 111–126, hier S. 112–115; Waldemar Fromm: *Wort und Geste. Anfänge einer Poetik des Schreibens in der* Betrachtung. In: Neumeyer / Steffens 2013, S. 101–118, hier S. 101. Carolin Duttlinger: *Die ersten und die letzten Dinge. Kafkas* Betrachtung *im Kontext des Gesamtwerks*. In: Duttlinger 2014, S. 7–35, hier S. 16, spricht von der »widersprüchliche[n] Kohärenz« der *Betrachtung*. – Die genannte Forschungsliteratur bezieht sich ausschließlich auf die Buchfassung der *Betrachtung* (1913). Im Folgenden soll gezeigt werden, dass bereits in der *Hyperion*-Fassung die einzelnen Stücke der *Betrachtung* als Einheit des Differenten konzipiert sind.

[36] In der *Bohemia* sind die Stücke bereits mit Titeln versehen. Im Einzelnen handelt es sich um *Am Fenster* (= *Hyperion* II), *In der Nacht* (= *Hyperion* IV), *Kleider* (= *Hyperion* V) und *Der Fahrgast* (= *Hyperion* VI). Vgl. Kafka: *Drucke zu Lebzeiten*. Apparatband, S. 35, S. 38f.

[37] Brod erinnert sich: »Ich entsinne mich noch ganz genau, wie Kafka diese Eigenmächtigkeit gesprächsweise übel vermerkte.« Kafka: *Drucke zu Lebzeiten*. Apparatband, S. 45. – Im Inhaltsverzeichnis des ersten *Hyperion*-Heftes lautet die Überschrift von Kafkas Prosaminiaturen *Betrachtungen* (ohne Paginierung), im Text lautet der Titel dagegen *Betrachtung* (S. 91). Ich halte die Schreibung im Inhaltsverzeichnis für ein Versehen.

[38] Kurz 2006, S. 58f.; Neymeyr 2010, S. 112f.

feld des Sehens, das Wortfeld des Denkens in allen außer in Text II.[39] Jedes einzelne der insgesamt acht Stücke ist als ein gleichberechtigter Teil eines einzigen Wahrnehmungs- bzw. Reflexionsaktes des Ich zu verstehen.

Formale Zusammenhänge

Hinsichtlich der Gattungsbezeichnung sind Kafkas *Betrachtungs*-Texte in die Nähe des Prosagedichts gerückt worden, das sich im 19. Jahrhundert zu einer produktiven Gattungsform entwickelt. Zu den Merkmalen des Prosagedichts gehören Kürze der Texte sowie eine elaborierte sprachliche Gestaltung.[40]

In der Tat lassen sich Merkmale des Prosagedichts an den Texten der *Betrachtung* ausmachen. Die einzelnen Texte sind nicht nur kurz (das erste Stück ist mit eineinhalb Druckseiten das längste der *Betrachtung*), sondern zeichnen sich auch durch eine starke sprachliche Strukturierung aus. In vier der acht Prosastücke werden die Reflexionen in Form des »wenn ... dann« bzw. »wenn ... so« vorgetragen,[41] die die Texte

---

[39] I: »Wenn [...] ich plötzlich Stunden vor mir sehe«, »Ich sehe, daß ich jetzt und plötzlich allein bin.«, »Ich aber bin gleich allein im Lift und schaue auf die Knie gestützt [...]« / »Sorgen« signalisiert Nachdenken des Ich (S. 91); II: »Unten sieht man [...] und zugleich sieht man« (S. 92); III: »Man sehe die Überzeugungskraft der Luft nach dem Gewitter!« / »Nur als ich in mein Zimmer trete, bin ich ein wenig nachdenklich, aber ohne daß ich während des Treppensteigens etwas Nachdenkenswertes gefunden hätte.« (S. 92); IV: »ein Mann, von weitem schon sichtbar« / eine Reflexionsreihe ist durch die siebenmalige Wiederholung von »vielleicht« erkennbar (S. 92f.); V: »Oft wenn ich Kleider [...] sehe, [...] dann denke ich« (S. 93); VI: ein Mädchen »erscheint mir so deutlich« / »Ich fragte mich damals« (S. 93); VII: »ich sehe nicht die in ihre Kleider gepreßten Herren Deines Gefolges« / »um uns dessen nicht unwiderleglich bewußt zu werden« (S. 94); VIII: »Aber sieh« / der einleitende Vergleich, der Baumstämme mit Menschen in Beziehung setzt, zeigt eine Reflexion an (S. 94).

[40] Vgl. Kurz 2006, S. 50f., Neymeyr 2010, S. 114. Ihr Muster und den Begriff *poème en prose* erhält diese Form von Aloysius Bertrand und Charles Baudelaire.

[41] Kurz 2006, S. 52, betont die »zeitlose Geltung« der Struktur des »wenn ... dann«.

sprachlich strukturiert und eine sprachliche Verbindung der einzelnen Texte untereinander schafft. Im ersten Stück heißt es: »Wenn nun am Abend eines Werketages das Geschäft gesperrt wird und ich plötzlich Stunden vor mir sehe, in denen ich für die ununterbrochenen Bedürfnisse meines Geschäftes nichts werde arbeiten können, dann wirft sich meine am Morgen weit vorausgeschickte Aufregung in mich, wie eine zurückkehrende Flut, hält es aber in mir nicht aus und ohne Ziel reißt sie mich wieder mit.« (I, S. 91) Das vierte Stück beginnt mit den Worten: »Wenn man in der Nacht durch eine Gasse spazieren geht und ein Mann von weitem schon sichtbar [...] uns entgegenläuft, so werden wir ihn nicht anpacken, selbst wenn er schwach und zerlumpt ist, selbst wenn jemand hinter ihm läuft und schreit, sondern wir werden ihn weiter laufen lassen.« (IV, S. 92f.) Der zweite Abschnitt des vierten Stücks ist sprachlich strukturiert durch die siebenmalige Wiederholung von »vielleicht« (IV, S. 93). In dieser Kaskade von Überlegungen sucht das Ich sein Gefühl von Verantwortung für die beiden Männer in der Vollmondnacht einzuhegen. Das fünfte und das siebente Stück beginnen ebenfalls mit einer »wenn ... dann«-Konstruktion: »Oft wenn ich Kleider mit vielfachen Falten, Rüschen und Behängen sehe, die über schöne Körper schön sich legen, dann denke ich, daß sie nicht lange so erhalten bleiben [...]« (V, S. 93); »Wenn ich einem schönen Mädchen begegne und sie bitte: ›Sei so gut, komm mit mir‹ und sie stumm vorübergeht, so meint sie damit [...].« (VII, S. 94)

Motivische Zusammenhänge

Die Hälfte der Prosaminiaturen der *Betrachtung* hat die Begegnung zwischen einem Mann und einem Mädchen zum Gegenstand. Die diesen Begegnungen zugrundeliegende *Erotik* ist oft nur imaginiert.[42] Im zweiten Stück beobachtet das Ich vom Fenster aus, wie auf der Straße ein Mann ein Mädchen überholt, ohne es anzusprechen oder zu berühren. Der Erzähler dramatisiert die Szene, indem er das Spiel von Licht und Schatten auf dem Gesicht des Mädchens in den Fokus rückt und zudem eine Reihe von i-Vokalen, die dem »Kind[]« zugeordnet sind (»Licht«, Gesicht des kindlichen Mädchens«), mit einer Reihe von

---

42   Vgl. Duttlinger 2014, S. 23.

a-Vokalen, die dem »Mann« zugeordnet sind, kontrastiert (»Schatten des Mannes«, der »rascher« kommt; II, S. 92). Im zweiten Absatz des kurzen Textes bildet sich ein daktylischer Rhythmus heraus, der vier Mal wiederholt wird: »Klinke des Fensters«, »freilich schon sinkenden Sonne«, »kindlichen Mädchens«, »Schatten des Manens darauf« (II, S. 92).[43] Im sechsten Stück berichtet das Ich von der Begegnung mit einem Mädchen in der Straßenbahn, das dem Erzähler körperlich so nahekommt, dass er es detailliert beschreiben kann. Ihre Haltung ist fest, sie ist »schwarz gekleidet«, trägt einen Faltenrock und eine Bluse mit weißem Kragen. Auch ihr Gesicht kann das Ich genau erkennen, nicht nur das »braun[e]« Gesicht und Haar, sondern auch »den ganzen Rücken der rechten Ohrmuschel und den gebogenen Schatten an der Wurzel« (VI, S. 94). Zu einem Gespräch kommt es jedoch nicht, denn das Mädchen ist »zum Aussteigen bereit« (VI, S. 93). Eine ähnliche Konstellation begegnet im siebenten Stück, das sich in Analogie zum sechsten lesen lässt. Hier imaginiert der Ich-Erzähler, nachdem ein »schöne[s] Mädchen« seinen wenig galanten Versuch der Kontaktaufnahme (»›Sei so gut, komm mit mir‹«; VII, S. 94) nicht erwidert hat, einen Dialog, in dem beide einander als defizitär bezichtigen (VII, S. 94) und sich sodann dafür entscheiden, weiterhin getrennte Wege zu gehen.[44]

Das fünfte Stück ist über die »Mädchen, die wohl schön sind« (V, S. 93) mit der Motivreihe der Erotik verknüpft. Die Beschreibung der Mädchenkörper ist ähnlich detailliert wie im sechsten Stück: »vielfache reizende Muskeln und Knöchelchen und gespannte Haut und Massen dünner Haare« (V, S. 93). Zugleich lässt sich mit diesem Stück eine eigene Motivreihe eröffnen, in der die einzelnen Texte über den tatsächlichen oder imaginierten Moment der *(abendlichen) Heimkehr* miteinander verbunden sind.[45] Die Mädchen kommen »spät von einem Feste« nach Hause (V, S. 93), der Kaufmann kehrt am Abend von seinem Geschäft in seine Wohnung zurück (I, S. 91), das Ich des dritten Stücks tritt von der »Gasse« in »[s]ein Zimmer« (III, S. 92). Jeder der beiden Männer des vierten Textes, die auf der »Gasse« im »Vollmond« dem Ich-Erzähler entgegenlaufen, läuft möglicherweise »auf eigene Verantwortung in sein Bett« (IV, S. 92f.). Das bereits erwähnte

43 Vgl. Kurz 2006, S. 51f.
44 Zur Motivreihe »Erotik« vgl. Duttlinger 2014, S. 23–25.
45 Zur Motivreihe »Heimkehr« vgl. Duttlinger 2014, S. 23.

siebente Stück lässt sich in diese Motivkette ebenfalls einreihen, denn die gescheiterte Kontaktaufnahme zwischen dem Erzähler und dem Mädchen endet mit den Worten: »wollen wir, nicht wahr, lieber jeder allein nach Hause gehn« (VII, S. 94). Dieses siebente Stück ist, ebenso wie das erste und das sechste, explizit in einer *modernen städtischen Umgebung* situiert. Das Ich erwidert die Zurückweisung des Mädchens mit dem Hinweis, dass es nicht in einem »Automobil« gefahren werde (VII, S. 94). Ähnlich betritt der Kaufmann des ersten Stücks, dessen Geschäft ebenfalls in einer städtischen Umgebung situiert ist, den »Lift«, um zu seiner Wohnung zu gelangen (I, S. 91).

Im fünften Stück parallelisiert der Ich-Erzähler die nach einem Fest faltig gewordenen Kleider mit den Gesichtern der Mädchen, die nach dem Fest ebenfalls »abgenützt, gedunsen, verstaubt« wirken (V, S. 93). Im Kompositum »Maskenanzug« werden Kleider und Gesichter enggeführt, der Körper wird als ein »natürlicher Maskenanzug« bezeichnet (V, S. 93). Damit ist das Thema von *Schein, Erscheinung und Sein* aufgerufen, das in einer eigenen Reihe durchgespielt wird.[46] Die Begegnung mit dem eigenen Selbst erfolgt traditionell im Blick in den Spiegel. Einen solchen tun die Mädchen des fünften Stücks (V, S. 93) sowie der Geschäftsmann des ersten (I, S. 91f.). Das Thema Schein und Sein beherrscht insbesondere den letzten der *Hyperion*-Texte, in dem die auf die Eingangsthese – »Denn wir sind wie Baumstämme im Schnee« – folgende Explikation von einem zweifachen »scheinbar« eingerahmt wird. Die »Baumstämme« liegen scheinbar »glatt auf«, sodass man sie leicht »wegschieben« können sollte, so die erste Hypothese des Textes. Doch der äußere Schein täuscht über die tatsächliche Beschaffenheit der Baumstämme hinweg. Sie lassen sich nicht einfach »wegschieben«, sodass eine zweite Hypothese aufgestellt wird, die der ersten entgegensteht: Die Baumstämme müssen »fest mit dem Boden verbunden« sein (VIII, S. 94). Doch auch diese zweite Hypothese wird verworfen, beide Hypothesen erweisen sich also als »scheinbar«. Das Verhältnis von Schein und Sein gerät in die Schwebe.[47] Aber: Auch wenn nicht zu

---

46   Zur Motivreihe »des Scheins/der Erscheinung« vgl. Kurz 2006, S. 57.
47   Zu *Die Bäume* vgl. Neymeyr 2010, S. 118f. Anders als Neymeyr möchte ich argumentieren, dass der als Paradox konzipierte Text dennoch eine Aussage über die Baumstämme bzw. die Subjekte zulässt.

entscheiden ist, ob sich die Baumstämme in einer stabilen oder in einer labilen Position befinden – einfach wegbewegen lassen sie sich nicht.

Im ersten Satz des achten Stücks werden die Baumstämme mit der *conditio humana* parallelisiert. Der Vergleich (»wir sind wie«) überträgt die stabile bzw. labile Position der Baumstämme auf das Subjekt. Ebenso wie die Baumstämme, so ist auch das Subjekt vorhanden und lässt sich nicht einfach negieren (»wegschieben«). Analog dazu führen die einzelnen Texte der *Betrachtung* das Subjekt sowohl als stabiles als auch als labiles vor. Am augenfälligsten ist diese antithetische Entsprechung im dritten Stück und im sechsten. Während sich das Ich im dritten Stück durch ein übersteigertes Selbstbewusstsein auszeichnet (»Meine Verdienste erscheinen mir und überwältigen mich, wenn ich mich auch nicht sträube«; III, S. 92), so leidet das Ich im sechsten Stück unter seiner Unsicherheit (»Ich [...] bin vollständig unsicher in Rücksicht meiner Stellung in dieser Welt, in dieser Stadt, in meiner Familie«; VI, S. 93). Der letzte der *Hyperion*-Texte verweist sowohl auf die Einzelstücke der *Betrachtung* zurück als auch auf das Ich, das die Einzelstücke zu einer übergeordneten Einheit synthetisiert.

Kafka hat also seinen eigenen Anspruch einer neo-romantischen Ästhetik, die er in der Gesamtkomposition des *Hyperion* vermisst, in seinem eigenen *Hyperion*-Beitrag eingelöst.

Carolina Heberling, Sabrina Kanthak,
Waldemar Fromm

Zur Entwicklung des Theaters in Bayern in der Zeit der Weimarer Republik

Einleitung

Modern, demokratisch, Berlin-zentriert: Die Forschungsliteratur zum Theater in der Weimarer Republik zeichnet die deutschsprachige Theaterlandschaft aus der Perspektive permanenter ästhetischer Neuerungen, allen voran die Publikationen Günther Rühles.[1] In der neueren Forschung wird dieser einseitige Blick auf die Kultur der Weimarer Republik zunehmend kritisiert.[2] »Wo Avantgarde ist, muss auch Beharrung, Tradition und Kontinuität sein – in der Regel überwiegen sie«,[3] notieren etwa Andreas Braune und Tim Niendorf. Das Theater unter dieser Prämisse zu betrachten bedeutet, einen differenzierten Blick auf die Geschichte zu ermöglichen: Künstler*innen sind in diesem Narrativ eben nicht immer schon Demokrat*innen und

---

[1] Vgl. Günther Rühle: *Theater für die Republik. 1917–1993 im Spiegel der Kritik.* Frankfurt a. M. 1967; ders.: *Theater in Deutschland. 1887–1945. Seine Ereignisse – seine Menschen.* Frankfurt a. M. 2007.

[2] Vgl. beispielsweise Peter W. Marx: *Zwischen Aufbruch und Beharren – das Theater der Weimarer Republik auf den zweiten Blick.* Vortrag beim Workshop *Theater: 1920.* Theaterwissenschaftliche Sammlung der Universität zu Köln, 3.12.2020.

[3] Andreas Braune / Tim Niendorf: *Einleitung. Zu den Wechselbeziehungen von Politik, Kultur und Medien in der Weimarer Republik.* In: *Die Politik in der Kultur und den Medien der Weimarer Republik.* Hg. von dens. Stuttgart 2022, S. VII.

der Umbruch von 1933 auch keine plötzliche Zäsur, wie besonders das Beispiel Thüringen verdeutlicht.[4]

Auch erlaubt eine solche Neuperspektivierung, wie sie dieser Beitrag überblickshaft für die bayerischen Bühnen liefert, genauer als zuvor die massiven ästhetischen und organisatorischen Umwälzungen an den Theatern in der jungen Republik zu beschreiben. Sie gibt es nach 1918 allerorten, nicht nur im ›Innovationsmotor‹ Berlin. Durch die Kommunalisierung von Privatbühnen und die Verstaatlichung der ehemaligen Hoftheater – wie etwa anlässlich der Novemberrevolution in München – werden Theater zu wichtigen Institutionen des öffentlichen Lebens, deren Führungspersönlichkeiten nun eine besonders hohe Verantwortung tragen, um in einer Balance zwischen Althergebrachtem und Neuem ihr Publikum zu adressieren.[5] Mit der Aufhebung der Vorzensur und der Garantie von Kunst- und Meinungsfreiheit als Grundrechte in der Weimarer Verfassung gewinnt zudem das Publikum an Einfluss auf die Arbeit an den Häusern: Die große Menge von Zeitungsartikeln über Inszenierungen zeugt hiervon ebenso wie eine Reihe von Theaterskandalen, die sich in ganz Bayern ereignen.[6] Vor dem Hintergrund dieses neuen Machtverhältnisses zwischen Bühne und Parkett ist es kaum verwunderlich, dass die Theater in Bayern bereits zu Beginn der 1920er-Jahre immer wieder Zielscheibe nationalistischer Gruppen unterschiedlicher ideologischer Prägung sind und ein Kulturkampf von rechts nicht erst mit der Machtübernahme durch die Nationalsozialist*innen 1933 einsetzt.

Eine Geschichte des Theaters der Weimarer Republik in Bayern muss also über das Ästhetische hinaus auch auf der Ebene der Publikums- und Institutionsforschung im Spannungsfeld von Innovation und Tradition erzählt werden, obgleich sich deren beiden Pole nicht immer eindeutig mit Binaritäten wie »links« / »rechts«, »demokratisch« / »monarchistisch«, »Moderne« / »Anti-Moderne« oder »Stadt« / »Land« belegen

4   Vgl. Hildegard Brenner: *Die Kunstpolitik des Nationalsozialismus*. Reinbek bei Hamburg 1963, S. 22–35.
5   Vgl. Carolina Heberling: *Zwischen Alleinherrschaft und kollektiver Leitung. Entwicklungslinien des Intendantenberufs in der Weimarer Republik am Beispiel der Bayerischen Staatstheater*. Diss. München 2023. Auf den Inhalten und Thesen dieser Dissertation beruht der Aufsatzabschnitt über die Bayerischen Staatstheater nach 1918.
6   Vgl. Sabrina Kanthak: *De-Censorship: Theaterskandale und Öffentlichkeit nach 1919*. Diss. München 2023.

lassen. Der vorliegende Beitrag nimmt im Folgenden zuerst das Theaterleben in der bayerischen ›Provinz‹ in den Blick, erörtert dann die
Situation in der Landeshauptstadt München am Beispiel der Bayerischen Staatstheater und arbeitet schließlich die Charakteristika der
bayernweit stattfindenden Theaterskandale heraus.

Theaterleben in der ›Provinz‹

Die Aufhebung der Vorzensur bzw. Zensur durch die Weimarer Verfassung erhöht die Bedeutung des Theaters für die Öffentlichkeit. Es wird
als exemplarischer Ort für gesellschaftliche Diskurse wahrgenommen
und sein Bildungsauftrag hervorgehoben: Erwünscht ist die Kommunalisierung, die Übernahme der Theater durch die öffentliche Hand.
Die Umstellung von Pachttheatern auf öffentlich finanzierte Theater
erfolgt in den Städten und Gemeinden Bayerns zu unterschiedlichen
Zeitpunkten. So löst an vielen Spielorten der Intendant bis Mitte der
1920er-Jahre den Theaterdirektor ab, allerdings wird der Prozess der
Kommunalisierung erst 1929 abgeschlossen. Letzterer verfügt bis zur
Übernahme durch die Stadtverwaltung (bzw. die Verwaltung des Landes) oftmals über Zusagen des Stadt- oder Gemeinderats über einen
Zuschuss in bestimmter Höhe. Er trägt das finanzielle Gesamtrisiko
jedoch allein. Gleichwohl können Defizite von den Stadt- bzw. Ge-
meindekassen übernommen werden. Die unterschiedlichen Vorgehens-
weisen führen zu einem Ungleichgewicht im Theaterleben: Während
sich zum Beispiel das Intime Theater in Nürnberg privat finanziert und
entsprechend hohe Kartenpreise ansetzen muss, um zu überleben, kann
das Stadttheater in Nürnberg seit 1920 auf die Sicherheit der öffentlichen Subventionierung bauen.[7] Die Stadt Passau hingegen verpachtet
das Stadttheater 1918; Ludwig August Wesselsky (eigentl. Wessely;
1867–1955) leitet es bis 1928 als Intendant.
   Für viele Bühnen kann erst Mitte der 1920er-Jahre durch die bes-
sere Finanzlage der Städte und Gemeinden eine deutliche Verbesse-
rung auch der baulichen Situation erreicht werden. Umgestaltungen
wie die Installation elektrischer Beleuchtung oder der Einbau einer

---

[7]   Vgl. Oskar Franz Schardt: *25 Jahre neues Stadttheater Nürnberg.* In: *Die
      Deutsche Bühne* 22 (1930). Heft 12, S. 286–288.

Zentralheizung, der Umbau des Zuschauerraums, die Erweiterung von Orchestergräben und anderes mehr erleichtern einen modernen Theaterbetrieb. In Ulm und Nürnberg wird auch in Gebäude investiert, andernorts werden Theater geschlossen oder, wie das Kurhaustheater in Augsburg, umfunktioniert und als Kino und für Tanzveranstaltungen verwendet. Das Würzburger Stadttheater stellt seinen Spielbetrieb inflationsbedingt 1923 ein. Durch die Nähe mancher Bühnen zur jeweiligen Stadtverwaltung wird das Theater auch zum Instrument der Kulturpolitik, so in Bamberg, wo die Subventionierung als Mittel gegen das beliebter werdende Kino eingesetzt wird.[8]

Der Umgang mit den Sparten gestaltet sich an den einzelnen Spielorten unterschiedlich: Nicht jede Stadt ist bereit, Investitionen vorzunehmen, um das Programm in der ganzen Breite zu erhalten. In Augsburg und Ulm werden bspw. zunächst vor allem Oper und Operette unterstützt, das Sprechtheater wird erst in der zweiten Hälfte der Weimarer Republik stärker gefördert. Aufgrund der erhöhten Aufmerksamkeit für das Theaterleben entstehen Theatergemeinden vor Ort, die sich für die finanzielle Absicherung einsetzen. Subventionen erhalten Theater auch vom Bayerischen Volksbildungsverband, der Kosten für Aufführungen übernimmt. Die Gründung und Wirkung solcher Einrichtungen sind bis heute allerdings kaum erforscht.

Eine besondere Rolle haben in kleineren Städten und Gemeinden die Gastspiele: Je kleiner das Theater bzw. je geringer die finanziellen Mittel sind, desto häufiger greift man auf diese Möglichkeit zurück. In Fürth z. B. geht das Stadttheater bereits 1920 endgültig in die städtische Verwaltung über. Die Verantwortlichen schließen aber einen Theatervertrag mit Nürnberg, von wo aus zahlreiche Gastspiele gegeben werden. Ein anderes Beispiel ist das Theater in Schweinfurt, das von Bamberg aus bedient wird, die Oper in Bamberg wiederum wird teilweise von München aus bespielt. Zwischen Bamberg, Bayreuth und Coburg wird sogar ein Städtebundtheater erwogen, bei dem allerdings einzelnen Verhandlungspartnern die Kosten immer noch zu hoch erscheinen, weswegen das Projekt nicht realisiert wird.[9]

1921 gründen das Land und einzelne Gemeinden als Gesellschafte-

---

[8]   Gabriele Papke: *Wenns löfft, donn löfft's. Die Geschichte des Theaters in Bamberg (1860 bis 1978). Alltag einer Provinzbühne.* Bamberg 1985, S. 247.
[9]   Papke 1985, S. 247.

rinnen die Bayerische Landesbühne München, deren fester Bühnenstandort Memmingen wird. Die Landesbühne bietet bayernweit die Möglichkeit von Gastspielen an. Anders gestalten sich die Verhältnisse des Landestheaters Coburg. Nach dem Beitritt der Stadt Coburg zum Freistaat Bayern übernimmt das Land 1920 im Rahmen des Staatsvertrags einen Teil der Kosten für das Theater, der andere Teil wird von der Stadt Coburg getragen.

Kleine Bühnen oder Kleinstädte und Gemeinden rekurrieren auf Eigeninitiativen vor Ort und die zusätzliche Verpflichtung von professionellen Musikern oder Schauspielern. Als Beispiel seien die Aktivitäten des Lehrers Pius Hurler in Kaufbeuren genannt, der in die Rolle des Regisseurs schlüpft und zwei Opern von Mozart aufführt.[10] Die Theatergemeinde Kaufbeurens umfasst in den 1920er-Jahren bis zu 270 Mitglieder; es kommt nicht zuletzt deswegen vor allem zu Gastspielen anderer Bühnen wie der Bayerischen Landesbühne, des Stadttheaters Augsburg oder des Tegernseer bzw. Schlierseer Bauerntheaters.

Eine besondere Beachtung findet in Bayern das Laientheater in der ganzen Breite, wie überhaupt private Theaterspiel- und Singspielbühnen, das Laienspiel oder Theaterspielergemeinschaften das Theaterleben vor Ort prägen. Institutionell sichtbar wird dies bspw. in dem 1923 gegründeten Bayerischen Verband Volksspielkunst – Kulturgemeinschaft für Volkskunst und Volksbildung – Verband bayerischer Theatervereine (heute: Verband Bayerischer Amateurtheater). Aufführungsorte für das Laientheater in kleineren Städten bzw. Gemeinden werden oftmals Gaststättensäle. Besonders beliebt sind Bauerntheater, Possen und Schwänke, aber auch lokale Theatertraditionen, wie Passionsspiele, Ölbergspiele oder Osterspiele, werden zu regional und überregional wichtigen theatralen Anziehungspunkten. Das bekannteste Passionsspiel ist bis heute jenes von Oberammergau, das die Aufmerksamkeit des großstädtischen Publikums genießt und in der Zeit der Weimarer Republik zuerst 1922 aufgeführt wird. Lion Feuchtwanger (1884–1958) hat die Breitenwirkung des Ortes und seines Laienspiels im Roman *Erfolg* unter dem Namen Oberfernbach verschlüsselt dargestellt. Insbesondere solche Passionsspiele wie auch das Bauern-

---

[10]   *Die Stadt Kaufbeuren.* Hg. von Jürgen Kraus / Stefan Dieter. Band II: *Kunstgeschichte, Bürgerkultur und religiöses Leben.* Thalhofen 2001.

theater agieren zwischen regionalem Selbstverständnis und touristischen Erwartungen.

Die 1925 vom Münchner Theaterwissenschaftler Artur Kutscher (1878–1960) initiierte Gesellschaft für das süddeutsche Theater und seinen Auswirkungen nimmt sich solcher Themen und Theaterformen an. Den Mitgliedern der Gesellschaft geht es um volkstümliche Ausprägungen des Theaterspielens im oberdeutschen Raum sowie den deutschen Sprachinseln im Osten Europas.[11] In einem umfassenden Sinn wird die Theaterkultur insgesamt in den Blick genommen: Passionsspiele, Krippenspiele, Ritterspiele, Schatten- und Puppenspiele oder Formen des Naturtheaters, des Freilichttheaters oder der Thingspiele und anderes mehr sollen wissenschaftlich analysiert ins Bewusstsein der Öffentlichkeit gehoben werden. Die Gesellschaft gründet dazu eigens ein Korrespondenzblatt, das über den ersten Jahrgang 1926 allerdings nicht hinauskommt.

Sowohl vom Laientheater als auch vom Berufstheater getragen werden Festspiele, Freilicht- und andere Spiele wie die Ritterspiele des Volkstheaters in Kiefersfelden, das Inntaler Volksschauspiel, die Nürnberger Hans Sachs Spiele, oder Festspielwochen wie die Maifestspiele in Coburg oder die Goethe-Woche in Regensburg. Hugo von Hofmannsthals *Jedermann* wird 1930 in Augsburg vor dem Ulrichsmünster aufgeführt, 1929 inszeniert Max Mell (1882–1971) auf der Freilichtbühne am Roten Tor in Augsburg das *Apostelspiel*, ein Nachfolge-Christi-Spiel.

Spielpläne

Folgt man Günther Rühles Darstellung des Theaters der Weimarer Republik im Spiegel der Kritik, liegen die Zentren im deutschsprachigen Theaterleben in Berlin und in Wien: Im Register zu den Spielorten wird von den bayerischen Theatern neben München mit wenigen Nennungen lediglich Nürnberg einmal erwähnt.[12] Die Gegenden zwischen den Zentren bezeichnet man gerne als ›Provinz‹. Gleichwohl

---

[11] Chiara Maria Buglioni: »*Das strittige Gebiet zwischen Wissenschaft und Kunst*«. *Artur Kutscher und die Praxisdimension der Münchner Theaterwissenschaft*. Tübingen 2016, S. 212.

[12] Vgl. das Register in Rühle 2007.

ist bis heute nur selten untersucht worden, ob und inwieweit sich die Neuerungen in den Zentren in der Fläche des Landes ausgewirkt und widergespiegelt haben. Die Tendenz zur Konzentration ambitionierter Theaterautor*innen in den Metropolen bringt zwar eine nicht unerhebliche Abwanderung wichtiger Persönlichkeiten mit sich; etwa diejenige Bertolt Brechts (1898–1956), der 1924 als Dramaturg zu Max Reinhardt (1873–1943) nach Berlin geht. Marieluise Fleißers (1901–1974) Stück *Fegerfeuer in Ingolstadt* wird 1926 in Berlin uraufgeführt, ihr Stück *Pioniere in Ingolstadt* sorgt nach der Aufführung 1929 im Theater am Schiffbauerdamm in Berlin unter der Regie von Bertolt Brecht für einen Skandal. Solche ›Abwanderungen‹ müssen im Umkehrschluss nicht bedeuten, dass modernes Regietheater oder die Aufführung expressionistischer, neusachlicher und anderer zeitgenössischer Stücke unterbunden wird.

Die Bühnen der ›Provinz‹ haben Möglichkeiten, Gegenwartstheater zu machen. In Augsburg nimmt 1927 mit dem neuen Intendanten Karl Lustig-Prean (eigentlich Karl Lustig-Prean von Preanfeld und Fella; 1892–1965) das moderne Theater seinen Anfang. Brechts *Dreigroschenoper* wird aufgeführt, Stücke von Carl Zuckmayer (1896–1977), Georg Kaiser (1878–1945), Carl Sternheim (1878–1942) oder Bruno Frank (1887–1945) kommen hinzu. Ferdinand von Bruckners (1891–1958) Stücke *Krankheit der Jugend* und *Verbrecher* erregen ebenso Skandale wie Stücke anderer moderner Autor*innen. Der Intendant des Regensburger Theaters, Hubert Rauße (1885–1947), ist mit seinen Plänen nicht weniger ambitioniert, doch fehlen ihm die finanziellen Mittel, die Pläne umzusetzen. Das ›Gewohnheitstheater‹ überwiegt, Raum für das experimentelle Theater ist nicht vorhanden.

1919 spielt man im privat geführten Intimen Theater in Nürnberg moderne Klassiker wie Ibsen, Strindberg, Schnitzler, Wedekind u. a., aber kaum expressionistisches Theater. Stücke von jüngeren Autoren werden erst ab der Spielzeit 1920/21 aufgeführt: Ernst Toller (1893–1939), Ernst Barlach (1870–1938), Hanns Johst (1890–1978; zu dieser Zeit noch im Dunstkreis des Expressionismus stehend), Georg Kaiser gehören dazu. Im Stadttheater Nürnberg wird unter der Intendanz von Willy Stuhlfeld (geb. 1879) Ernst Tollers Stücke *Masse Mensch* 1920 uraufgeführt.

Trotz einer Aufhebung der Zensur ist ein Verbot einer Aufführung aus ordnungspolitischen Gründen möglich. Die Auseinandersetzung mit der Zensurbehörde verlagert sich in diesen Fällen lediglich auf eine andere Institution, die Polizei. Gleichwohl ist es möglich, kritische Stücke der Zeit auf die Bühne zu bringen. Stuhlfeld bringt in Nürnberg 1920 Tollers *Die Wandlung* zur Aufführung und 1922 Erich Mühsams (1878–1934) *Judas*. Brechts Stück *Trommeln in der Nacht* wird 1924 unter der Intendanz von Johannes Maurach (1883–1951) aufgeführt.[13] Es ist die Zeit, in der sich proletarische Bühnen in direkter Konkurrenz zu städtischen Bühnen bilden und insbesondere um Arbeiter*innen als Zuschauer*innen werben.[14]

Die Theater müssen sich in den 1920er-Jahren stärker an den Publikumswünschen und dem Publikumsgeschmack ausrichten. In Würzburg fördert der Theaterdirektor Ludwig Spannuth-Bodenstedt (1880–1930) nach 1921 zunächst insbesondere die Oper, bis der Opern- und Operettenbetrieb aufgrund des Widerstands aus dem Publikum und der angespannten finanziellen Lage eingestellt werden muss. Der neu aufgesetzte Spielplan enthält vor allem Klassiker, ergänzt von modernen Autoren wie Kaiser, Wedekind oder Werfel. Eine Besonderheit bildet in Würzburg die Berücksichtigung von fränkischen Autoren wie Alfred Graf (1883–1960), Julius Maria Becker (1887–1949), Max Dauthendey (1867–1918) oder Leonhard Frank (1882–1961).[15] Das Beispiel Würzburg zeigt, wie sehr nach der finanziellen Konsolidierung in der Zeit der Goldenen Zwanziger Jahre die Spielpläne der Bühnen moderner werden. Für Würzburg bekommt der ehemalige Intendant der Bayerischen Landesbühne, Heinrich K. Strohm (1895–1959), 1925 ausdrücklich den Auftrag, das Theater zu modernisieren.

---

[13] Alexander Schmidt: *Kultur in Nürnberg 1918–1933. Die Weimarer Moderne in der Provinz.* Nürnberg 2005, S. 124.

[14] Zur Neuen Bühne in München und ihrer Konkurrenz zum städtischen Theater vgl. die Schilderungen von Oskar Maria Graf: *Wunderbare Menschen. Heitere Chronik einer Arbeiterbühne nebst meinen drolligen und traurigen Erlebnissen dortselbst.* Stuttgart 1927.

[15] Wolfgang Schulz: *Das Würzburger Theater.* In: *Geschichte der Stadt Würzburg.* Hg. von Ulrich Wagner. Band III/1: *Vom Übergang an Bayern bis zum 21. Jahrhundert.* Stuttgart 2007, S. 1007–1035, hier S. 1024.

Die Bayerischen Staatstheater in der Weimarer Republik: der ›Revolutionsintendant‹ Victor Schwanneke und das Experiment ›Künstlerrat‹

Während in vielen kleineren Städten und Gemeinden oft nur ein Theatersaal existiert, weist die bayerische Landeshauptstadt eine wesentlich breitere Theaterlandschaft auf: Auf staatlicher Seite zeigen die Bayerischen Staatstheater Schauspiel, Oper und Tanz. Zudem existieren zahlreiche privatwirtschaftlich organisierte Sprechbühnen, etwa die Münchner Kammerspiele in der Maxvorstadt, das Künstlertheater im Ausstellungspark, das Volkstheater sowie das Schauspielhaus auf der Maximilianstraße, das bis 1925 von Hermine Körner geführt und später mit den Kammerspielen fusioniert wird. Ferner bilden die zahlreichen Varieté- und Kabarettbühnen feste Anlaufpunkte im Unterhaltungspanorama der Stadt.

Durch die räumliche Nähe zum bayerischen Regierungssitz kommen politische Themen bei den Münchner Bühnen oft besonders rasch an: Revolution, Inflation, Putschversuche, Wirtschaftskrise – die permanente Unruhe, von der die Weimarer Jahre geprägt sind, begleiten die Münchner Theatermacher*innen stark, besonders im ehemaligen Münchner Hoftheater, das damals aus dem Residenz- und dem Nationaltheater besteht. Die Hofbühne, die noch im November 1918 verstaatlicht wird,[16] ist nicht nur im Ästhetischen ein Seismograph seiner Zeit, sondern auch und vor allem institutionell. Als Repräsentationsort der Monarchie wird sie nun umkodiert zu einer der Schlüsselinstitutionen des neuen Bayern: Kurt Eisner (1867–1919; USPD, Ministerpräsident 1918–1919) nutzt das Nationaltheater im November 1918 gleich mehrmals als Kulisse opulenter »Revolutionsfeiern« zur Selbstinszenierung seiner Regierung.[17]

Mit dem Verschwinden der Monarchie räumt auch der letzte Hoftheaterintendant, Clemens Freiherr von und zu Franckenstein (1875–1942), seinen Posten. An seiner Statt wird der Schauspieler Victor

---

[16] Vgl. Herbert Rosendorfer: *Kurt Eisners erster Erlass galt dem Theater. Ein kleiner Beitrag zur Münchener Theatergeschichte.* In: *Literatur in Bayern* 29 (1992), S. 43–47.

[17] Vgl. Kurt Eisner: *Ansprache anlässlich der Revolutionsfeier im Nationaltheater am 17. November 1918.* In: Ders.: *Die neue Zeit.* Band 2. München 1919, S. 30–35.

Schwanneke (1880–1931) von seinen Kolleg*innen mit 433 von 470 Stimmen zum neuen Leiter gewählt.[18] Ein von der Belegschaft demokratisch gewählter Intendant – hier realisiert sich eine linke Utopie, die im Januar 1919 ihre Verrechtlichung in der neuen Satzung des Theaters findet. Diese sieht auch einen sogenannten ›Künstlerrat‹ vor, ein Gremium aus Angestellten des Theaters, das Einfluss auf die Geschicke des Hauses nehmen kann. Bei der Neubesetzung des Intendantenpostens hat der Künstlerrat ein Vorschlagsrecht gegenüber dem Ministerium und muss vom Ministerium bei der Auswahl der Bewerber gehört werden. Außerdem kann der Rat mit ¾-Mehrheit die Kündigung von Ensemblemitgliedern blockieren und das Recht einfordern, von wichtigen Entscheidungsträgern des Theaters gehört zu werden.[19]

In der Münchner Presse begegnet man diesem Vorhaben von Beginn an skeptisch, dementsprechend engmaschig ist die Berichterstattung über die Entwicklung des Theaters unter Schwanneke. In der Tat kommt es bereits im Herbst 1919 zu Problemen mit dem Künstlerrat: Nach internen Streitigkeiten legt zunächst Schauspieldirektor Albert Steinrück (1872–1929) sein Amt nieder, in der Folge gerät auch das Verhältnis zwischen dem Künstlerrat und Schwanneke immer weiter in Schieflage, von einer »Götterdämmerung im Nationaltheater«[20] sprechen die *Münchner Neuesten Nachrichten* bereits im Oktober 1919. In den darauffolgenden Monaten nutzt Bayerns größte Tageszeitung die Streitigkeiten hinter den Kulissen dazu, in zahlreichen Artikeln einen Konflikt zwischen Tradition und Moderne im Ensemble heraufzubeschwören, zu dem zahlreiche Prominente im Kulturteil des Blattes Stellung nehmen.[21]

Zudem belasten die Beziehungen des Intendanten zu den Revolutionären der Räterepublik seine Glaubwürdigkeit schwer: Das Bestreben, ein Staatskino zur Querfinanzierung des Schauspiels im Marstallgebäude zu installieren, versucht er im April 1919 mit Erlaubnis der Rätere-

[18] Vgl. hm: *Der neue Weg*. Zeitungsartikel unbekannten Ursprungs. Bayerisches Hauptstaatsarchiv, Generaldirektion der Bayer. Staatstheater, 890.
[19] Vgl. *Satzung für das Nationaltheater in München*, S. 9–12. Bayerisches Hauptstaatsarchiv, MA 991.
[20] *Götterdämmerung im Nationaltheater?* In: MNN. 72. Jg. Nr. 418, 15.10.1919, S. 1.
[21] Vgl. Thomas Mann: *Was dünkt euch um unser Bayerisches Staatstheater?* In: Ders.: *München leuchtete*. München 2008, S. 65–68.

gierung zu realisieren – eine »börsenjobbermäßige Degradierung des Nationaltheaters«,[22] konstatiert der *Bayerische Kurier.* Sowohl dieser Ansichtsverlust wie auch die permanenten Beschwerden des Künstlerrats, die vor allem dessen stellvertretender Obmann, der ästhetisch eher konservative Schauspieler Friedrich Ulmer (1877–1952), in wachsendem Misstrauen vorträgt, machen plausibel, warum Schwannekes Intendantenvertrag seitens des Ministeriums nicht verlängert wird. Der für seine komischen Rollen gefeierte Schauspieler verlässt das Theater im März 1920. Zwei Jahre später muss er sich dann noch wegen Veruntreuungsvorwürfen in der Clara-Ziegler-Stiftung vor Gericht verantworten, wobei im Verfahren auch Verstrickungen mit dem Theater zur Sprache kommen.[23] Seine Intendanz fällt dadurch vor allem in rechten Kreisen retrospektiv endgültig in Ungnade, obwohl sie als Experiment einer sozialen Öffnung vielversprechend begonnen hat.

Trotz hausinterner Schwierigkeiten offeriert das Staatstheater unter Schwannekes Leitung ein anspruchsvolles Programm. Das beweist vor allem die Uraufführung von *Hannibal* im Dezember 1918. Das Drama Christian Dietrich Grabbes (1801–1836), inszeniert von Albert Steinrück und in vage andeutenden, reduzierten Bühnenbildern von Emil Pirchan (1884–1957) in Szene gesetzt, erzählt von der Opferbereitschaft für die eigene Stadt bis zur völligen Selbstauslöschung und aktualisiert sich vor dem Hintergrund des eben zu Ende gegangenen Ersten Weltkriegs. Wie in der Forschung bereits mehrfach herausgearbeitet wurde,[24] wird Hannibal in der Münchner Inszenierung zur allegorischen Figur für die deutsche Kriegsniederlage, die römischen Gegner lassen sich aufgrund ihrer harten Forderungen gegen Karthago als Sinnbild der Entente lesen. Hannibals intrigant agierende Landsleute wiederum figurieren als Projektionsfläche für die »Dolchstoßlegende«. Die Inszenierung wird in den Folgejahren zum häufig angeführten Maßstab künstlerischer Qualität.

[22] *Ein Lichtspielhaus im Marstallgebäude.* In: *BK.* Nr. 128, 7.5.1919. Bayerisches Hauptstaatsarchiv, MK 41005.

[23] Vgl. *Schwanneke vor Gericht.* In: *MNN.* 75. Jg. Nr. 455, 13.11.1922, S. 4.

[24] Maria Porrmann: *Grabbe – Dichter für das Vaterland. Die Geschichtsdramen auf deutschen Bühnen im 19. und 20. Jahrhundert.* Lemgo 1982, S. 127–132; Yvonne Raffelsberger: *Das Theater-Repertoire der Nachkriegsjahre 1918/19 im Münchner Nationaltheater. Die Auswirkungen der Revolution auf den Sprechtheaterspielplan.* Magisterarbeit. Ludwig-Maximilians-Universität München 2000, S. 54–67.

Neben seiner Bemühung um eine neue Ästhetik etabliert Schwanneke mit der Einrichtung einer eigenen Stelle für »Propaganda«[25] zudem eine zeitgemäße Form der Öffentlichkeitsarbeit und setzt sich für die Öffnung des Theaters für alle ein: 1918 gründet sich mit der Volksbühne München ein linker Publikumsverein, der breiten Bevölkerungsschichten einen günstigen Theaterbesuch ermöglichen will. Als Reaktion hierauf wird 1919 mit der eher konservativen Theatergemeinde München eine zweite Besucherorganisation ins Leben gerufen. Beide Gruppen gewinnen rasch an Zulauf und werden auch politisch gefördert. Im Bayerischen Landtag beschließt man im Sommer 1919, das Prinzregententheater, das bis *dato* nur für die Festspiele im Sommer genutzt worden ist, als Sprechbühne für sog. Volksvorstellungen zu pachten.[26]

Sanfte Modernisierung: die Ära Karl Zeiß

Die positiven wie negativen Früchte von Schwannekes Arbeit erntet in vielen Fällen sein Nachfolger Dr. Karl Zeiß (1871–1924). Zeiß gilt als erfahrener Theatermann, er wirkt zunächst am Dresdener Hoftheater, ehe er 1917 nach Frankfurt a. Main geht, um dort die Intendanz der Vereinigten Bühnen zu übernehmen. Als Experte für das Œuvre Friedrich Hebbels (1813–1863) ist er klassischen Stoffen ebenso zugetan wie neuer Dramatik: Er bringt während seiner Frankfurter Intendanz zahlreiche expressionistische Stücke junger Autoren zur Aufführung, weswegen in der Forschung vor allem seine Frankfurter Zeit viel beachtet worden ist.[27] Ähnliche Impulse erhofft man sich offenbar für München, wo zeitgenössische Dramatik eher in den Münchner Kammerspielen,

[25] Vgl. Victor Schwanneke: *Richtlinien für den Ausbau der Werbeabteilung der Nationaltheater.* Bayerisches Hauptstaatsarchiv, Generalintendanz der Bayer. Staatstheater (Personalakten), 393.

[26] Vgl. *Verhandlungen des Bayerischen Landtags. Ordentliche und außerordentliche Tagung 1919. Stenographische Berichte Nr. 1 bis 27.* I. Band. München 1919, S. 110–120.

[27] Vgl. zu seiner Frankfurter Intendanz Karl Peter Ederer: *Karl Zeiss (1871–1924). Sein Leben und künstlerisches Werk. Theaterwissenschaftlicher Beitrag zur Dresdner, Frankfurter und Münchner Theatergeschichte.* Diss. München 1953, S. 80–88; Michael Slamka: *Der Ernst der Stunde. Die Vereinigten Stadttheater in Frankfurt am Main 1914–1918.* Berlin 2014.

einer 1911 gegründeten Privatbühne im Stadtteil Maxvorstadt, als im pompösen Residenztheater zu sehen ist.

Tatsächlich realisiert sich unter Zeiß eine dringend notwendige Teilrenovierung des Theaters, die vor allem der Erhöhung der Arbeitssicherheit dient. Anders als in Frankfurt schlägt er in München künstlerisch den Weg der sanften Modernisierung ein: Zwar setzt er zeitgenössische Autoren wie Carl Sternheim (1878–1942) und Hugo von Hofmannsthal (1874–1929) auf den Spielplan, doch die Aufführungen neuerer Dramatik nehmen in Relation zum Gesamtspielplan eher geringen Raum ein.[28] Aufsehen erregende Regieexperimente, wie sie in Berlin zu dieser Zeit Usus sind, sucht man auf den Bühnen der Staatstheater vergebens.

Zur Vorsicht bei der Gestaltung des Programms mag Zeiß womöglich die Publikumsstruktur der Staatstheater veranlasst haben: Im einstigen Tempel der bayerischen Monarchie trifft nun das alte Stammpublikum auf neue, wenig seherfahrene Theatergänger*innen. Zum Anstoß für Kontroversen im Saal wird deshalb nicht nur das Bühnengeschehen, sondern auch das Verhalten von Zuschauer*innen während der Vorstellung, das zunehmend auch die Münchner Zeitungen beschäftigt. Ein humorvoll gemeinter Benimmratgeber des Intendanten, abgedruckt in der *Theaterzeitung der Staatlichen Bühnen München*, zeugt davon, dass mit dem Übergang von Monarchie zu Demokratie um einen angemessenen Habitus des Münchner Publikums gerungen wird: »Störe deinen Nachbarn nicht während des Spiels durch Papiergeknatter, Rascheln, Tuscheln und halblaute Kommentare zum Theaterzettel. Der Nachbar könnte dich auf ästhetischen Schadenersatz verklagen«,[29] heißt es darin etwa. Darüber hinaus fungieren die Zuschauer*innen als Gradmesser der Tagespolitik: Auch vermeintlich ›unpolitische‹ Stücke provozieren Unruhe im Zuschauerraum, wenn sie sich vor dem Hintergrund aktueller Geschehnisse ›zufällig‹ aktualisieren.

Gewagt wirkt in der Ära Zeiß vor allem die Uraufführung von Bertolt Brechts *Im Dickicht* im Mai 1923, inszeniert von Erich Engel (1891–1966), ausgestattet von Brechts engem Freund, dem Bühnen-

---

[28] Vgl. Heinrich Kneuer: *Die bayerischen Staatstheater im Zeitraum 1921 bis 1930*. In: *Zeitschrift des Bayerischen Statistischen Landesamts* 64 (1932). Nr. 2 + 3, S. 168–206.

[29] Karl Zeiß: *Vademekum für den Theaterbesucher*. In: TZSBM. 2. Jg. Nr. 68, Mai 1921, S. 7.

bildner Caspar Neher (1897–1962). Rund ein Jahr zuvor hat Brechts *Trommeln in der Nacht* eine grandiose, viel gelobte Premiere in den Münchner Kammerspielen gefeiert. Doch während das Heimkehrerdrama in der Inszenierung von Otto Falckenberg (1873–1947) an den Kammerspielen zahlreiche Anknüpfungspunkte beim Publikum findet, löst *Im Dickicht*, die Fabel über den sinnlosen Kampf zweier Männer im Gewirr der Großstadt, am Residenztheater viel Unmut im Zuschauerraum aus. Die lose Szenenfolge, die mannigfachen literarischen Referenzen und die lange Dauer der Aufführung tragen nicht zum Verständnis bei. Im Publikum wird bei der Uraufführung gepfiffen, gezischt, geschrieen und getrampelt.[30] Die Münchner Presse verreißt das Stück – zum Teil mit hetzerischen Kommentaren. Besonders der *Völkische Beobachter* normalisiert in der Theaterberichterstattung des Jahres 1923 eine neue antisemitische Rhetorik, die in der Premierenkritik zu *Im Dickicht* einen ersten Höhepunkt findet.[31] Bei einer späteren Vorstellung kommt es zu geplanten Saalstörungen durch NS-Anhänger,[32] nach nur sechs Aufführungen wird die Inszenierung abgesetzt.

Entscheidend für Zeiß' Wirken in München ist aber nicht nur die Arbeit vor, sondern auch hinter der Bühne: Nachdem es unter Schwannekes Intendanz zu internen Streitigkeiten gekommen ist, die die Münchner Presse durch eine Debatte über die Teilung des Ensembles in ›Moderne‹ und ›Meininiger‹ noch befeuert, versucht Zeiß von Beginn an das Ensemble zu befrieden und die zerstrittenen Lager durch geschickte Besetzungen einander anzunähern. Eine weitreichende Mitbestimmung, wie sie unter Schwanneke der Fall war, lehnt er aber von vornherein ab.[33] *De facto* obsolet wird der Künstlerrat dann durch das Betriebsrätegesetz von 1920.[34]

---

[30] Vgl. Hans Otto Münsterer: *Bert Brecht. Erinnerungen aus den Jahren 1917–1922*. Zürich 1963, S. 183f.

[31] Vgl. Josef Stolzing: *Im Dickicht*. In: *VB*. 37. Jg. Nr. 90, 12.5.1923, S. 3.

[32] Vgl. *Störung einer Vorstellung im Residenztheater*. In: *MNN*. 76. Jg. Nr. 135, 20.5.1923, S. 3.

[33] Vgl. Karl Zeiß: *An die Mitglieder des National-Theaters*. In: *TZSBM*. 1. Jg. Nr. 31, Sept. 1920, S. 1.

[34] Vgl. Otto Warneyer: *Betriebsrätegesetz vom 4. Februar 1920*. Berlin / Leipzig 1931.

Sparzwänge und versuchte Einflussnahme von rechts: die Intendanz von Clemens Freiherr von und zu Franckenstein

1924 stirbt Karl Zeiß überraschend an den Folgen eines Schlaganfalls. Nachfolger wird einer seiner Amtsvorgänger: Das Kultusministerium setzt den im Ruhestand befindlichen letzten Hoftheaterintendanten Clemens Freiherr von und zu Franckenstein wieder ein. Unter Franckenstein verliert das Sprechtheater in der zweiten Hälfte der Weimarer Republik an Geltung: Zwar gibt man auch weiterhin Texte von Gegenwartsautoren wie Ferenc Molnár (1878–1952) und Walter Hasenclever (1890–1940), doch als Komponist und Dirigent gilt Franckensteins Hauptaugenmerk der Oper.

Das liegt auch an der konsequenten Ablehnung zeitgenössischer Regiestile durch Presse und Publikum: Um Zeiß' Linie fortzuschreiben, beruft das Kultusministerium zunächst Eugen Keller (1880–1948) aus Darmstadt zum Schauspieldirektor, er gilt als wichtige Stimme des Expressionismus.[35] Bereits seine erste Inszenierung, die deutschsprachige Erstaufführung des *Titus Andronicus,* führt in der Presse zu heftiger Kritik. Das blutige, literarisch noch etwas ›holprig‹ anmutende Frühwerk Shakespeares inszeniert Keller in abstrakt wirkenden Kulissen von Walter von Wecus (1893–1977) – einen »umgestürzte[n] Kistenkeller«[36] meint Kritiker Ernst von Bassermann-Jordan im Bühnenbild des zweiten Akts zu erkennen – und lässt die Schauspieler*innen in überspitzt-angespannter Spielweise gleich Marionetten agieren. Diese Ästhetik zieht eine mediale Debatte über seine Eignung als Regisseur nach sich, die konservative Kritik unterstellt ihm Provinztheater-Qualitäten wie Größenwahn gleichermaßen. Intendant Franckenstein reagiert, indem er Keller nach nur wenigen Wochen im Amt die Kündigung ausspricht. Keller wird 1925 durch den wesentlich gemäßigteren Alfons Pape (geb. 1885) ersetzt. Pape wiederum kann mit seinem Regiestil nur wenig eigene Impulse setzen und wird besonders für seine

---

35 Vgl. Edmund Stadler: *Ein Leben im Dienste des Theaters. Eugen Keller 1880–1948.* In: Eugen Keller: *Theater als Berufung und Verpflichtung.* Hg. von Maria Keller-Andor/E. St. Bern 1962, S. 43–80.

36 Ernst von Bassermann-Jordan: *Prinzregententheater.* In: *BK.* Nr. 287, 17.10.1924. Münchner Stadtarchiv, ZA-17043.

Klassikerinszenierungen in der Presse scharf kritisiert.[37] Er verlässt das Haus 1932 aufgrund persönlicher Skandale, die in vielen ihrer Details auffallend an heutige Debatten um #meToo erinnern.[38]

Der Bedeutungsverlust des Schauspiels zeigt sich 1932 auch auf politischer Ebene: Als Folge der Weltwirtschaftskrise entscheidet man sich im Bayerischen Landtag trotz Protesten der Bevölkerung zur Schließung des Prinzregententheaters – eine »Riesenschweinerei«[39] nennt Clemens von Franckenstein das in einem Brief an einen Jugendfreund. Während die Schauspielsparte vom Sparzwang stark in Mitleidenschaft gezogen wird, ist die Oper weniger hart betroffen. Das mag daran liegen, dass die Oper auch außerhalb Münchens eines der Aushängeschilder der Stadt und von Bedeutung für den Tourismus ist – gerade die im Sommer stattfindenden Festspiele bieten in den Jahren der Weimarer Republik Gelegenheit zur Manifestation nationaler Größe auf dem Gebiet der Kunst. Franckensteins Team stellt für das Musiktheater einen international konkurrenzfähigen Spielplan zusammen und zeigt neben einem umfangreichen Repertoire älterer Werke auch Opern von zeitgenössischen Komponisten wie Paul Hindemith (1895–1963), Ermanno Wolf-Ferrari (1876–1948), Wolfgang Korngold (1897–1957) oder Ernst Krenek (1900–1991).[40]

Franckenstein, der Anfang des 20. Jahrhunderts als Dirigent in den USA und in London gearbeitet hat und über seinen Bruder, den Diplomaten Georg Freiherr von und zu Franckenstein (1878–1953) zahlreiche ausländische Kontakte knüpft, verkörpert durch seine eigene Biografie[41] eine Art gelebtes Weltbürgertum. Dennoch kann auch er sein Theater nicht vor einem zunehmend Einzug haltenden nationalistischen Geist schützen. In der öffentlichen Diskussion wird Ende

---

[37]   Tim Klein: *Schauspieldirektor und Theaterkritiker. Ein Briefwechsel zwischen Alfons Pape und Dr. Tim Klein.* In: MNN. 80. Jg. Nr. 302, 6.11.1927, S. 5.

[38]   Da sich in der Aufarbeitung ein äußerst ambivalentes Bild ergeben hat, dessen Verkürzung auf eine Seite sich verbietet, sei für eine ausführliche Darstellung verwiesen auf Heberling 2023, S. 390–411.

[39]   Clemens von Franckenstein an Leopold von Andrian, 17.3.1932. Deutsches Literaturarchiv Marbach, HS. 1978.0002.00942.

[40]   Vgl. Jürgen Schläder/Rasmus Cromme/Dominik Frank u.a.: *Wie man wird, was man ist. Die Bayerische Staatsoper vor und nach 1945.* Leipzig 2017, S. 107.

[41]   Vgl. Andrew D. McCredie: *Clemens von Franckenstein.* Tutzing 1992.

der 1920er-Jahre bemängelt, dass Dramen und Musiktheaterstücke aus dem Ausland zu viel Raum im Spielplan einnähmen. Besonders im Ensemble der Oper wird zudem die hohe Zahl an ausländischen Mitarbeiter*innen moniert, weswegen das Kultusministerium 1932 beschließt, dass deutsche Sänger*innen bei der Einstellung künftig bevorzugt werden müssten.[42]

Außerdem wächst der Druck durch die Publikumsvereine: Mit der neugegründeten »Kampfbundbühne« starten die Nationalsozialist*innen zunächst vergebens den Versuch, eine eigene Besucherorganisation zu etablieren, darüber hinaus ist die Theatergemeinde München, Abnehmerin zahlreicher vergünstigter Tickets, inzwischen stark nach rechts gerückt, wie Daniela Maier herausgearbeitet hat.[43] Immer wieder schlägt der Verein der Intendanz Dramen nationalistischer Gesinnung vor oder verweigert bewusst den Kauf von Karten für Stücke, die dem Verein als zu avantgardistisch oder politisch als zu links erscheinen, und versucht so, seinen Einfluss auszuweiten. Tatsächlich stehen auf dem Spielplan der Staatstheater bereits während der Weimarer Republik mehrere Arbeiten von Künstlern, die der NS-Bewegung angehören oder von ihr nach 1933 profitieren sollen: Im Schauspiel zeigt man das Drama *Friedrich Friesen*, geschrieben von Josef Stolzing-Czerny (1869–1942), einem Redakteur des *Völkischen Beobachter*. In der Oper feiern Werke von Georg Vollerthun (1876–1945), Julius Weismann (1879–1950), Robert Heger (1886–1978) und Paul Graener (1872–1944) Premiere. Vor diesem Hintergrund bestätigt sich der Eindruck, »dass schon vor der Machtübernahme durch die Nationalsozialisten auf der Bühne des Nationaltheaters die politischen Weichen auf Konformismus mit den Nationalradikalen gestellt waren«.[44]

Nach der sogenannten »Machtergreifung« ernennt das Kultusministerium dann 1933 den Schauspieler Hans Schlenck (1901–1944), einen überzeugten Anhänger des Nationalsozialismus, zum »Sachwalter für die nationalen Aufgaben«, der über die Umsetzung der NS-Ideologie

---

42   Vgl. Staatsminister Goldenberger an die Generaldirektion der Bayerischen Staatstheater, 13.2.1932. Bayerisches Hauptstaatsarchiv, Intendanz Bayer. Staatsschauspiel (Personalakten), 202.

43   Vgl. Daniela Maier: *Theatergemeinde München (bis 1933)*. In: *Historisches Lexikon Bayerns*; https://www.historisches-lexikon-bayerns.de/Lexikon/ Theatergemeinde_München_(bis_1933) (letzter Zugriff:15.9.2023).

44   Schläder/Cromme/Frank u.a. 2017, S. 109.

im Theater wachen soll.[45] Der seit 1932 am Haus beschäftigte Schauspieldirektor Richard Weichert (1880–1961) wird suspendiert, ihm folgen in Doppelspitze Hans Schlenck und Friedrich Forster-Burggraf (1895–1958) nach, der auch als Autor von Propagandastücken für den Nationalsozialismus tätig ist. Clemens Freiherr von und zu Franckenstein muss seinen Intendantenposten 1934 schließlich ein zweites Mal aufgrund der veränderten politischen Situation verlassen, sein Nachfolger wird Oskar Walleck.

Die Münchner Kammerspiele: Privatbühne mit gewagtem Spielplan

Anders als am Staatstheater ist die Zeit der Weimarer Republik an den Münchner Kammerspielen von der personellen Kontinuität ihres Leiters geprägt: Der Regisseur und Autor Otto Falckenberg übernimmt zur Spielzeit 1917/1918 die Führung des Hauses und hat diese bis zur kriegs-bedingten Schließung 1944 inne.[46] Während sich am Staatstheater die politischen Ereignisse der Weimarer Jahre primär in den Debatten um das Personal und in der Organisationsstruktur der Institution niederschlagen, holen die Kammerspiele das Zeitgeschehen über die Aufführung gewagter Gegenwartsdramatik aktiv auf die Bühne.

Bereits vor dem Ende des Kaiserreichs steht das Privattheater, das anfangs in der Maxvorstadt, ab 1926 im von Max Littmann (1862–1931) erbauten Schauspielhaus auf der Maximilianstraße seinen Sitz hat, für moderne und junge Literatur. Mit der Aufhebung der Zensur 1919 setzt sich diese Linie fort und provoziert besonders in der zweiten Hälfte der 1920er-Jahre eine ganze Reihe an Skandalen: Im *Nachtstudio* zeigen die Kammerspiele politische Zeitstücke wie *Verbrecher* von Ferdinand Bruckner (1891–1951), *Die Ehe* von Alfred Döblin

---

45 Vgl. *Dienstanweisung für den Sachwalter für die nationalen Aufgaben der Bayerischen Staatstheater*. Bayerisches Hauptstaatsarchiv, MK 50192.

46 Die Jahre unter Falckenberg sind detailliert, wenngleich mit Blick auf eine Auseinandersetzung mit der NS-Zeit lückenhaft dargestellt in Wolfgang Petzet: *Theater. Die Münchner Kammerspiele. 1911–1972*. München 1973. Falckenberg als Regisseur beschreibt Birgit Pargner. Vgl. Birgit Pargner: *Otto Falckenberg. Regiepoet der Münchner Kammerspiele*. München 2005. Vgl. auch den Beitrag von Birgit Pargner in diesem Band.

(1878–1957) oder das Abtreibungsdrama *Cyankali* von Friedrich Wolf (1888–1953), die teilweise von den Behörden abgesetzt werden. Im Stadtrat drängt die Fraktion der NSDAP zudem auf ein verstärktes Verbot ›kritischer‹ Stücke vonseiten der Politik und koppelt hieran auch Etat-Debatten um die Bezuschussung des Theaters.[47]

Markenzeichen des Hauses ist neben dem modernen Spielplan auch das exzellente Ensemble, zu dem Stars wie Kurt Horwitz (1897–1974) und Therese Giehse (1898–1975), Sybille Binder (1895–1962) und Heinz Rühmann (1902–1994) gehören. Doch trotz des hohen künstlerischen Renommees, das die Bühne im In- und Ausland genießt, ist die Historie der Kammerspiele immer wieder von Finanzierungsschwierigkeiten begleitet, die erst mit der endgültigen Übernahme des Theaters in die kommunale Hand Anfang 1939 ein Ende finden.[48]

Aber zu diesem Zeitpunkt hat sich das Gesicht der Kammerspiele – nun im Untertitel »Bühnen der Hauptstadt der Bewegung« – bereits radikal verändert: Viele der Künstler*innen, die in den Weimarer Jahren den vielbeschworenen Geist des Hauses geprägt haben, sind mit der »Machtergreifung« 1933 ins Ausland geflohen, andere werden verfolgt und ermordet. Ihre Geschichten werden seit einigen Jahren vermehrt aufgearbeitet.[49] Es wäre dennoch falsch, die Bedrohung des Hauses durch die Nationalsozialist*innen erst ab 1933 zu verorten: Wie früh die experimentelle Bühne bereits im Fokus der Rechten steht, zeigt der Skandal um das Drama *Schloss Wetterstein* des Münchner Agent Provocateur Frank Wedekind (1864–1918), das im Dezember 1919 in München Premiere feiert.

---

[47] Vgl. Michael Hermann: *Kommunale Kulturpolitik in München von 1919 bis 1935*. München 2003, S. 195f.

[48] Die Kommunalisierung des Theaters im Zeichen des Nationalsozialismus beschreibt Friedrike Euler. Vgl. Friederike Euler: *Theater zwischen Anpassung und Widerstand. Die Münchner Kammerspiele im Dritten Reich*. In: *Bayern in der NS-Zeit*. Hg. von Martin Broszat/Elke Fröhlich. 2. Band: *Herrschaft und Gesellschaft im Konflikt*. Teil A. München/Wien 1979, S. 91–174.

[49] Vgl. Janne Weinzierl/Klaus Weinzierl: *MK: Schicksale*; https://schicksale. muenchner-kammerspiele.de (letzter Zugriff: 15.9.2023).

Theaterskandale

Die Theaterhistoriografie berichtet immer wieder über Skandale im Theater. In der Häufigkeit und Intensität, mit der in der Weimarer Republik, insbesondere auch in Bayern, Skandale im Theater ausgebrochen sind, sind diese als Phänomen in der Theatergeschichte bisher beispiellos. Gerade in der Umbruchszeit der Weimarer Republik verdeutlichen sich an Theaterskandalen nicht nur ästhetische, sondern auch gesellschaftliche und politische Konfliktlinien, wie die nachfolgenden drei Theaterskandale exemplarisch zeigen.

Eine entscheidende historische Voraussetzung für die zunehmende Anzahl an Theaterskandalen kann in der Aufhebung der Theaterzensur am 11. August 1919 durch die Weimarer Reichsverfassung gesehen werden. Die neue Verfassung garantiert die Freiheit der Kunst (Art. 142) und legt fest: »Eine Zensur findet nicht statt.« (Art. 118 Abs. 2) Entgegen dieser gesetzlichen Festlegung finden sich in Zeitungsartikeln, die sich mit Theaterskandalen auseinandersetzen, immer wieder Hinweise darauf, wonach eine inoffizielle Zensur oder Kontrolle weiterhin besteht, da »Skandal«-Aufführungen nach wiederholten Störungen und Gewaltausbrüchen durch die Polizei verboten wurden. Es wird gar von mehreren Seiten argumentiert, dass statt einer Zensurbehörde nun das Publikum die Funktion des Zensors übernehme.[50] Die *Bayerische Staatszeitung* meint etwa, dass die Zensur »in die Hände des Publikums selbst« gelegt worden sei.[51] Wie die Zuschauer mitunter auf zensurfreie Theateraufführungen reagiert haben und inwiefern dabei von einer »Zensur« gesprochen werden kann, soll am ersten Münchner Theaterskandal der Weimarer Republik, den Aufführungen von Frank Wedekinds *Schloss Wetterstein*, exemplarisch dargestellt werden.

50 MNN, 16.12.1919; *Münchner Kammerspiele: Schloß Wetterstein*. In: *Augsburger Postzeitung*. Nr. 556, 11.12.1919.
51 *Neue Kundgebungen gegen Schloß Wetterstein*. In: *Bayerische Staatszeitung*. Nr. 316, 24.12.1919.

Der Theaterskandal um Schloss Wetterstein (Münchner Kammerspiele, 1919): Vorgänge, Auslöser und Konsequenzen

Die Aufführung von *Schloss Wetterstein* am 6. Dezember 1919 ist zugleich die erste öffentliche Inszenierung des Stückes, das bereits 1911 veröffentlicht worden ist. Bis dahin gibt es ausschließlich »geschlossene« Aufführungen, da öffentliche Darbietungen des Stücks von der Zensur verboten worden sind. Vor dem Hintergrund der Aufführungsgeschichte eignet sich somit der Skandalfall zu *Schloss Wetterstein* besonders, um die neue Situation im zensurfreien Theater der Weimarer Republik zu beleuchten.

Frank Wedekinds Stücke polarisieren. In der Mutter-Tochter-Tragödie *Schloss Wetterstein* geht es um Ehe, Sexualität, Betrug, Begehren, psychische Abhängigkeit und Schuld. Die Inhalte des Stückes werden von einem Großteil der Theaterkritiker und Zuschauer*innen als »unsittlich« empfunden. Der Theaterzensurbeirat, der der Münchner Polizeidirektion von 1908 bis 1918 in schwierigen Zensurfällen beratend zur Seite steht und der viele von Wedekinds Werken begutachtet hat, lehnt das Stück überwiegend ab.[52] Vorrangig richtet sich die Ablehnung also gegen die Unsittlichkeit des Theatertextes und gegen seinen Autor Frank Wedekind, wohingegen die Inszenierung (Regie: Erwin Kalser; 1883–1958) als angemessen bis bemüht bewertet wird. Ein Teil des Publikums hingegen ist von der literarischen Qualität dieses Stückes überzeugt. Im Dezember 1919 finden erstmals öffentlich acht Vorstellungen statt. Nach wiederholten Tumulten in den Aufführungen am 6., 14., 15. und 22. Dezember wird *Schloss Wetterstein* am 23. Dezember 1919 per Verfügung des Polizeipräsidenten für München Stadt und Land, Ernst Pöhner (1870–1925; Münchner Polizeipräsident 1919–1921), abgesetzt. Grund hierfür sind laut Polizeipräsident die vorangegangenen Ereignisse, die »die öffentliche Ruhe und Sicherheit bei den weiteren Aufführungen des Stückes« gefährden würden.[53]

Zur Premiere erhält die Direktion der Münchner Kammerspiele die Mitteilung, dass eine Demonstration während der Aufführung geplant

---

[52] Michael Meyer: *Theaterzensur in München.* München 1982.

[53] Vgl. *Der Fall* Schloss Wetterstein. *Erklärung der Münchner Kammerspiele.* München 1920. Darin findet sich unter anderem eine ausführliche Schilderung der Tumulte bei den einzelnen Aufführungen sowie ein Gespräch der Münchner Kammerspiele mit dem Polizeipräsidenten Pöhner.

sei. Bis zum dritten Akt verläuft die Vorstellung ruhig. Dann kommt es zu Tumulten im Zuschauerraum und die Vorstellung muss für einige Minuten unterbrochen werden. Während die Störungen andauern, reagieren die Unterstützer*innen der Aufführung mit lautstarkem Applaus auf die Proteste, sodass sie gegen den Lärm der Störenden die Oberhand gewinnen und die weitere Vorstellung störungsfrei verläuft. Die vier Aufführungen zwischen dem 7. und dem 13. Dezember 1919 gehen bei ausverkauftem Haus ohne Zwischenfälle über die Bühne. Am 14. Dezember 1919 erreicht die Direktion abermals bereits vor der Aufführung die Nachricht über eine geplante Demonstration. Sie alarmiert daraufhin die Polizei, die jedoch erst erscheint, als die Tumulte schon im Gange sind. Dieses Mal beginnen die Störungen im zweiten Akt. Ein Weiterspielen ist nicht mehr möglich, der Spielleiter sowie ein anwesender Polizeikommissar versuchen, die Situation zu beruhigen, werden allerdings von aufgebrachten Zuschauer*innen mit Gegenständen beworfen. Der Polizeikommissar veranlasst, den Eisernen Vorhang zu senken und das Saallicht anzuschalten. Da der Polizist keine Möglichkeit sieht, dem Tumult Einhalt zu gebieten, beendet er eigenmächtig die Vorstellung. Nach diesem Abend beschließt die Polizeidirektion in Absprache mit den Münchner Kammerspielen, eine schriftliche Bekanntmachung zur Vorbeugung von Ruhestörungen im Theaterfoyer anzubringen. Zudem wird die Anzahl der Polizisten im Theatersaal erhöht und eine Truppe Schutzleute, die »Hauspolizei«, vom Theater angeheuert.

Am Folgetag verursacht ein Vizefeldwebel des Münchner Schützenregiments zwei Detonationen im Theatersaal während der ersten Szene von *Schloss Wetterstein*, die Panik im Publikum auslösen. Nach eigenen Aussagen habe er damit die Fortsetzung der Aufführung verhindern wollen. Die Polizei nimmt die Personalien des Feldwebels auf und lässt ihn anschließend gehen. Die Vorstellung endet ohne neuerliche Unterbrechungen.

Eine weitere geplante Vorstellung von *Schloss Wetterstein* wird auf Geheiß der Theaterdirektion kurz zuvor abgesagt, weil scheinbar Pioniere der Reichswehr geplant haben, die Vorstellung zu sprengen, die Bühne zu stürmen und zu randalieren. Die Direktion begründet ihren Entschluss damit, dass Publikum und Bühnenangehörige nicht gefährdet werden sollen.

Für die Aufführung am 22. Dezember wird das Polizeiaufgebot nochmals verstärkt. Als weitere Maßnahme gegen die Ausschreitungen wird nur noch je eine Eintrittskarte pro Person verkauft. Zusätzlich muss mit dem Billett von jedem Besucher eine Einverständniserklärung der Sondervorschriften unterschrieben werden. Dennoch setzt im zweiten Akt eine Störung durch einige wenige Zuschauer*innen ein. Die Hauspolizei verweist die Beteiligten aus dem Theater. Anschließend verläuft die Vorstellung ohne Unterbrechungen, doch auf der Straße vor dem Theater halten die Störer*innen drohende und verhetzende Reden, die erst durch ein größeres Aufgebot der Polizei unterbunden werden können.

Die Schilderungen verdeutlichen, dass die erste zensurfreie Aufführung eines provokanten Stückes von Frank Wedekind im besonderen Maße die Öffentlichkeit aufruft: Zeitungen verfassen deutlich mehr Artikel zu den Geschehnissen als bei anderen Repertoire-Aufführungen, die Reaktionen des Publikums werden dokumentiert und unterschiedliche Besuchergruppen sichtbar. So tun sich bei einigen Aufführungen insbesondere junge Frauen aus der Masse des Publikums hervor und zeigen durch auffallend lauten Applaus ihr Interesse an dem Stück.[54] Es ist festzustellen, dass Personen aus dem militärischen und nationalistischen Umfeld Störungen zum Teil nachweislich verursachen oder ihnen diese durch andere Beobachter des Skandals zugeschrieben werden.[55] Die Kammerspiele sind sich sicher: »Sie [die Tumulte] sind planmäßig und mit dem Entschluß, nötigenfalls Gewalt zu brauchen, von einigen wenigen inszeniert worden, die sich das Wedekindsche Werk zum Symbol und Prügelknaben ausersehen haben, um das Beispiel einer allgemeinen Gesinnung zu statuieren.«[56] Die Ablehnung von *Schloss Wetterstein* gründet sich also weniger auf eine ästhetische und moralische Bewertung, obwohl letztere als Anlass zur Empörung fungiert, sondern auf ideologische Motive. Anders als zur Zeit der Zensur ist der Grund für ein Verbot des Stückes nicht, wie von Wedekinds anderen Werken bekannt (eine Ausnahme bildet Wedekinds Beitrag im *Simplicissimus*, der als Majestätsbeleidigung galt), der Verstoß

54   Vgl. *Bayerischer Kurier*, 8.12.1919; *Münchner Zeitung*, 8.12.1919. StAM, Pol. Dir., 4593, *Schloß Wetterstein*.

55   Nachweis findet sich bei: Bericht von Schutzmann Gerum an die Polizeidirektion München, Betreff »Fink, Otto, led. Vizefeldwebel [...]. München«, 18.12.1919. StaM, Pol. Dir., 4593, *Schloß Wetterstein*.

56   Vgl. *Erklärung der Kammerspiele*, 1920.

gegen die Sittlichkeit, sondern die Störungen durch die politisch anders gesinnten Zuschauer*innen im Theatersaal. Neben den unterschiedlichen Momenten des Anstoßes fällt außerdem eine zeitliche Veränderung auf. Hatte die Zensur Stücke präventiv geprüft, verschiebt sich der Zeitpunkt der Begutachtung nun auf nach der Vorstellung. Der Gegenstand der Kontrolle ist somit nicht mehr nur das Stück selbst, auch das Ereignis der Aufführung, die Darbietung auf der Bühne und das Verhalten der Besucher*innen sind miteingeschlossen. Die Publikumsreaktionen bewegen sich zwischen fachlich fundierter Aufführungskritik, persönlicher Meinung einzelner Zuschauer*innen und hitziger Empörung von einigen Skandalisierern. Sie lassen sich damit nicht auf das Schlagwort der Zensur herunterbrechen. Dass sich die zum Verbot führenden gewaltsamen Störungen einiger Weniger im Fall von *Schloss Wetterstein* am Ende durchsetzen, ist für das Theater und für die junge Demokratie der Weimarer Republik ein Dilemma, das sich in den Folgejahren mehrfach wiederholen wird.

Skandale bei Kurt Eisner *(1920) in Passau und* Masse Mensch *(1920) in Nürnberg*

Neben zahlreichen Skandalen in München kommt es auch in anderen bayerischen Städten wie Passau, Nürnberg oder Würzburg zu bemerkenswerten Tumulten. Skandale, wie zu der Aufführung des Stückes *Kurt Eisner* von Marie Hoffmann-Cortes im Stadttheater Passau am 2. März 1920 oder zu Ernst Tollers *Masse Mensch* am Stadttheater Nürnberg im Winter desselben Jahres, zeigen wie unter einem Brennglas politische und gesellschaftliche Konflikte zu Beginn der 1920er-Jahre.

Marie Hoffmann-Cortes monarchiekritisches Stück *Kurt Eisner* ist dem ersten bayerischen Ministerpräsidenten gewidmet. Entstanden ist es als Reaktion auf das erfolgreiche Gastspiel *Ludwig II – ein bayerisches Königsdrama in vier Aufzügen*, das in mehreren bayerischen Städten vor ausverkauften Rängen gespielt wird. Bei der einzigen Aufführung von *Kurt Eisner* in Passau geraten Eisner-Anhänger*innen und Monarchist*innen aneinander. Es kommt zu Raufereien, Knallfrösche und Gasbomben werden gezündet und sogar Schusswaffen abgefeuert. Der Leiter des Münchner Künstler-Ensembles berichtet, dass der Skandal in Passau von Reichswehrsoldaten und Studierenden organisiert worden sei. Die vor dem Theater fortgesetzten Schlägereien gipfeln in der Verhaftung und Misshandlung eines Gewerkschaftssekretärs und eines unbeteiligten Arbeiters durch Reichswehrsoldaten. Als Reaktion auf die öffentliche Empörungswelle zum Passauer Theaterskandal verurteilen ältere Reichswehrsoldaten das Vorgehen ihrer Kameraden und fordern deren Ausschluss aus der Reichswehr. Aufmerksamkeit erregt der Skandal nicht nur am Theater und bei der zeitungslesenden Öffentlichkeit, auch Justiz und Politik beschäftigen sich mit den Vorgängen. Am Passauer Volksgericht wird gegen die verantwortlichen Reichswehrsoldaten, Leutnant Brand und Deckoffizier Groddek, ein Verfahren wegen Landfriedensbruch und Körperverletzung abgehalten, das mit dem Urteil einer sechsmonatigen Haftstrafe für Leutnant Brand endet. Dass das Verfahren von einem sogenannten bayerischen Volksgericht, einer bayerischen Ausnahmeerscheinung im Strafprozessrecht gegenüber dem eigentlich hierfür zuständigen Reichsgericht, abgehalten worden ist, deutet auf eine milde Verurteilung der Angeklagten hin.[57]

Im Skandal um die Aufführungen von Ernst Tollers *Masse Mensch* hallt die Revolution von 1918/19 spürbar nach. Um revolutionäres Gedankengut zu unterbinden, provozieren die Skandalierer ein Verbot der Aufführungen. Die erste Aufführung des Stückes *Masse Mensch*, das der zu diesem Zeitpunkt noch inhaftierte Toller während seiner Festungshaft (1919–1924) verfasst hat, findet am 17. November 1920 im Rahmen einer geschossenen Veranstaltung für Gewerkschaftsmitglieder im Nürnberger Stadttheater statt. Das »den Proletariern« gewidmete Stück verarbeitet Tollers Erfahrungen während der Revolution, an der er selbst als engagierter Mitstreiter für die Räterepublik beteiligt gewesen ist.[58] Bei der Vorstellung brechen Tumulte zwischen Anhänger*innen und Gegner*innen des Toller'schen Stücks aus, die bis zum Ende des Theaterabends immer umfangreicher und handgreiflicher

---

57 Vgl. Emil Julius Gumbel: *Verschwörer. Zur Geschichte und Soziologie der deutschen nationalistischen Geheimbünde 1918–1924.* 2. Auflage. Heidelberg 1979, S. 118ff.

58 Elisabeth Tworek: *Masse Mensch* (Ernst Toller, 1919/20), publiziert am 11.5.2006. In: *Historisches Lexikon Bayerns*; https://www.historisches-lexikon-bayerns.de/Lexikon/Masse_Mensch_(Ernst_Toller,_1919/20) (letzter Zugriff: 20.2.2022).

werden. Die *Augsburger Postzeitung* (APZ) identifiziert die Störenden als Mitglieder des deutsch-völkisch-antisemitischen Schutz- und Trutz-bundes,[1] die nur deshalb Zugang zu der eigentlich geschlossenen Veranstaltung gefunden haben, weil in der betreffenden Vorstellung 100 Eintrittskarten nicht von Gewerkschaftsmitgliedern beansprucht und diese daraufhin vom Theater öffentlich zum Verkauf gestellt worden sind. Vergleichbare nationalsozialistische Proteste gegen Aufführungen kritischer Stücke begleiten das Theater der Weimarer Republik nicht nur in Bayern durchgängig. Infolge dieses Skandals untersagt die bayerische Regierung durch die Polizei die geschlossenen Vorstellungen von *Masse Mensch*. Diese Entscheidung bezeichnet der *Vorwärts* als »Wiedereinschmuggelung der Theaterzensur«.[2] Nachdem die Veranstaltung von geschlossenen Aufführungen gängige Praxis vor der Aufhebung der Zensur gewesen ist, ist dieses Verbot restriktiver als vormals die Theaterzensur.

---

[1] *Theaterskandal [bei]* Masse Mensch. In: *Augsburger Postzeitung.* Nr. [544], 30.11.1920.
[2] *Wiedereinschmuggelung der Theaterzensur.* In: *Vorwärts.* Nr. 619, 18.12.1920 [Abendausgabe].

Die Autorinnen und Autoren

Nicola Bardola, Lic. phil., geb. 1959. Studium der Germanistik, der italienischen Literatur und der Philosophie an den Universitäten Bern, München und Zürich. Abschluss 1984 mit einer Arbeit über Theorien moderner Lyrik. Buchveröffentlichungen u. a. über Yoko Ono, Elena Ferrante und Jack Kerouac. Beiträge erschienen u. a. in den Anthologien *Der leidenschaftliche Zeitgenosse. Zum Werk von Roger Willemsen* (2015) oder in *Die Hoffnung im Gepäck. Begegnungen mit Geflüchteten* (2015). Seine Aufsätze und Rezensionen erschienen unter anderem im *Börsenblatt für den deutschen Buchhandel*, im *BuchMarkt* sowie in der *Abendzeitung*, der *Frankfurter Allgemeinen Zeitung*, der *Neuen Zürcher Zeitung*, der *Süddeutschen Zeitung* und in der *Zeit*.

Gabriele von Bassermann-Jordan, Dr. phil., geb. 1967. Studium der Germanistik, Anglistik und Komparatistik in München und Oxford (UK). 2002 Promotion mit einer Studie über Friedrich Hölderlins Diotima-Figur. 2001 bis 2003 wissenschaftliche Mitarbeiterin bei der *Kritischen Gesamtausgabe* der Schriften von Ernst Troeltsch. Seit 2015 wissenschaftliche Mitarbeiterin an der »Arbeitsstelle für Literatur in Bayern« an der LMU München. Seit 2016 Geschäftsführerin der Stefan-George-Gesellschaft. Publikationen zu Friedrich Hölderlin, Thomas Mann, Franz Kafka u. a. Zum Kafka-Jubiläum 2024 erscheint der Beitrag *Johannes Urzidil* in *Franz Kafkas literarisches Umfeld in Prag*, hg. von Harald Neumeyer / Christine Lubkoll.

Albrecht Bedal, geb. 1947. Architekt und Regierungsbaumeister, langjähriger Leiter des Hohenloher Freilandmuseums in Schwäbisch Hall-Wackershofen, daneben Leiter des Hochbauamtes und später Fachbereichsleiter Kultur bei der Stadt Schwäbisch Hall. Seit 2012 im Ruhestand. Lebt in Schwäbisch Hall und Pappenheim, ist dort im Vorstand des Kunst- und Kulturvereins Pappenheim tätig und für die Öffentlichkeitsarbeit verantwortlich.

Vera Botterbusch, geb. 1942. Studium der Romanistik, Germanistik, Regie und Kunst in Bonn, Münster, Grenoble und München. Die Autorin und Regisseurin, Filmemacherin und Fotografin wurde bekannt durch ihre Filme zu Literatur, Kunst und Musik (v. a. für das Bayerische Fernsehen); durch ihre publizistische Tätigkeit (v. a. für die *Süddeutsche Zeitung*); durch ihre Theaterarbeiten (z. B. für die *Festspiele Europäische Wochen*); durch ihre Foto-Ausstellungen (u. a. in Dillingen, Ismaning, Jena, München, Paris, Passau, Regensburg, Waldkirchen und Weilheim). Lyrik in Anthologien, Essays zur zeitgenössischen Kunst, Fotobücher. Zuletzt *Im Takt der Gefühle oder Mein blauer Gedanke, Lyrisches Tagebuch und andere Gedichte* (Kulturmaschinen Verlag 2023). Vera Botterbusch ist Mitglied im Bundesverband bildender Künstler (BBK), im Schriftstellerverband (VS) und im PEN. Sie lebt in München und im Bayerischen Böhmerwald. www.verabotterbusch.de.

MICHAEL BUDDEBERG, Dr. iur., geb. 1940. Studium der Rechte in München und Berlin, Promotion über die Rechtsverhältnisse am künstlerisch illustrierten Buch bei Prof. Eugen Ulmer, 1970 bis 2012 Rechtsanwalt in einer Münchner Kanzlei mit dem Schwerpunkt der Rechte am geistigen Eigentum, Autor und Mitautor juristischer Publikationen. 1994 bis 2012 ausgedehnte Reisen in Tibet und in Ländern des Himalaya, Aufbau einer Sammlung der materiellen Kultur Tibets, seit 1995 Mitglied des Executive Committee der ICOC (International Conference on Oriental Carpet), seit 1995 Buchbesprechungen zu Themen asiatischer Kunst und Kultur. 1998 bis 2022 Geschäftsführer und stellvertretender Vorsitzender der Preetorius Stiftung, 2013 Organisation eines Symposiums zu Leben und Werk von Emil Preetorius im Orff-Zentrum München, 2016 bis 2018 Ausstellung der Sammlung Justyna und Michael Buddeberg im Museum Fünf Kontinente und Mitherausgeber der Kataloges *Aus dem Land des Schneelöwen* (München, Hirmer 2016).

ANKE BUETTNER, M.A., geb. 1970. Studium der Nordischen Philologie, der Komparatistik und der Neueren Deutschen Literatur in München und Odense. Sie leitet seit 2019 die Monacensia im Hildebrandhaus, das literarische Gedächtnis Münchens. Ihr Fokus liegt auf Digitalität und OpenGLAM. Als Kuratorin beschäftigt sie sich mit der Neudefinition des Literaturmuseums, einer Erinnerungskultur der Vielen sowie mit Themen der aktuellen Stadtgesellschaft in der Literatur. Anke Buettner engagiert sich im Kuratorium des Deutschen Literaturfonds, der Stiftungskommission des Archivs der deutschen Frauenbewegung und als Vorstandsmitglied im Thomas Mann International Netzwerk. Sie ist Initiatorin des interdisziplinären Netzwerks FEMale*Society, einer Kooperation der Monacensia mit den Münchner Kammerspielen. Sie ist Mitglied im Kuratorium des

Adalbert Stifter Vereins. 2023 erhält sie die Karl-Preusker-Medaille der Bundesvereinigung Deutscher Bibliotheksverbände e. V.

REBECCA FABER, Dr. phil. Studium der Komparatistik, Germanistik, Anglistik und Erziehungswissenschaften an der Ludwig-Maximilians-Universität München und der University of Warwick (UK). 2019 Promotion in Englischer Literaturwissenschaft über Natur und Herrschaft in den Werken Margaret Cavendishs, wissenschaftliche Mitarbeiterin in der Shakespeare Forschungsbibliothek der LMU, seit 2022 Programmreferentin in der Monacensia im Hildebrandhaus. Vorstandsvorsitzende des feministischen Vereins Wepsert e. V. und Redaktionsmitglied des Onlinemagazins *wepsert.de*, Organisatorin und Mitbegründerin der Münchner Lesereihe »LIX – Literatur im Hochx«, Vorstandsmitglied des Unabhängige Lesereihen e. V.

WALDEMAR FROMM, Prof. Dr. phil., geb. 1961. Studium der Neueren Deutschen Literatur, Psychologie, Linguistik und Philosophie in Heidelberg und Marburg. 2004 Habilitation, Leiter der »Arbeitsstelle für Literatur in Bayern« an der Ludwig-Maximilians-Universität München. Veröffentlichungen zur Poetik und Ästhetik sowie zur Geschichte der literarischen Subjektivität in der Literatur der Aufklärung, der Romantik, des Vormärz, der Jahrhundertwende und der Gegenwart. Zuletzt zus. mit Gabriele von Bassermann-Jordan, Wolfram Göbel und Kristina Kargl (Hg.): *Frauen der Boheme 1890–1920. Begleitbuch der Freunde der Monacensia zur Ausstellung »Frei leben!«* (2022).

DETLEF GARZ, Prof. Dr. phil., geb. 1949. Studium der Erziehungswissenschaft sowie der Soziologie und Philosophie in Mainz und Frankfurt a. M. Promotion 1982, Habilitation 1987. Member am Institute for Advanced Study in Princeton (History) und Fellow am Hanse-Wissenschaftskolleg in Delmenhorst (Sozialwissenschaften). Forschungen in den USA, in der Schweiz und in Südkorea. Derzeit Seniorprofessor an der Christian-Albrechts-Universität zu Kiel.

CAROLINA HEBERLING, M. A., geb. 1993. Studium der Theaterwissenschaft und der Germanistik an der Ludwig-Maximilians-Universität München. Zunächst Tätigkeit als freischaffende Journalistin, danach als Dramaturgin am Residenztheater und an den Münchner Kammerspielen, von 2019 bis 2023

Promotionsstudium an der LMU München im Sonderforschungsbereich »Vigilanzkulturen« zu Intendantenfiguren in der Weimarer Republik.

SABRINA KANTHAK, M. A., geb. 1993. Studium der Theaterwissenschaft und Sprache, Literatur und Kultur an der Ludwig-Maximilians-Universität München. 2018 bis 2020 Mitarbeiterin am Deutschen Theatermuseum für Ausstellungsmanagement und Archiv sowie Tätigkeit als freie Dramaturgin. 2019 bis 2023 Arbeit am Dissertationsprojekt »Theaterskandale und Öffentlichkeit in München nach der Aufhebung der Theaterzensur 1919« an der LMU München.

KRISTINA KARGL, Dr. phil., geb. 1954. Studium der Neueren Deutschen Literatur, Mediävistik und Neuerer und Neuester Geschichte an der Ludwig-Maximilians-Universität München. 2014 Promotion mit einer Studie über die Defizite einer Erinnerungskultur am Beispiel der *Weißen Rose*. Freie Literaturwissenschaftlerin und assoziierte Wissenschaftlerin an der »Arbeitsstelle für Literatur in Bayern« der LMU, Kuratorin von Ausstellungen, Publikationen und Vorträge zur Literatur in Bayern.

CHRISTINA LEMMEN, M. A., geb. 1983. Studium der Volkskunde/Kulturanthropologie, der Neueren Deutschen Literatur und Mediävistik an der Universität Bonn, ab 2013 wissenschaftliche Mitarbeiterin beim Digitalisierungsprojekt *Portal Alltagskulturen im Rheinland* in Bonn, 2019–2022 wissenschaftliche Mitarbeiterin bei der Waldemar-Bonsels-Stiftung für das Projekt *Nachlassdigitalisierung Waldemar Bonsels*, zurzeit pädagogische Mitarbeiterin am Kindermuseum München und wissenschaftliche Mitarbeiterin im Archiv der Internationalen Jugendbibliothek.

BIRGIT PARGNER, Dr. phil., geb. 1958. Studium der Theaterwissenschaft, Germanistik und Amerikanistik an der Ludwig-Maximilians-Universität München. Beschäftigt als stv. Direktorin und Hauptkuratorin am Deutschen Theatermuseum, hier Leitung des Archivs sowie umfangreiche Ausstellungs- und Publikationstätigkeit sowohl als Autorin, Herausgeberin und leitende Kuratorin. Schwerpunkt auf Künstlerbiografien (etwa über Charlotte Birch-Pfeiffer, Johann Nestroy, Otto Falckenberg, Marianne Hoppe, Richard Wagner, Gisela Stein, Jürgen Rose und Nikolaus Lehnhoff). Letzte Ausstellung als leitende Kuratorin und Herausgeberin des

Begleitbuches: *Die Lust am anderen Theater. Freie darstellende Künste in München* (2022).

SYLVIA SCHÜTZ, M. A. und Dipl.-Soz.-päd. (FH), geb. 1963. Studium der Sozialpädagogik an der FH München; Studium der Slavischen Philologie, Psycholinguistik und Deutsch als Fremdsprache an der Ludwig-Maximilians-Universität München. Seit 2001 ist sie in der Monacensia im Hildebrandhaus für Presse- und Öffentlichkeitsarbeit zuständig und im Ausstellungs- und Veranstaltungsbereich tätig.